続 江戸東京歴史文学散歩

入谷盛宣

目次

表紙絵

こちずライブラリ刊

「路線図入り　御江戸大絵図」を使用

（御江戸大絵図　原本刊行年・天保十四年）

続　江戸東京歴史文学散歩

赤坂界隈・南青山

2015年　11月記

二〇一五年初夏の一日、赤坂見附から表参道まで、主として青山通りの南側の地域（赤坂及び南青山）を歩いた。青山通りは、現在は国道246号線であるが、江戸時代は大山街道といって、大山詣でで賑わった道である。大山詣では、大山に登山し阿夫利《あふり》神社を詣でるものであるが、博打と商売繁盛の御利益があり、また、富士山詣でより手軽であったことから、大層盛んだったようである。現在の国道246号線は、概ね旧大山街道を塗りつぶすようにして造られているが、坂道など大きく蛇行していたところで旧道が残っている。

赤坂の繁華街は、一昔前にテレビ関係者や、政界の奥座敷と言われたように料亭や花柳界が栄えた繁華街というイメージが強かったが、現在ではその範囲が広がるとともに料亭の数も減り、より大衆化が進んできたように思われる。繁華街から少し奥に入れば、閑静な住宅地に神社仏閣や学校が点在している。江戸時代には大名屋敷が数多くあり、庭が公園として幾つか残っている。江戸末期から明治にかけて、勝海舟が通算して五十年近くにわたり住んでいた旧居跡が三か所ある。明治三十年前後の赤坂については、国木田独歩が『夜の赤坂』のなかで、「赤坂の中で町らしい町は一ツ木の通りだけ」で「町の少いかはりに樹木が多く（中略）庭に樹木が植ゑてあるといふよりも樹木の中に家が建って居ると言った方が適当」と書いているように、お屋敷町で夜は殊に淋しい所だったようだ。また、赤坂にはその名の通り坂が多い。

南青山は、美濃郡上八幡藩青山氏の下屋敷があった所である。内藤新宿の内藤家が馬で走り回っただけの土地を家康から拝領した話は有名だが、青山家にも同様の由来が伝わっており、現在の南青山・北青山を含む青山一帯の土地を拝領したそうだ。青山の地名は領主の青山氏に由来するのである。南青山は、江戸時代は主として武家地及び寺地であった。現在は青山通りから一歩南に入れば、広大な都立青山霊園と、幾つかの神社仏閣や学校の他は、一般の住宅地が広がっている。

赤坂見附跡・弁慶橋・豊川稲荷・牛鳴坂・丹後坂・浄土寺

東京メトロ永田町駅から都道府県会館の脇に出て、弁慶濠の方向に歩くと**赤坂見附跡**がある。江戸城三十六見附門のひとつであり、江戸城から赤坂方面への出口であった。明治になって桝形門は撤去されたが、弁慶濠の東端に石垣の一部が残っている。ここが大山街道の出発点であり、大山詣での人で賑わったのである。弁慶濠は江戸城築城時に、京都の大工の棟梁弁慶小左衛門が縄張り（設計）して掘った濠である。弁慶濠に沿って下ると、**弁慶橋**がある。この橋は明治二十二年（一八八九）に架けられた。橋を建造する際に、同じ弁慶が神田に建造した橋が不用になったので、此処に移築して弁慶橋と命名されたのである。現在の橋は昭和六十年（一九八五）に改築されたコンクリート橋である。

赤坂見附の交差点から青山通りの北側を歩くと**豊川稲荷**がある。この辺りは元赤坂一丁目で、赤坂御用地が元赤坂二丁目である。名町奉行として知られた大岡越前守忠相の子の忠宜が領国の豊川稲荷から分霊し、赤坂の屋敷内に勧請したのが始まりである。境内には大岡越前守御霊廟もある。町奉行としての活躍で異例の出世を遂げた大岡越前守にあやかって、開運出世・商売繁盛・家内安全の稲荷として信仰されてきた。場所柄、花柳界や芸能界の関係者の参拝も多いようだ。

豊川稲荷を出て青山通りを渡り、少し戻ると斜めに旧大山街道の入口がある。ここから始まる急な上り坂が**牛鳴坂**である。江戸時代は路面が悪く、車を引く牛が苦しんで悲鳴を上げたところから名付けられたといわれる。登りきった所を左折すると、急な下り坂の丹後坂になる。丹後坂の最後は急な階段になっている。どの坂も坂の頂上とふもとの両方に標識が立っている。

一つ木通りに出ると**浄土寺**がある。太田道灌が開基したと伝えられ、境内には「一ツ木地蔵」と呼ばれる、青銅製の地蔵菩薩坐像がある。

勝海舟旧居跡①③②・赤坂サカス・南部坂・氷川神社・檜町公園

赤坂みすじ通りのはずれ近くの、当時赤坂田町と呼ばれていた地区に**勝海舟旧居跡①**がある。現在は居酒屋風の店舗になっており、案内板や碑なども何もない。無役・微禄の幕臣であった勝麟太郎は、一八四五年に結婚したのち、四六年に赤坂溜池の、黒田藩のお雇い蘭学者永井青崖《ながいせいがい》のもとで蘭学を学ぶため、この地にあった黒田家屋敷地の中の借家に転居して来た。この地に住んでいたのは一八五九年まで、二十四歳から三十七歳までのことであった。ここで学んだオランダ語により、西洋式砲術や製法を独習すると

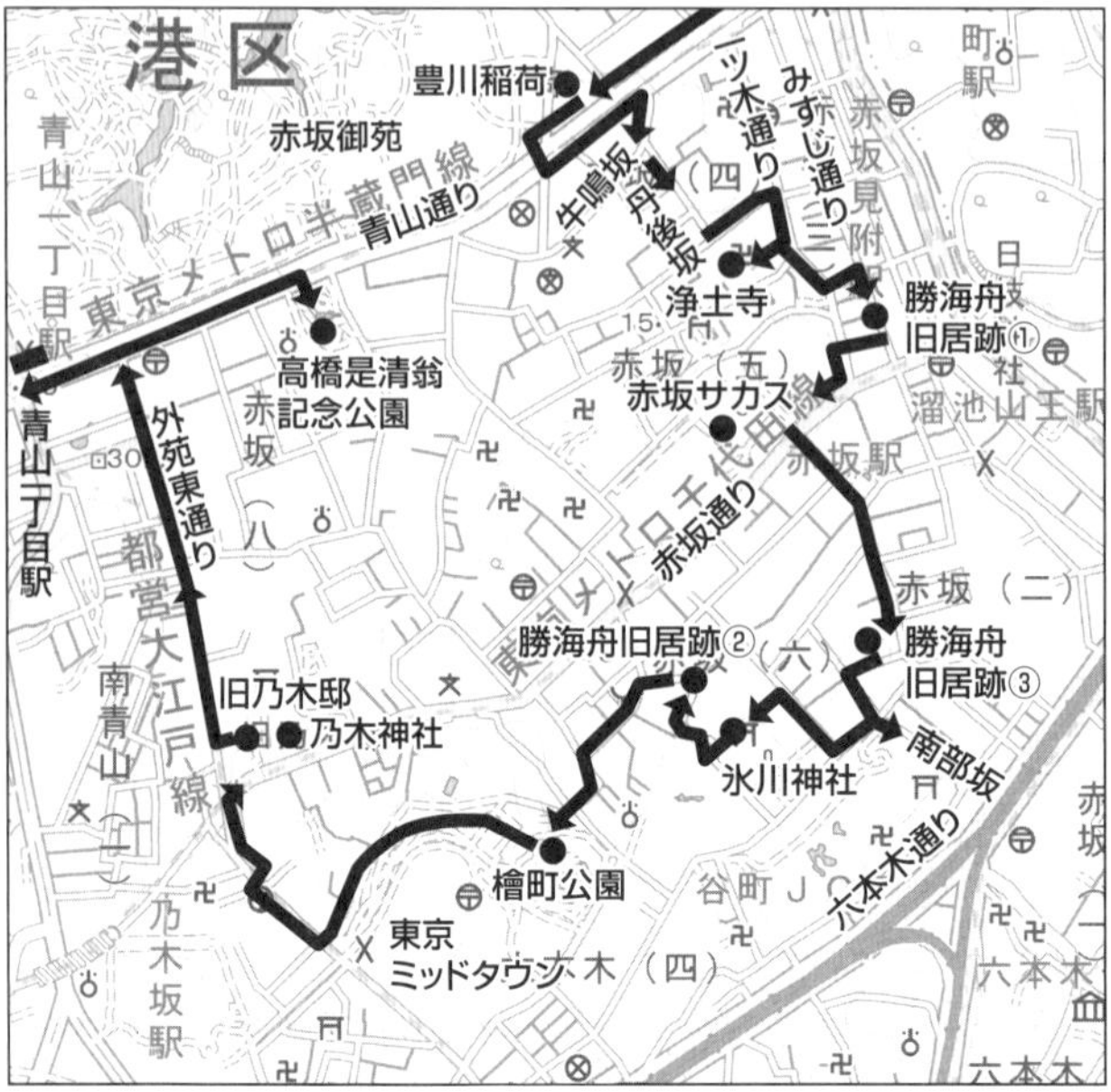

ともに、私塾氷解塾《ひょうげじゅく》を開き、多くの弟子に蘭学を教え、次第にその名が知られるようになった。やがて外国船が渡来する時代になると、諸藩から鉄砲や大砲の製作・砲台の設計の依頼が相次ぐようになった。アメリカのペリー提督が大統領の親書を携えて浦賀にやって来たときに、「海防についての意見書」を提出して阿部正弘らの幕府重職に認められ、一八五五年に幕府に登用されるに至った。勝の提言を受けて長崎海軍伝習所が設立され、オランダから献上された軍艦の操縦法を教わることになると、勝自身も学生長（艦長候補）として参加、長崎に単身赴任したのである。

　現在ＴＢＳの本拠地となっている**赤坂サカス**は、放送関係の施設のほか、レストラン街・劇場などの商業施設を有する複合施設である。江戸時代は安芸広島藩浅野家（四十二万石）の中屋敷であった。明治になって、陸軍裁判所・監獄となり、その後近衛歩兵第三連隊兵舎が置かれた。赤坂の花柳界はこれを切っ掛けに発展したのである。

　赤坂サカスから赤坂通りを横切って南下すると、程なくして旧氷川小学校の跡地がある。ここが**勝海舟旧居跡③**である。海舟はこの地に明治五年（一八七二）から同三十二年（一八九九）に亡くなるまで住んでいた。この間、明治政府（西郷隆盛他）に請われて参議・海軍卿になり、その後枢密顧問官・伯爵等のいわゆる顕官を歴任した一方、幕府旗本や士族の救済のために奔走し、また、徳川慶喜や西郷隆盛の名誉回復のために力を注いだのである。『氷川清話』などの著述を著したのもここの屋敷であった。旧氷川小学校の玄関脇には旧勝安房邸跡と刻まれた大きな石碑が建っており、東京都の史跡に指定されている。また玄関のホールには勝海舟の年譜や業績が掲げられている他、発掘調査で出土した海舟（ないし屋敷の前の所有者であった旗本）が使用した什器などの遺品が展示されている。旗本屋敷になる前は、浅野内匠頭の屋敷であった。

旧勝海舟邸から少し南に進んだ所に**南部坂**がある。近くに陸奥盛岡藩南部家中屋敷があったことが名前の由来である。この南部坂は、歌舞伎や映画などの『忠臣蔵』において、大石内蔵助が討入り前に浅野内匠頭の未亡人瑶泉院を訪れる「南部坂雪の別れ」の舞台である。細くてかなり急な坂である。

南部坂を下り切って坂下の標識を確認してから、再び坂を戻って上り切った所を左折すると程なくして**氷川神社**がある。天武天皇の時代の創建とも伝えられる古社で、もともとは紀州藩邸の産土神《うぶすなかみ》であったところから、徳川吉宗が将軍になった時に深く崇敬し、多額の寄進によりこの地に移されたのである。大宮を本社とする全国二百六十社の氷川神社の中でも格式の高いものとされる。社殿は東京都の重要文化財である。この地には、元禄の頃には備後国三次藩浅野土佐守（五万石）の屋敷があった。浅野内匠頭が切腹した後、夫人の瑶泉院は実家であるこの浅野家に引き取られていたのである。氷川神社では折しも一組の結婚式の行列がしずしずと歩いていた。境内には幹の周囲が約八メートルもある大銀杏がある。

氷川神社を出て北に向かって急な坂（本氷川坂）を下ると、**勝海舟旧居跡②**がある。一八五九年に長崎における海軍伝習を終えて江戸に戻った海舟は、軍艦操練所教授方頭取に任命された。この時に先のみすじ通りの借家から転居し、明治元年（一八六八）に徳川慶喜に従って静岡に移転するまでこの地に住んでいたのである。咸臨丸でアメリカに派遣され（一八六〇）、海舟を暗殺しようとして訪れた坂本竜馬に世界情勢を説き感動させて弟子にし（一八六二）、西郷隆盛との会談により江戸城無血開城に導いた（一九六八）のは、この地に住んでいた時のことである。現在はマンションの壁の前に「勝海舟邸跡」の標識と事績を彫った金属プレートが設置されている。

勝海舟旧居跡から西に向かって進むと、**檜町公園**がある。長門萩藩毛利家の中屋敷跡である。江戸の大名屋敷の中でも名園として知られていたようだ。周りに檜の木が多かったところから、毛利屋敷は檜屋敷とも呼ばれ、また現在の町名の由来にもなったのである。大きな池があり、目の前に東京ミッドタウンの巨大なビルがそびえている。

乃木神社・高橋是清翁記念公園

檜町公園から東京ミッドタウンの脇の緑地を伝って外苑東通りに出て、右折し乃木坂方面に向かい、赤坂通りを越えると、**乃木神社**と隣接する**旧乃木邸**がある。明治四十五年（一九一二）七月三十日明治天皇が崩御され、大正元年九月十三日御大喪の礼が挙行されたが、その日の朝、乃木希典将軍と静子夫人は先帝に殉じ、自刃したのである。夫妻の霊を祀るため、邸宅に隣接したこの地に乃木神社が創建されたのは、大正十二年（一九二三）のことであった。本殿以下社殿は昭和二十年の空襲ですべて焼失し、現在の社殿は昭和三十七年（一九六二）に再建されたものである。隣接する旧乃木邸や厩舎は焼失を免れて残っているので、往時を偲ぶことが出来る。乃木神社・旧乃木邸・乃木会館を含め、敷地は約三千坪である。

旧乃木邸を出て外苑東通りを北上し、青山通りに出て右折すると、程なくしてカナダ大使館の隣に**高橋是清翁記念公園**がある。明治から昭和の初期にかけて、日銀総裁・蔵相・首相を歴任した高橋是清の邸宅跡である。軍事費をめぐって軍部と衝突し、昭和十一年（一九三六）二月二十六日の二・二六事件の際、陸軍青年将校らによって暗殺されたのはこの屋敷であった。

都立青山霊園

高橋是清公園を出て青山通りを西に進み、青山一丁目の交差点を通過して外苑前駅の入口の直前の信号を左折すると、正面に都立青山霊園の入口が見えてくる。早速入口近くの霊園管理事務所で、霊園全体の地図と、埋葬されている著名人のリストと墓所番号を記した書類をもらったが、余りに膨大で作戦の立て様もないくらいだった。

青山霊園は南北に縦長で、北の縁は幅が広く、南に行くにしたがって狭くなり、先は尖っていて、全体があたかも縄文式土器のような形状をしている。また、東西と南北を分けるかのように、十文字に道路が走っている。墓域は1種と2種に分かれ、それぞれがイとロに分かれて、地図では色分けがされている。しかし1種と2種、イとロの分け方や、その先の番号の付け方はあまり規則性がなく、リストの番号を地図に落とすのは容易ではない。あまり明確な当てがないままに、ためしに近くのブロックで、墓所番号を目当てに細い路地にはいり、両側を見ても、目指す墓はなかなか見つからない。雑司ヶ谷霊園や染井霊園はそこそこの広さだったので、管理事務所でもらった地図と著名人の墓の番地を頼りに楽しく回れた。池上本門寺と谷中霊園では墓地の案内を趣味にしている人が声をかけてくれて、極めて効率的に回れた。ここではそういう奇特な人も現れそうにない。これでは目指すところを見終わる前に日が暮れてしまうのではないかと、一時はまったく途方に暮れてしまった。

ペットボトルのお茶を飲んで休憩し、気を取り直して、まずこの日最大の眼目である乃木希典の墓に行くことにした。縄文式土器の北東の縁の近くに、石垣で囲まれた一族郎党の墓所があり、石垣の脇に、乃木将軍墓所と大きく書かれた石の標識が建っている。そこから中央に戻る途中で、井上準之助の墓を見つけた。時々大きな墓を見ると、従二位勲一等陸軍大将何野誰兵衛といった標記がされている。当時は大変な大物だったのであろう。西周・江戸英雄・宮本百合子・岡本綺堂（半七捕物帳の筆者）といった名前もあった。浜口雄幸や小村寿太郎の墓はそれぞれ専用の石の鳥居の奥にある。牧野伸顕の墓は畳六畳分あるいはそれ以上もあろうかと思われる大きな岩に夫妻の墓と刻まれていた。

霊園の北寄りの中央で、最も大掛りなのが大久保利通の墓である。その近くの斉藤茂吉の墓は、自筆で「茂吉の墓」とだけ刻まれている簡素な墓であった。志賀直哉・後藤新平の墓も近くにあった。上野英三郎（東京帝国大学教授・農業土木学者）の墓の脇には、忠犬ハチ公の碑が寄り添うように立っている。

縄文式土器の北西の墓域でひときわ目立っているのが、池田勇人の墓である。そびえるように高い石の柱に前内閣総理大臣正二位大勲位池田勇人と彫られている。近くには森有礼・中江兆民・中村歌右衛門などの墓がある。西側の墓域の中程には、外国人墓地の一区画がある。その入口には、日本の近代化に貢献してくれたという、石原慎太郎知事による感謝の言葉を記した顕彰碑が建っている。

青山陸橋の南の墓域には、三島通庸・松方正義・山川健次郎・副島種臣・市川団十郎・国木田独歩・北里柴三郎などの墓がある。

こうして四苦八苦の末、探しても見付からなかった幾つかの見落としを残しつつ、縄文式土器の最南端から青山霊園をあとにしたのである。

なお、後日六本木ヒルズ森タワー五十三階の森美術館を訪れた時、ロビーから北方向の眼下に、縄文式土器の形状をした青山霊園の全景を見下ろすことができた。右側面が欠けているようにも見え、一層リアルに感じられた。

長谷寺・斉藤茂吉歌碑・中村草田男記念碑・高野長英終焉の地

青山霊園を出て六本木通りを右折し、斜めに細い坂道を上ると程なくして**長谷寺**に到達する。大本山永平寺の別院とされる名刹である。本堂脇の事務所に寄って著名人の墓を訪ねたいと来意を告げたら、著名人のリストと墓域の地図を見せてくれた。しかしそれをコピーすることはできないし、貸し出すこともできないという。地図と番地をもとに墓を探して歩くことにはうんざりしていたので、それでは探せないと泣きを入れたら、結局若い坊さんが案内してくれることになった。万歳！　若い坊さんは親切に丁寧に案内してくれた。江戸時代の医師・文化人の伊澤蘭軒、維新の元勲の井上薫、明治の画家の黒田清輝、昭和初期の日本共産党の理論的指導者でマルクス経済学者の野呂栄太郎、昭和の芸能人の坂本九、エノケンこと榎本健一、作詞家の阿久悠などの墓を効率的に案内してくれた。帰りには総門脇の観音堂の大観音像をお参りしてくださいと言うので、なにがしかのお賽銭をあげて長谷寺を後にした。

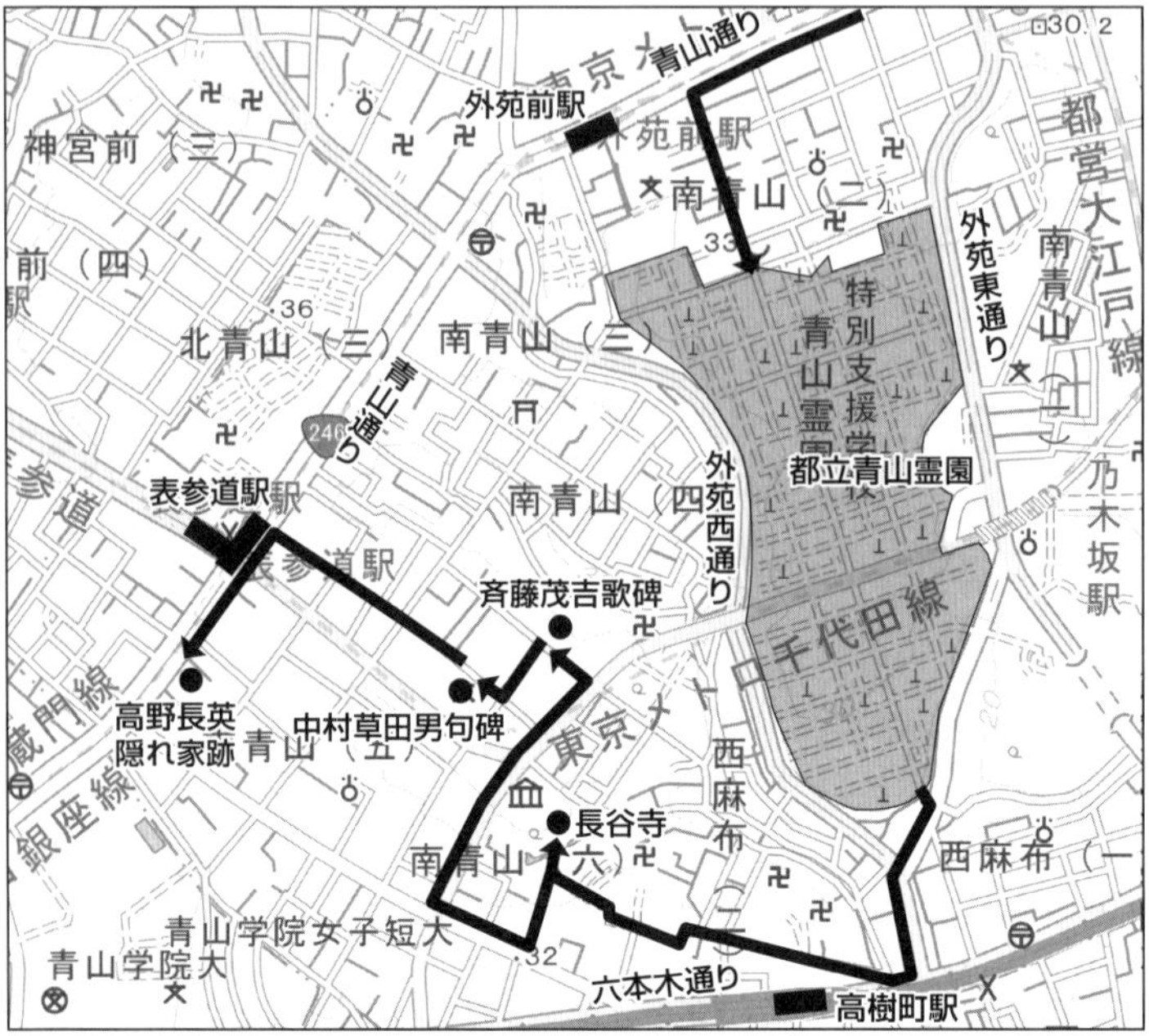

長谷寺から表参道駅方面に向かう途中で先ず立ち寄ったのは、**青山脳病院跡**である。斉藤茂吉はこの病院の院長だった。現在王子製紙の寮が建っているが、その入口に、「童馬山房跡」の銘板を付けた茂吉の歌碑があり、「あかあかと一本の道通りたり霊剋（たまきは）る我が命なりけり」の和歌が自筆で刻まれている。この歌は大正三年（一九一四）の『詩歌』（伊藤左千夫追悼号）に掲載されたもので、茂吉自身が、赤い太陽が沈みながら一本の道を照りつけていたという秋の代々木の原の情景と、僕らはこの一本道を歩まねばならぬ、という自分の心持ちを表したものだという意味のことを記しているそうだ（『齋藤茂吉短歌合評（上）』（明治書院・昭和六十年））。茂吉は明治四十年（一九〇七）から昭和二十年（一九四五）までここに住み、病院長をつとめながらアララギ派の歌人として活動していたのである。病院とここでの生活の様子は次男で作家の北杜夫が『楡家の人々』で詳しく描いている。

次に訪れたのは**中村草田男句碑**である。港区立青南小学校の正門脇の通用門を入ると、近くに控えていたガードマンが寄ってきて、草田男の句碑ならあそこですよと玄関前の植込みを指し示してくれた。この句碑に刻まれているのが、有名な「降る雪や明治は遠くなりにけり」である。草田男はこの小学校の卒業生だった。

青山通りに出て左折し、表参道駅の交差点を越えて渋谷方面に進むと、青山スパイラル入口脇に**高野長英隠れ家跡**の碑がある。長英は、『夢物語』で幕府の対外政策を批判したとして伝馬町の牢獄に投獄され（蛮社の獄、一八三九）、獄吏を買収して放火させ、火事に乗じて脱獄した（一八四四）。吉村昭著『長英逃亡』（新潮文庫）によれば、脱獄後長英は、幕府の敷いた大捜査網を潜り、門人や牢内で面倒を見た侠客らに助けられ、まず陸奥水沢（岩手県）に住む母との再会を果たしたのち、兵書の翻訳をしながら米沢・伊予宇和島・広島・名古屋などを転々とし、最後に江戸に戻って来た。麻布の門人のもとに潜伏し、伊予宇和島藩の江戸藩邸と密かに連絡を取りつつ、蘭書の翻訳をして糊口をしのいでいたが、幕府が蘭書翻訳制限令を出すに至って、生活はいよいよ困窮した。そこで町医者として生計を立てることとし、薬品で顔を焼いて相貌を変えたうえで、青山のこの地に移り住んだのである。

青山のこの地域一帯は、江戸城警護の任に当たっていた鉄砲百人組組頭の青山氏の領地であり、鉄砲組同心たちに分け与えられていた武家地だったので、青山百人町と呼ばれていた。一つの区画が比較的広かったので、薄給の同心たちは生活費の足しにするため、医者や儒者たちに空地を貸して、住まわせていたのである。長英は、町奉行所が長英の江戸潜伏を察知したとしても、役人たちはもっぱら裏店などを探すに違いない、幕府警護のお膝下は却って盲点になるだろうと考えた。ところがその頃江戸の市中に出回っていた翻訳本の質が高いところから、長英が江戸に潜伏しているに違いないとにらんだ奉行所側は、伝馬町の牢で長英の手下だったごろつきが再犯で入所していたのに目をつけて、釈放を餌に江戸市中を探らせたのが功を奏したということのようだ。それで結局この隠れ家は、わずか三か月で奉行所側の察知するところとなり、捕り方に踏み込まれるに至ったのである。長英はその際に自決したとされている。一八五〇年十月、長英四十七歳のことであった。

長英が死に至った一か月前に、勝海舟に匿ってくれるよう依頼したが断られたという話がある。（例えば子母澤寛著『勝海舟（一）』新潮文庫）この点について、勝海舟／江藤淳・松浦玲編『氷川清話』（講談社学術文庫）では、自殺の一か月前に長英が知人の紹介で夜中に訪ねて来て、大いに時事を談論し、帰り際に荻生徂徠の軍法書を進呈してくれた、と海舟は語っているが、匿う云々のことは触れていない。また、吉村前掲書では、勝麟太郎という二十八歳の幕臣がオランダ語を勉強し、兵書の翻訳を企てているということを聞いて興味を持った長英は、赤坂田町の粗末な勝の家を訪ねた。そこで勝が海防には軍艦が必要、火薬や武器の製造・兵制改革・兵事訓練などを推しすすめるべき、それには西洋の新しい兵書を翻訳する以外にない、と力説したのを聞いて、長英は頼もしく思った。最後に荻生徂徠が著し、長英が書き込みをした兵法論に関する書物を進呈して別れた、と書かれている。当時、無役・微禄・無名の一幕臣にすぎなかった勝に、匿ってくれるよう依頼に行ったとは到底考えられないので、このような扱いが適当であると思われる。

江戸城を巡る① 大手門と皇居東御苑

2016年 2月記

江戸・東京の歴史を語るに当たって、その中心は旧江戸城（現皇居）であると言っても過言ではないだろう。徳川家康の江戸入府以来、江戸の街は江戸城を中心にして計画的に造られたからである。旧江戸城の中核部（内濠の中側）は、現在は大きく四つの区域に分けられる。南西に位置する最も大きな区域が吹上御苑（現皇居）であり、御所・宮中三殿・新宮殿・宮内庁などがある。皇居の北側に北の丸公園、北東に皇居東御苑、南東が皇居外苑（皇居前広場）である。

平成二十七年の秋、東京シティガイドクラブ主催の「江戸城を極める」と銘打った四回にわたるシリーズのツアーに参加した。皇居東御苑（本丸跡および二の丸跡）から始めて内濠をほぼ一周し（北の丸公園・皇居前広場を含む）、さらには外濠跡を巡るという広範囲にわたるものであった。以下において、この時のツアーをもとに、三回に分けてその記録をまとめることとしたい。第一回目の今回は大手門から入って、皇居東御苑を散策するものである。

皇居東御苑は、皇居の北東側に位置する皇居付属庭園である。江戸時代には、本丸・二の丸・三の丸があった所で、江戸城のまさに核心部であった。しかし幕末の文久三年（一八六三）の火事で本丸御殿はすべて焼け落ちてしまい、それ以後再建されることは無かった。明治になって、中央官衙街にすることも一時考えられたようであるが、地盤がよくないことから立ち消えになった。その後内務省地理局測量課事務室や東京気象台などが設置され気象観測が行われたりしたが、概ね荒れ地で推移したようである。三の丸跡には、皇宮警察や宮内庁関係の諸施設が建設されている。本丸跡と二の丸跡は新宮殿の造営にあわせて整備され、昭和四十三年（一九六八）に皇居東御苑として開園した。面積は約二一ヘクタール、東京の都心とは思えないような緑豊かで静寂な空間であるが、開けたところで時折周辺の高層ビルが目に入るので、都心であることが実感される。入園者は大手門・平川門・北桔橋《きたはねばし》門のいずれかから出入りすることが出来る。ツアーのときは大手門から入った。

大手門

江戸城の門は、江戸時代には将軍の権威を示すため「大手〝御〟門」というように全て門の前に〝御〟の字をつけて呼ばれていたが、本稿では省略することとしたい。**大手門**は江戸城の正門であり、大名が登城し将軍に拝謁する時にはこの門が使われた。門の手前は、今では地続きの通路になっていて、濠は大手濠と桔梗濠とに分けられているが、江戸時代には木の橋が架かっていた。大名行列で馬に乗ってきた大名はここで下馬して駕籠に乗り換え、限られた部下だけを連れて中に入った。残された大部分のお供の侍たちは、橋の手前の広場で蓆《むしろ》を敷いて、主人の帰りを待っていたのである。待っている間は暇なので、噂話などの花が咲き、出世の予想などをしたことが、「下馬評」の語源になったといわれる。

江戸城の門は二重になっていて、外から正面に見える門は高麗《こうらい》門といわれ、高麗門を入ると石垣に囲まれた桝形と呼ばれる四角い広場があり、右奥に渡櫓《わたりやぐら》門がある。仮に敵が高麗門を突き破って桝形広場に侵入してきても、渡櫓門を閉めてそれ以上の侵入を防ぎ、櫓や石垣の上から狙い撃ちをするという仕組みで、安土桃山時代以来発達した大掛りな城門の形式である。江戸城内濠にある城門は概ねこの形式がとられている。

大手門は一六〇七年に伊賀上野藩主藤堂高虎が築造し、一六二〇年に仙台藩主伊達政宗が改造したが、明暦の大火（一六五七）で焼け落ち、一六五九年に再建された。関東

大震災では大きな被害を受け、大正十四年（一九二五）に再建された。渡櫓門は戦災で焼け落ち、再建されたのは昭和四十二年（一九六七）であった。

三の丸尚蔵館・三の門同心番所・百人番所・中の門跡・大番所・中雀門跡

大手門を通ると、そこは皇居東御苑の入口である。入園は無料だが、受付で札をもらい、出るときに返すようになっている。門内に入った所は、三の丸跡である。三の丸は、江戸城築城当初は大名たちの屋敷があり、また、綱吉が幼少期に住んだ屋敷があった時期もあるが、その後は取り壊されてしまったようだ。現在は皇宮警察や宮内庁の施設があり、大部分は一般客が入ることはできない。先に進むと右手に**三の丸尚蔵館**がある。平成の天皇（現上皇）が、昭和天皇まで代々皇室に受け継がれてきた、絵画・書・工芸品などの美術品六千点を寄贈されたのを機に、これら美術品を保存管理・調査・研究するために建設されたもので、平成四年から一般公開されている。入場無料である。その先の三の丸休憩所では、皇居関連グッズや「皇居東御苑セルフガイドブック」が売られている。大層丁寧な案内書である。

次にあるのが**大手三の門跡**である。かつては門前に三の丸濠があり、橋の手前で御三家以外の大名は乗ってきた駕籠から降りて、ここからは徒歩で登城したのである。三の門を入った所に、この門を警護するため警護役人の与力・同心が詰めていた**同心番所**がある。ここで道は90度左に曲がっており、左右にある石垣の間を抜けると、大きな長方

形の広場がある。その左側にあるのが**百人番所**である。江戸城本丸御殿の最後の固めであり、南北に長さ四五メートルという長大な建物に、鉄砲百人組と呼ばれた根来組・伊賀組・甲賀組・二十五騎組の四組が交代で詰めていた。各組とも与力二十人、同心百人が配属され、昼夜を問わず警固に当たっていたのである。

百人番所の対面にはむき出しの石垣が、あたかも万里の長城のように連なっており、かなりの迫力である。百人番所の倍くらい奥まであるので長さ一〇〇メートルはありそうだ。昔は石垣の上には櫓や多聞（防衛と装飾を兼ねた長屋造りの櫓の一種で武器庫として使われていた）がびっしり並んでいたので、今よりもはるかに威圧感があったと思われる。石垣の中央辺りで途切れている所が**中の門跡**である。門の両側は立派な切り石が高く積み上げられており、足下には、門柱跡の丸い穴が穿たれた石が四つ並び、門の下には江戸時代のままという石畳が敷かれている。

中の門を入ると右手に**大番所**がある。他の番所よりも格上で、位の高い与力・同心が詰めていた。大番所の前から道はS字形に曲がるゆるやかな上り坂となり、両側は石垣が続いている。坂を上りきったところにあるのが**中雀門跡**である。昔は門の上には渡櫓《わたりやぐら》が建っており、それに連なる石垣の上には櫓や多聞があって、ひときわ威圧的であったという。この門は文久三年（一八六三）、本丸御殿が焼けた時に類焼してしまった。そのため門の両側の石垣は真っ黒に焼けてボロボロになり、割れ目や裂け目があちこちにできている。この門を抜けると旧本丸跡の広大な台地が広がっている。

旧本丸跡（富士見櫓・本丸御殿・松之廊下跡・富士見多聞・展望台）

本丸跡の敷地面積は約十三万平方メートル（四万坪）あり、大部分が芝生で周辺部分にケヤキ・マツ・サクラなど様々な樹木が植えられている。明治維新の直後は焼け野原だったが、戦後しばらくの間も荒れ野原で、わずかに一部が野菜畑や桑畑として使われているだけであった。本丸跡は気象台発祥の地でもあり、明治期から昭和三十年代まで、気象台の官舎があった。また、明治四年（一八七一）から昭和四年（一九二九）までの五十八年間、天文台からの信号合図に近衛兵が正午の正しい時報を撃って、「ドン」の愛称で東京府民に親しまれたそうである。芝生の中央部に午砲台跡の石標が据えられている。

本丸の南端部に**富士見櫓**がある。明暦の大火（一六五七）で焼失後、一六五九年に築造されたもので、江戸城本丸に現存する唯一の三重櫓である。お濠端の高い石垣の上に木の間隠れに見える櫓で、どこから見ても同じように美しく見えるところから「八方正面の櫓」と呼ばれていた。明暦の大火後、天守閣が再建されなかったので、天守閣の代わりとしても使われていた。櫓からは広く江戸城下が見渡され、富士の眺めは格別に良かったそうである。

江戸城の**本丸御殿**は、約三万五千坪あった。現在の芝生の範囲だけでなく、四万坪の敷地にほぼびっしりと、木造平屋建ての建物が立ち並んでいたことになる。本丸御殿は五回焼失し、その都度再建されたが、文久三年（一八六三）焼失後は再建されなかった。

御殿はその用途により、南から順に、表・中奥・大奥に区分されていた。

表は、儀式や将軍との謁見に使用される大広間・白書院・黒書院と、日常諸役人が詰めて勤務や警護を行う座敷などがあり、幕府の中央政庁にあたる。

中奥は、将軍が日常生活し、また政務をとる区域である。将軍が老中・若年寄などと面会する際に使われる「御座の間」、将軍の執務室・居間・寝所として使われる「御休息の間」・「御小座敷」などがあった。

大奥は、将軍の御台所・側室・奥女中などの生活の場である。原則として将軍以外の男性は大奥に入ることは禁止されていたので、中奥との境は厳重に仕切られ、上下二本の御鈴廊下によってのみ繋がれていた。

本丸の西側の小路を北に向かって歩くと、植込みの前に**松之廊下跡**の標識がある。表の大広間と白書院をつなぐ中庭に面した大廊下で、長さ約五〇メートル・幅約五メートルの畳敷きであった。障壁画に「松」と「千鳥」を主題にした絵が描かれていたところから「松之廊下」と呼ばれたのである。中庭側には板戸と障子が交互にはめ込まれていたので、薄暗い廊下であったと思われる。この廊下で元禄十四年（一七〇一）、忠臣蔵の刃傷事件がおきた。

本丸の西側をさらに北に進み、茶畑の脇を上ると**富士見多聞**がある。多聞は、防衛と装飾を兼ねた長屋造りの櫓の一種で、武器庫であった。実は本丸の周囲はぐるりと多聞が取り巻いていたのだが、現存するのはここだけになってしまった。位置的には中奥の将軍の休息の間の前に当たるので、「御休息所前多聞」とも呼ばれていた。多聞の外側は中からは見えないが、深い**蓮池濠**になっている。

ここで本丸跡の芝生広場を横切って東側に行くと、売店および休憩所があり、その奥に**展望台**がある。展望台からは、眼下に**白鳥濠**が見下ろせ、また、二の丸庭園の木立の奥に、大手町・竹橋方面の高層ビルの頭が見える。

天守台・書陵部・桃華楽堂・楽部

さらに北へ進み、大奥だった区域の先の、本丸の北端近くに**天守台**がある。ここに寛永十五年（一六三八）に三代将軍家光により、地上からの高さ約五八メートルの、金の鯱を載せた黒塗り五層の天守閣が建てられた。しかしこの天守閣は、明暦の大火（一六五七）で焼失し、四代将軍家綱の叔父保科正之（のちに会津松平藩の藩祖）の、天守閣は時代遅れで物見のためにしか役立たず、城下の復興を優先させるべし、との提言で再建されなかった。天守台は大火の翌年、加賀前田藩により築き直されて現在に至っている。天守台の上からは360度の大パノラマが展望できる。周囲に今のような高層ビルが建っていなかった当時、何重もの石垣や多聞に囲まれてそそり立つ五層の天守閣は、さぞかし威容を誇ったものと推測される。

天守台の東側には、北から書陵部・桃華楽堂・楽部が並んでいる。

書陵部は、皇室伝来の古文書や宮内庁関係の公文書を保管・修補し、陵墓の管理を行っている宮内庁の部局である。古文書の保管庫は機械式の空調設備は使用せずに、正倉院のような自然換気を取り入れているそうだ。

桃華楽堂は、香淳皇后の還暦を祝して建てられた音楽堂である。八角形の建物の各辺は、羽ばたく鳥や春夏秋冬の草木・雪月花などをあしらったモザイク・タイル画で飾られ、屋根は八片の平たい花弁を思わせる、全体として青色を基調とした建物である。

楽部は、千数百年の伝統ある「雅楽」を正しい形で保存・演奏するため、宮内庁楽部の楽師の養成・研鑽の場である。

汐見門跡・汐見坂・白鳥濠

天守台から桃華楽堂等の建物を横目で見ながら、昔の大奥跡を通りぬけて東に進むと、**汐見坂**という急な坂になる。汐見坂の上からは白鳥濠、二の丸雑木林が眼下に見下ろせる。江戸時代にはここから江戸湾の海がよく見えたのでこの名が付いたようだ。**白鳥濠**は本丸と二の丸の間に残った唯一の濠である。他の濠は今では埋め立てられてしまったが、昔は本丸の周りはすべて濠が巡らされていたのである。

二の丸跡（二の丸雑木林・二の丸庭園・都道府県の木）

二の丸は、将軍の別邸やお世継ぎの御殿が建てられた所である。基本的には本丸御殿を簡略化した形式がとられた。御殿は現在の雑木林の辺りに建てられ、庭園の位置は現在とほぼ同じ位置にあったようである。

汐見坂から歩いてくると、まず**二の丸雑木林**がある。昭和天皇の御発意により、都市近郊で失われていく雑木林を皇居内に造ろうと、昭和五十八年から三か年かけて造営された。造成に当たっては、開発が予定されていた武蔵野の雑木林を、表土とともに運び込んだので、昆虫や土壌生物も一緒に運ばれてきて、より自然に近い環境が復元できたということである。

二の丸庭園は、小堀遠州の作といわれる回遊式庭園であったが、慶応三年（一八六七）、御殿が火事で焼失した際に破壊された。東御苑の整備・公開に当たって、残された絵図面をもとに復元されたのである。池は往時とほぼ同じ場所にあるといわれ、池の前には二の丸庭園の目玉ともいえる菖蒲田がある。明治神宮の菖蒲園から株分けして植えたものである。池の傍には、サクラ・フジ・サルスベリがあり、また、松も要所要所にあって、年中美しい庭園である。池のコイは、平成の天皇（現上皇）の御発意により、インドネシアのヒレナガゴイと、日本のニシキゴイを交配して作られた「ヒレナガニシキゴイ」である。鰭や尻尾が金魚のように長いのが特長である。

二の丸庭園の西北隅に**都道府県の木**が植えてある。昭和四十三年（一九六八）、東御苑の整備・公開に併せて、都道府県から寄せられ植樹されたものである。昭和四十七年（一九七二）、本土復帰した沖縄県の木が加わった。現在三十一樹種あるということである。東京は基本的には暖かいので、南の方の木は育ちやすいが、北の方の木は育ちにくいようである。

この後再び大手門に戻り、皇居東御苑を後にした。

江戸城を巡る② 内濠一周＋乾通り通り抜け

2016年　5月記

二〇一五年秋の一日、内濠に沿って江戸城を取り巻いている内堀通りを中心として、江戸城の周りを反時計回りにほぼ一周した。先ず、大手門の近くからスタートしてお濠端を北上し、平川門から皇居東御苑に入ってその北の縁を歩いて**北桔橋門**《きたはねばしもん》から出た。次に竹橋を経由して清水門から北の丸公園に入って散策の後、田安門から靖国通りに出た。そのあとは千鳥ヶ淵、半蔵門から桜田門を経て、皇居外苑に入り、二重橋を始めとして坂下門その他皇居前広場の門を巡った。

さらに後日、紅葉が盛りの時季に実施された乾通り一般公開の機会に、坂下門・乾通り・乾門を歩いたのである。

角欠・一橋門跡・平川門・梅林門跡・北桔橋門・竹橋門跡

東京メトロ大手町駅から内堀通りに出ると、正面の濠は**大手濠**であり、左手に大手門が見える。お濠端の歩道を北上すると、気象庁前で内堀通りは三叉路になっている。この辺りの江戸城側の石垣および内濠は、大きく直角に切り込まれている。ここは江戸城の鬼門に当たるので鬼門除けの**角欠**《すみかけ》になっているのである。鬼門は江戸城の北東方向で「丑寅（うしとら）」を示し、この方向から鬼が来る（災いが入ってくる）という迷信に対して、鬼門封じのために角を造ったのである。城壁および内濠が引っ込んだ分だけ、外側には内堀通りから張り出した形で平地があり、**大手門緑地**と呼ばれる公園になっている。この公園の南側に面した石垣の、道路からすぐ近くにある一つの石には、よく見ると鬼門封じの題目である「南無阿弥陀仏」の刻文が彫られているのが判る。更にこの方向に神田明神を建て、そのまた奥に寛永寺を造って三重の鬼門封じをしているのである。大手門緑地には和気清麻呂の像が建っているが、これは皇統の危機を救った象徴として昭和十五年に建てられものである。また濠側の隅には震災イチョウがある。関東大震災で一本だけ焼け残り、当時の人々に

復興の希望をもたらした。大手町の再開発の機会にこの地に移植したのである。今でも健在で、幹には焼け焦げた跡が残っている。

角欠から少し西に向かい内堀通りを渡ると、高速道路下の日本橋川に架かる一ツ橋の皇居側に、江戸時代には桝形門の**一橋門**があった。この一橋門と内濠との間、即ち、現在の丸紅・国際協力銀行・気象庁の一帯に、御三卿の一橋家の屋敷があった。御三卿は、将軍家に後継ぎが居ないときに将軍を選定するために作られた御三家が、将軍家との血のつながりが薄くなったため、吉宗の時代に、吉宗の子と孫で作った、田安・一橋・清水の三家である。いずれも門の名前が家名となっている。一橋門の桝形門は現在残っていないが、橋の付近の日本橋川の石垣や川岸の石塁の一部が残っていて、建造に当たった大名の家紋などが刻まれているのが見える。丸紅脇の緑地に一橋徳川家屋敷跡と記した石柱と案内板がある。

平川橋の脇には**太田道灌公追慕之碑**がある。平川橋は、江戸城に残る橋の中で、当時の形を最も残すものとして復元されている木橋である。橋を渡ると平川門である。**平川門**は皇居東御苑の北の門であり、桝形門が完全な姿で残っている。この門は御三卿の登城門であり、また大奥に近く、大奥女中の通用門でもあったため、「お局門《つぼね》」とも呼ばれた。家光の乳母・春日局が門限に遅れ、中に入れてもらえずここで一晩明かしたという逸話も残っている。この時の門番は御咎めがなかっただけでなく、程なくして昇進したと伝えられている。この門が変わっているのは、桝形の中の渡櫓門《わたりやぐらもん》と並んで、奥にもう一つ門があることである。不浄門と言って罪人や死人を出した門である。この門を生きたまま出たのが、絵島生島事件の大奥年寄りの絵島や浅野内匠頭である。不浄門の向こうは帯郭《おびくるわ》と言う細長い橋のような通路が、大手濠と**平川濠**を区切って竹橋門まで続いている。帯郭は今では松の木しか生えていないが、江戸時代には堅固な壁が連なっていて、北方から来襲する敵に備えていたのである。

平川門から本丸に簡単には入られないように、梅の木が左右に植えられた梅林坂の坂下には下梅林門が、坂上には上梅林門があり、非常に複雑・厳重な造りになっていたようである。この坂をさらに進んで行くと、本丸の台地の天守台の裏に出る。ここに在るのが**北桔橋門**《きたはねばしもん》である。この高麗門の冠木には、滑車を吊るした四つの金具を見ることが出来る。ここにワイヤーを取り付けて高麗門の外の比較的小さな木橋を跳ね上げたのである。木橋は普段は殆んど引き上げてあったようだ。高麗門の左右の石垣は、高さ二一メートルもあり、江戸城内で最も高い石垣である。

北桔橋門を出て、平川濠と**乾濠**とを分ける急な下り坂の土手を下り、平川濠に沿って東に進むと、**竹橋門跡**がある。現在の竹橋に平行した位置に昔の竹橋があった。竹橋の名は、徳川氏の関東入府の前から、竹で編んだ橋があったからだといわれている。

清水門・北の丸公園・田安門

竹橋跡から竹橋を渡って、**清水濠**に沿って内堀通りを九段の方向に向かって歩くと、**清水門**がある。門に至るまで歩く土塁の左側の清水濠より、右側の**牛ヶ淵**は水位が高くなっており、水位がさらに高くなった時に水が流れ出すよう、門の手前に溝が切ってある。高麗門を入ると枡形があり、右に渡櫓門があるが、左側には塀が設けられておらず、いきなり濠になっている、という変形の枡形である。奥に食い込んだ形になっている濠の向こうの土塁の上から、侵入してきた敵を攻撃する構造になっていたのである。清水門の高麗門や渡櫓門は、一六五八年に再建されたものが残っており、国の重要文化財に指定されている。

渡櫓門を入ると、大きく左に回って、雁木坂《がんぎざか》と呼ばれる石段を上がるようになっている。この石段は高さと幅があって非常に歩きにくく、高い周囲の土塁から、侵入してきた敵を攻撃しやすい造りになっている。殿様の駕籠は横向きに石段を上がったそうだ。

石段を上がった所が北の丸の台地である。江戸時代に江戸城北の丸と言われたところで、江戸時代後期には、この台地を縦に二つに分けて、東半分が御三卿の清水家の屋敷、西半分が田安家の屋敷であった。明治時代には近衛師団が置かれ、師団司令部、近衛歩兵第一・第二連隊などが置かれた。

戦後になって、皇居周辺の緑地として活用することが決定され、森林公園として改修が進められた。昭和四十四年（一九六九）に昭和天皇の還暦を記念して、**北の丸公園**として一般に開放された。清水門から北の丸公園に入ると左に科学技術館があり、右の緑地には吉田茂の銅像が建っている。さらに中に入って行くと、一五メートル四方位の、周囲が鉄格子で囲まれた芝生の台地がある。二〇一四年十二月に大手町から移転してきた東京の気象観測地点である。気温・湿度・気圧・降水量・積雪の深さを測定しているということで、芝生の台地の中央近くに様々な測定機器が置かれているのが見える。大手町と緑に囲まれた北の丸公園とを比較すると、年間の最低気温は約1・4℃低くなり、また、過去三十年間の年間平均気温は16・3℃から15・4℃に0・9℃下がったそうだ。その北の緑地に、戦前の近衛連隊の記念碑がある。更に北に向かって歩くと**日本武道館**である。この日はハロウィーンを記念したライブが行われるということで、付近には大変な人出があった。

北の丸公園の北の突端にあるのが**田安門**である。田安門は、一六三六年に建造された江戸城現存の最古の門で、国の重要文化財になっている。ここには橋が架かっておらず土橋になっており、右が牛ヶ淵、左が千鳥ヶ淵である。左右の濠の法面《のりめん》は高く、石垣ではなくて土手になっている。江戸城の北と西の縁は、自然の台地をそのまま活用して造られたのである。土手の下の部分と上の部分だけに石垣が造られており、下部の石垣を腰巻石垣、上部の石垣を鉢巻石垣という。清水門から田安門・半蔵門・桜田門あたりまで、濠でいえば牛ヶ淵・千鳥ヶ淵・半蔵濠・桜田濠がこの形式となっている。内濠の中で、水位が一番高いのは千鳥ヶ淵である。田安門の渡櫓の横の石段を上って櫓の対面の土塁の上の台地に出ると、牛ヶ淵がはるか下に見下ろせるが、土橋の下の方に土管が埋め込まれており、千鳥ヶ淵から牛ヶ淵に水が流れ込んでいるのが見える。

九段坂・千鳥ヶ淵さんぽみち・千鳥ヶ淵戦没者墓苑・千鳥ヶ淵公園・半蔵門・桜田濠・桜田門

田安門を出て土橋の坂を下ると、靖国通りの九段坂を上がった所に出る。左折すると**千鳥ヶ淵**の縁に、戊辰戦争の時に歌われた『宮さん宮さん』を作詞したとされる品川弥二郎の銅像が、次いで日露戦争時に日本陸軍の指揮を執った大山巌の銅像がある。靖国通りの対岸は靖国神社である。

千鳥ヶ淵が南北方向に大きく向きを変える所から、濠に沿って**千鳥ヶ淵さんぽみち**が整備されている。桜の木が植わり、所どころに裸婦像などの小ぶりな彫刻が置かれている。さんぽみちが首都高速都心環状線に行き当たり、大きく西に向きを変えるところに、**国立千鳥ヶ淵戦没者墓苑**がある。千鳥ヶ淵戦没者墓苑は昭和三十四年（一九五九）に、国によって設立された。昭和二十八年開始された海外からの遺骨収集により持ち帰られた、無名戦士の遺骨が埋葬されている墓苑であるが、それと同時に、先の大戦で亡くなった全戦没者の慰労追悼のための施設でもある。

さんぽみちを出ると内堀通りである。現在の千鳥ヶ淵はここまでで、竹橋方面から来る代官町通りを造るために設けられた土塁で仕切られ、ここから半蔵門までの濠は**半蔵濠**と呼ばれている。昔は半蔵門までが一続きの濠で、全体が千鳥ヶ淵と呼ばれていたのである。千鳥ヶ淵の名称は、上から眺めると千鳥が翼を広げたような形をしているからだといわれている。半蔵濠と内堀通りの間にある公園が**千鳥ヶ淵公園**と呼ばれるのもこのことに由来するものと思われる。千鳥ヶ淵公園は都内有数の桜の名所として知られる。

半蔵門は、吹上御苑の西の出口であり、天皇・皇后・皇太子などの限られた皇族の皇居への出入りに使われている。江戸時代には、東の大手門に対し、西の半蔵門は甲州街道に直結しており、非常時に、幕府の天領である甲府へと避難するための門であったといわれる。この門の警護に当たったのが、本能寺の変の直後に家康の伊賀越えに功績のあった、服部半蔵と配下の伊賀組であり、番町に広大な敷地を与えられた。江戸城の門の名で、人名に由来するのはこの半蔵門だけである。なお、現在の半蔵門の建物は、戦災で焼失の後、和田倉門の高麗門が移築されたものである。

半蔵門から桜田門までの濠は**桜田濠**と呼ばれる。桜田濠に沿っている内堀通りの歩道を歩いて三宅坂を下った。内堀通りの向こうには、現在憲政記念館のある国会議事堂の前庭があり、江戸時代には彦根藩井伊家の上屋敷があった。大分傾いた日の光を浴びてお濠の水はキラキラと輝き、沢山の水鳥が浮かんでいた。また、対岸の皇居の土手は極めて高く、またその斜面は、聖徳太子の肖像画の末広がりの装束の裾を連想させるような波を打っており、西日を浴びて大層美しかった。何人もの皇居一周マラソンランナーに抜かれた。

桜田門（外桜田門）は、内堀通りと土橋で繋がれている。安政七年（一八六〇）三月、彦根藩上屋敷から雪の中を登城してきた大老井伊直弼は、この橋の辺りで水戸浪士等十八名に狙撃され暗殺された。桜田門外の変である。桜田門の桝形は、やや変則的で、高麗門を入って左側及び正面は桜田濠につながる濠であり、正面の西の丸の高台から射撃して防御する構造になっている。高麗門を入って右側の渡櫓門は、今でも見上げると威圧されるような立派な門である。桜田門は国の重要文化財である。

西の丸下・二重橋・伏見櫓・坂下門・桔梗門

桜田門から中に入ると、広い**皇居外苑**（**皇居前広場**）である。江戸時代は、当初は日比谷入江につながる湿地であったが、家康の入府とともに急速に埋立てが進み、西の丸下の平地が形成され、有力譜代大名の屋敷になった。役職に伴ってあてがわれたので出入りが激しかった。

西の丸は、当初は家康の隠居所御殿であったが、家康が駿府に隠居した後は将軍世子の居所や将軍の隠居所になった。西の丸大手門はこの西の丸に通じる門であった。現在は高麗門がなく、渡櫓門だけになっている。この門の前後に二つの橋が在る。手前の橋は**正門石橋**、奥の橋は**正門鉄橋**と呼ばれる。正門というのは皇居の正門という意味である。皇居正門は外国の特命全権大使の信任状捧呈式の他、天皇誕生日や新年の参賀の時に使われる。

二重橋と言うと通常は手前の眼鏡のような橋が連想され、あるいは手前の石橋と奥の鉄橋が一つの濠に上下に二重に架けられているから二重橋だ、といわれたりもするが、実はいずれも誤りなのである。正式名称としては二重橋という橋はない。江戸時代はいずれの橋も木製で、奥の橋は濠からの高さが高いため、まず下に桁を渡して柱を立て、その上に橋桁を渡したという、「二重橋桁」の構造であった。二重橋の名前はこの奥の橋の構造に由来したのである。今でも鉄橋の下に、昔は木の橋げたがあったという名残が残っているのが見える。

手前から正門石橋・正門鉄橋・伏見櫓を望む

　正門鉄橋を渡った所にあるのが**伏見櫓**である。京都伏見城から移築したものと伝えられる。石垣も櫓も堅牢で、関東大震災でも崩れなかった。江戸城で最も美しい櫓といわれた。伏見櫓に隣接して多聞がある。多聞はただの塀ではなく長屋状に造られた防衛施設で、中に兵器や武具を納め、窓格子から敵を攻撃するものである。江戸時代には、江戸城の本丸や西の丸は、殆ど全周がこの多聞で囲まれていたが、現在、櫓と多聞の組み合わせが残っているのはここだけである。

正門鉄橋の二重橋桁の名残が見える

　二重橋入口から**二重橋濠**に沿って北に進むと**坂下門**がある。一八六二年、坂下門前に屋敷を構える老中安藤信正が、公武合体を推進したところ、尊王攘夷派水戸浪士ら六名に狙撃を受けた、坂下門外の変が起こった。信正は軽傷で済んだが、幕府の権威は更に失墜を加速したのである。

　坂下門は、現在は両陛下の通用門として、また、宮内庁職員の出入口として使用されている。

桔梗門（内桜田門）は、大手門が江戸城本丸への正門として、諸大名や勅使が登城する折りに通行したのに対し、旗本や出入りの商人たちが通行した通用門的な役割を持つ門であった。現在でも皇宮警察・皇居参観者・勤労奉仕者などの通用門として使用されている。名前の由来は、太田道灌の時代にこの近くに泊船亭があったと伝えられ、道灌の家紋の桔梗紋から付けられたと言われている。

巽櫓は、本丸の辰巳（東南）方向に位置し、三の丸に残された唯一の二重櫓である。伏見櫓や富士見櫓とともに、江戸城に現存する三基の櫓のひとつである。関東大震災で損壊した後解体復元されたものであるが、江戸城の櫓建設の手法を今に伝えるものとして貴重な建築である。

巽櫓を後に内堀通りを渡ると**和田倉噴水公園**がある。皇太子（今上天皇）ご成婚を記念して造られたものであり、隣接して**和田倉門跡**がある。和田倉の「わた」は海の意味で、江戸城築城時には日比谷入江がここまで入り込み、ここに資材を置く倉があったので、和田倉と呼ばれたのである。

和田倉門跡から南に下がると、今でも皇居外苑の南端までつながる広く真っ直ぐの道がある。ここは一六三五年、三代将軍家光が朝鮮特使の曲馬を門内の馬場で見られたことから「朝鮮馬場」と呼ばれていた所である。このことから、ここにある門は「**馬場先門**」と呼ばれるようになった。現在は門の跡は残っておらず、地名だけが残っているのである。

皇居乾通り一般公開

皇居乾通り一般公開は、平成の天皇（現上皇）の傘寿を記念して、平成二十六年から春季と秋季に各五日ずつ、桜の満開と紅葉のピークに合わせて実施されることになった。平成二十七年の秋は十二月五日（土）から九日（水）までの五日間実施されたので、私は十二月八日（火）に出掛けてきた。公開された散策ルートは、坂下門から皇居内に入門し、皇居東御苑の西側にある蓮池濠および乾濠に沿った乾通りを北に向かって歩き、乾門から退出するという、全長約七五〇メートルのコースの一方通行である。

開門は午前十時ということになっていたので、九時半過ぎに東京メトロ千代田線二重橋前の駅を降りて地上に出ると、坂下門に一番近い和田倉門の交差点は信号待ちの人であふれていた。日比谷通りを渡り、行幸《みゆき》通りを警察官の誘導に従ってぞろぞろと歩いたが、道の中央では、赤い華やかな制服を身に着けた男女二人の皇宮警察官が、馬で歩くサービスをしており、道行く人はしきりにカメラのシャッターを押していた。これから皇居に入り乾通りの通り抜けに行くのだという、人々の高揚感をあおるのに十分な〝おもてなし〟だと思われた。内堀通りを渡ると、坂下門の前にはテントが張られ、その前には延々と長い行列が、二重橋の方向に連なっているのが見えた。テントを通り抜けて坂下門の方向にばらばらと人が動いているところを見ると、十時より前だが既に開門したようだった。我々後続組は、結局桜田門のところまで歩かされ、二重橋を過ぎたところで行列は滞り、そこからは遅々とした進行になった。それでも少しずつ前に進み、始めのテントで手荷物の検査、次のテントで簡単なボディーチェックが行われ、漸く行列からは解放されて坂下門へと向かったのである。この解放感と、これから乾通りに入れるという期待感もあってか、目の前の**蛤濠**の水面と、対岸の石垣やその上の木々は、とりわけ美しいものに映った。この時は既に十時をかなり回っていた。

　坂下門を入り、正面左の宮内庁前まで来ると、右手の**富士見櫓**が圧巻である。富士見櫓は、江戸城に残る唯一の三重の櫓であるが、皇居の外からでは樹木の陰になってあまりよく見えない。坂下門の中に入ってみると、先ずは櫓の白い壁と近くの松の緑との対比が素晴らしい。ちょっと歩くと松が隠れ、今度は手前の真っ赤に紅葉したモミジとの対比が素晴らしい。入る前は、通りが身動きもしにくいような混みようではないかと恐れ、本丸跡や**蓮池濠**に面した通りの右側を歩くようにしようと思っていたのだが、中に入ってみるとその必要は全くなかった。**乾通り**は広く、一方通行で誘導していたので、かなりゆったりと散策できる。また、平日だったためか、年配のグループや夫婦連れが多く、落ち着いた雰囲気で、乾通りの両側に次々と現れる紅葉の盛んな木々を背景に、皆思い思いに記念撮影をしていた。木々の紅葉は、全体としてモミジの赤が勝り、黄色は公孫樹のような派手な黄色ではなく、トウカエデの緑と黄色の混ざったような控えめな感じが良かった。

　程なくして蓮池濠の向こうの、遥かに見上げるように高い石垣の上に、**富士見多聞**が見えてきた。昔は本丸の周りをすべて多聞が囲んでいたが、現在ではここだけが残って

乾通りから観た富士見櫓

いるのである。往時はさぞ壮観だっただろうと思われる。

左側には山下通りという新宮殿に向かう道路があるが、柵を渡して行けないようになっていた。次に局門《つぼねもん》という立派な屋根付きの古めかしい門があり、隣接した縦に長い建物は、黒い板壁が通りに面していて、周囲の風景とよく調和している。建物と通りの間にまばらに植わっているモミジやトウカエデの下の地面は、半ば落葉に覆われ、いかにも奥床しく良い風情に感じられた。

さらに進んで行くと左側に**道灌濠**がある。濠と言うよりは自然のままの池か小ぶりの湖のようで、周囲は自然のままのようなこんもりとした木々に囲まれている。都心の中心というよりは、どこか山の中という雰囲気である。道灌濠の次には、ぴったりと閉められた木の門があり、門前の派出所の周りには、何人もの警察官が立っていた。吹上御所などの皇居に通じる道路の出入口だと知れた。

右手を見ると蓮池濠は終わりに近づき、本丸跡につながる土橋の向こうの端には**西桔橋**《はねばし》が見える。本丸に通じる橋なので跳ね橋形式になっており、何時でも通行不可能にすることが出来たのである。乾通り散策を途中で切り上げて、直接皇居東御苑に行く人の一筋の流れが土手の上にあった。この土手を過ぎると、右手の濠は**乾濠**になり、90度湾曲しているその先に北桔橋門の土手が見える。乾通りの行く手には乾門が見えてくるが、この辺りから先の乾通りの両側の紅葉は、一段と素晴らしいものであった。坂下門から入って乾門に至るまでの、乾通りの紅葉の中の小一時間の散策は、江戸城本丸跡を、通常は見られない皇居の側から見上げるというおまけまでついて、実に有意義なものになった。

乾門は、皇居への入口として明治時代に新設されたものである。乾門を出ると北の丸は目の前にある。この後は、折角の機会なので隣の北桔橋門から皇居東御苑に入り、本丸跡・二の丸庭園・二の丸雑木林などの紅葉を存分に楽しんだ。大手門付近は混雑が激しく、通行が滞っているとの場内アナウンスがあったので、平川門から皇居東御苑を出て大手町方面に向かったのである。

江戸城を巡る③ 外濠跡

２０１６年 ８月記・２０２０年 ９月追記

江戸城外濠は、江戸城の外郭を取り巻く濠である。全体として「の」の字形をしている外濠は、「の」の字を描く順に、堀留から一ツ橋等を経て一石橋までが「日本橋川（の一部）」、一石橋から数寄屋橋を経て新橋付近で汐留川に合流するまでが「外濠川」、新橋付近から虎ノ門・溜池を経て赤坂見附までが「汐留川（の一部）」、赤坂見附から四谷を経て飯田橋までが「西半部」、飯田橋から隅田川に至るまでが「神田川（の下流）」である。この延長は約一四キロメートルに及ぶ。内濠と合わせてみると、全体が巻貝のようにも見える。位置としては概ね現在の外堀通りと重なり、また、始めと終わりの部分を除き概ね千代田区の区界とも重なっている。なお、神田川は外濠から除外されることも多く、本稿においても歩く範囲からは除外した。

徳川家康は、一五九〇年に江戸に入府すると、直ちに日比谷入江に流れ込んでいた平川を付け替えるための日本橋川の開削、江戸城普請の物資運搬のための道三濠（和田倉門の辺りから大手町を経由して一石橋で日本橋川に合流していたが、明治の末に埋め立てられた）の開削に着手した。

関ヶ原の合戦に勝利し、一六〇三年に江戸幕府を開いて天下人となると、家康は諸大名に命じて江戸城や江戸城下の建設を進めた。このような工事は「天下普請」と呼ばれた。外濠の関連では、日本橋川・外濠川・汐留川の部分は、一六〇六年に石垣工事が完了した。その後、本郷台地を開削し、神田川が開通したのが一六二〇年、最後に、西半部の外濠が開削されて完成したのは一六三六年のことであった。これらの濠の石垣構築のための石材は、小田原・真鶴から稲取までの伊豆半島の東海岸と、沼津一帯の西海岸から切り出されたのである。

現在は、日本橋川の護岸はコンクリート護岸に改変され、首都高速池袋線で殆んど覆われてしまい、コンクリートの柱が林立している。また、外濠川と汐留川は、第二次大戦後すっかり埋め立てられて、その跡地が概ね外堀

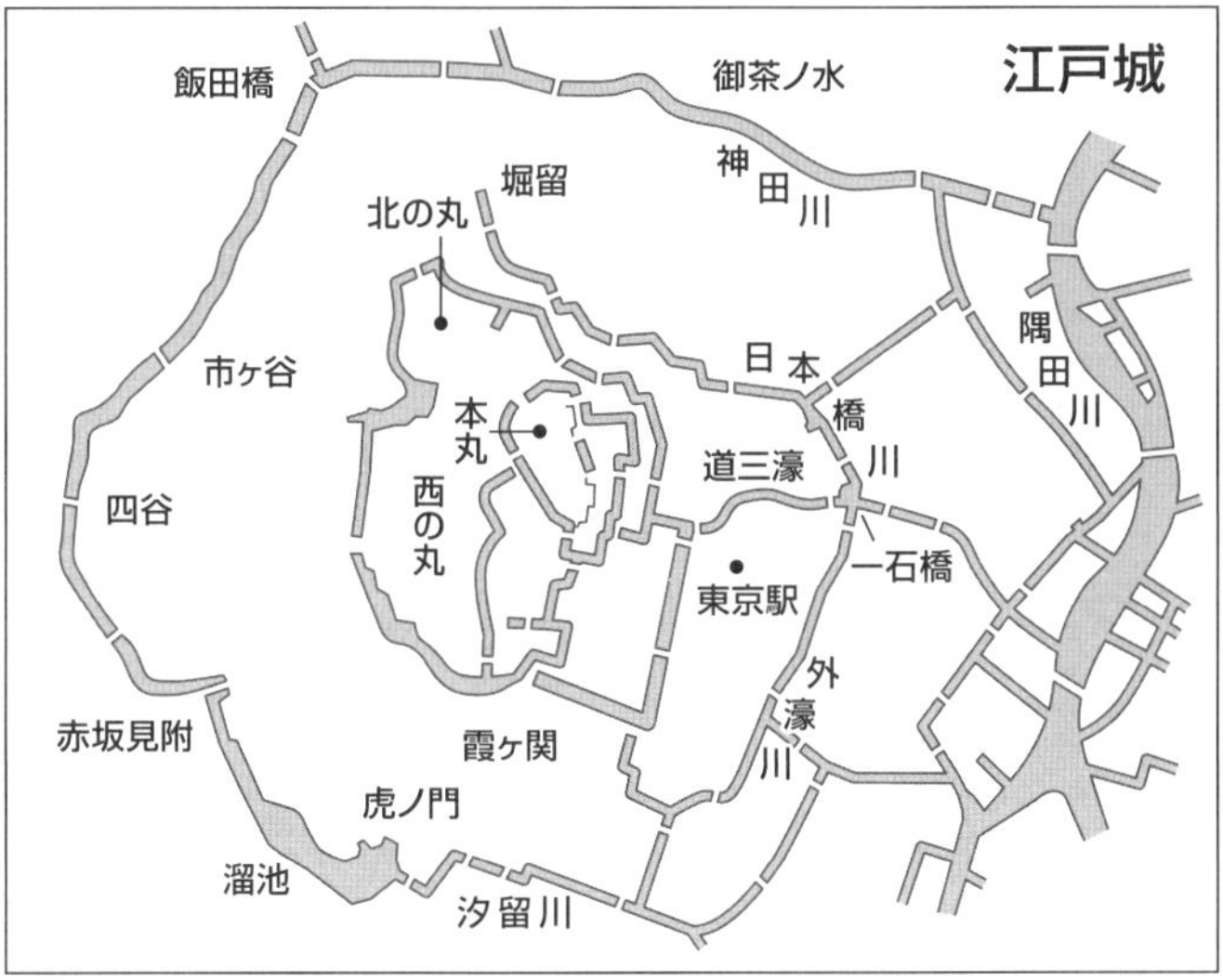

通りとなった。これに対し、西半部の濠は、JR中央線・総武線の線路用地として護岸が改変されたり、空堀とされてグラウンドや公園に転用されたりと、大きく変容しつつも、往時の面影が残されている部分も多い。また、神田川も、JR中央線・総武線が建設されるなどにより、護岸はかなり大きく改変されつつも、お茶の水付近の渓谷美は残されている。

外濠の門は、敵の襲来を見付けて防衛するために、大がかりな枡形門が築かれ、見附と呼ばれていた。その構造は、濠に面して石垣を枡形に囲み、高麗門《こうらいもん》と渡櫓門《わたりやぐらもん》という二重に締め切った門に、番所を置いて守っていたのである。しかし、いずれも交通の要地にあったことから、明治以後殆んど取り壊され、残っているのは石垣などの僅かな一部にすぎない。四谷見附、赤坂見附などの地名にその名を留めているだけである。

なお、「江戸城外濠跡」（西半部の濠跡と虎ノ門周辺の石垣）および「常盤橋門跡」は、国の史跡に指定され、保存されている。

今回歩いたのは、先ず、平成二十七年十一月、飯田橋から、市ヶ谷・四ツ谷・赤坂見附を経て虎ノ門に至るまでの濠跡とその若干の周辺である。虎ノ門からは霞が関の官庁街を経由して日比谷まで歩いた。次に、平成二十八年六月、水道橋付近の神田川から分岐する地点から日本橋川に沿って歩き始め、「の」の字の起点にあたる堀留を確認したあと、外濠が日本橋川と分岐する一石橋まで歩いた。最後が常盤橋門跡及び常磐橋である。常盤橋門跡及び常磐橋は、東日本大震災で大きく被害を受けたため、現在解体修理工事が進められており、千代田区文化財保護課の主催により、平成二十八年七月初旬に開かれた現場見学会に参加した。

神楽河岸・牛込揚場跡・牛込見附跡・牛込濠・新見附濠

　ＪＲ飯田橋駅西口の改札口は早稲田通りに面している。左手には牛込見附の石垣が見えるが、ひとまず右手に進み、対面に神楽坂の入口が見える外堀通りの交差点を右折する。右側の、水辺公園と遊歩道が整備されている辺りが、**神楽河岸・牛込揚場跡**である。隅田川から神田川を遡ってきた船荷は、ここで荷揚げされたのである。「河岸」とは主に一般（町人等）の荷を扱い、「揚場」は主に大名国許から運ばれてきた荷を取り扱ったとされている。今でも外濠の水は神田川と繋がっているが、この辺りから神田川に出るまでは暗渠になっている。

　再び早稲田通りに戻り、牛込橋を渡ると、道路の両側に**牛込見附跡**の石垣があり、写真入りの立派な石碑に詳しい解説が記されている。次いで牛込見附跡から市ヶ谷に向かって**牛込濠**の土手を歩く。土手にはマツ・サクラ・コナラ・ヒノキなどの樹木がかなり密に茂っているので、必ずしも見晴らしが良いとはいえないが、時折、木と木の透き間からお濠の水面が見える。眼下にＪＲ中央線・総武線の線路があり、電車の窓から対岸に植えられた桜の花を、お濠の向こうに眺めた人は多いだろう。対岸には外堀通りが走っている。ここの濠の幅が一〇〇メートルを基準に造られたのは、当時の鉄砲の射程距離が最大で一〇〇メートルだったからだということだ。十分ほど歩くと新見附橋で濠は区切られ、若干水位が上がって新見附濠となる。

市谷見附跡・市ヶ谷駅構内「江戸歴史散歩コーナー」・市谷濠

　市谷見附は高麗門の正面に渡櫓があり、直進しつつ少しずれて進む形（喰違桝形）となっていた。門は明治四年に撤去され、現在その痕跡は殆んど残っておらず、わずかに石垣に使われていたという数個の石が、市ヶ谷駅近くの公園に残されているだけである。しかし、市ヶ谷橋を渡って右に回り込み、釣り堀の入口の方へ進むと、橋の下に当時の土橋の石垣遺構がしっかり残っている。石の表面には築造を担当した大名の刻印（符号）が彫られているのが見て取れる。また、この土橋を境に、四谷側と牛込側では水位が違うので、その間に小滝を作り、水を落としているのが見える。

東京メトロ市ヶ谷駅構内に**江戸歴史散歩コーナー**がある。地下鉄工事で発見された江戸城外濠跡の関連遺構の一部や、雉子橋付近から出土した石垣が展示されている。築城工事を記録した昔の絵図や屏風の複製も、江戸の水道網などの数多くの解説パネルとともに展示されている。改札口の中ではあるが、ここには地下鉄に乗らない場合でもその旨断われば中に入ることが出来る。

ＪＲ市ヶ谷駅前から再び土手の上を四谷に向かって歩くと、**市谷濠**は、始めのうちは水を湛えているが、途中から空濠になり、濠跡は外濠公園という広場になっている。水が抜かれた濠を土手の上から眺めると、濠の深さと広さを実感できる。また、この辺りの濠は台地の土地を人の手で掘ったものであり、当時の普請の規模が改めて体感できるのである。

四谷見附跡・真田濠跡・喰違門跡・弁慶濠・赤坂見附跡

四谷見附は、半蔵門から甲州街道で甲府に至る外郭門として、防衛上の要所で、桝形門は街道から筋違いに設置されていた。交通の要地であったため、他の外郭桝形門と同様に、四谷門も明治以後殆んど撤去され、石垣の一部が遺構として残っているだけである。四谷見附橋のほとりに残っている石垣の上にはムクノキの巨樹が茂っているが、江戸時代には門につながる建造物が建っていた筈なので、明治以後に植栽されたものと思われる。

四谷見附は、江戸市中南部と城内への上水供給でも大きな役割を果たしていた。玉川上水は、四谷大木戸からは甲州街道の地下石樋を暗渠で四谷見附まで来て、外濠に沿って赤坂・虎ノ門方面と、木樋で濠を越えて四谷門から半蔵門方面の二手に分かれた。半蔵門から吹上や本丸へ給水していたのである。

四谷見附跡を過ぎて、再び土手を上ると、右手の崖下に**真田濠跡**の空濠が見える。真田信之（幸村の兄）が工事を担当したからだが、江戸城の濠の中で大名の名前がついているのはここだけである。しかも工事は伊達正宗や上杉定勝（景勝の息子）も参加していたので、なぜ真田の名のみがついているかは謎のようだ。真田濠跡は、現在は上智大学の運動場として使われている。濠跡の向こうには迎賓館の屋根が緑色に輝いている。土手の左側は道路を隔てて上智大学のキャンパスである。江戸時代は尾張徳川家の屋敷であった。

真田濠のはずれは土橋になっており、そこに**喰違門**《くいちがい》があった。喰違門は江戸城外郭門では唯一の、土塁と冠木門だけの門で、桝形は無く、道がカギ型に曲がっていて門外からは中が見えないようになっていた。今でもここで道はS字状に曲がっており、当時の面影が残っている。門内には紀州藩・尾張藩・彦根藩井伊家の屋敷があり、喰違の外濠の外にも紀伊・尾張の本邸があったため、この往来のために開けた道と推定されている。また、喰違の土塁は外濠の分水嶺になっており、真田濠の水は飯田橋・神田川方面に流れ、弁慶濠の水は溜池・虎ノ門方面に流れていたのである。

喰違門外の紀州藩屋敷跡は、現在は皇室御用地であり、赤坂御苑・東宮御所・その他皇族の邸宅地になっているが、明治六年に西の丸が火事で焼失した時には、赤坂離宮に仮皇居が置かれた。このため喰違は明治政府の大官の通路となり、二つの事変が発生した。一つは喰違の変（岩倉具視暗殺未遂事件）である。明治七年（一八七四）一月、赤坂の仮皇居を退出して馬場先門の自宅へ帰る途中だった岩倉の馬車が、喰違にさしかかった際、襲撃者たちに襲われたのである。襲撃者は高知県士族で、岩倉によって征韓論を退けられた西郷隆盛や板垣退助に従って職を辞した元官僚・軍人たちであった。岩倉は軽傷を負ったものの、真田濠に転落したため一命を取り留めたのである。もう一つは紀尾井坂の変（大久保利通暗殺事件）である。明治十一年（一八七八）五月、霞が関の自宅から明治天皇に謁見するため赤坂仮皇居に向かっていた大久保は、喰違の手前の**紀尾井坂**にさしかかった際、襲撃者たちに襲われ斬殺された。大久保は士族の反乱を厳しく鎮圧し、また秩禄処分を遂行したため不平士族から恨まれていた。襲撃者は石川県と島根県の士族であった。大久保の葬儀は日本近代史上最初の国葬級葬儀となり、青山霊園に埋葬された。また、近くの**清水谷公園**には立派な顕彰碑が建っている。

再び喰違に戻って水を湛えた**弁慶濠**に沿って、今度は濠の外側の外堀通りを進む。弁慶濠は、江戸城築城時に京都の大工の棟梁・弁慶小左衛門が縄張り（設計）して掘った壕である。現在は首都高速新宿線で上空を覆われてはいるものの、江戸城外濠の中では、最もよく昔日の面影を残している濠である。対岸の濠の上は、かつては井伊家中屋敷で現在はホテルニューオータニの敷地になっている。弁慶橋を過ぎるとかつての紀州藩邸で、旧赤坂プリンスホテル跡地であるが、二〇一六年夏からは、「東京ガーデンテラス紀尾井町」として、オフィス・ホテル・商業・レジデンスなどを備える複合施設に生まれ変わっている。弁慶橋は明治二十二年に架けられたが、橋を建造する際に、同じ弁慶が神田に建造した橋が不用になったので、ここに移築して弁慶橋と命名されたのである。現在の橋は昭和六十年に改築されたコンクリート橋である。

赤坂見附跡は、弁慶橋を過ぎて弁慶濠に沿った坂を上り切った所にある。現在は、桝形門は殆んど撤去されているが、弁慶濠の奥に僅かに石垣の一部が残っており、その近くに赤坂見附跡の石柱と史跡赤坂御門の石碑が設置されている。

溜池・金刀比羅宮・虎之門跡・霞が関・日比谷門跡

赤坂見附から先の外濠は完全に埋め立てられて、概ね濠跡が外堀通りになっている。虎ノ門に向かって外堀通りを数分歩くと左手に山王神社鳥居が見え、さらに数分歩くと**溜池**の交差点に着く。家康が江戸に入府した頃はこの辺りは水の湧く沼沢地だった。江戸城建設に当たってこの沼沢地を外濠の一角に取り込み、堰（ダム）を造って水を溜め、城下の街に給水させたのである。そのダムは今の特許庁の辺りにあったようだ。名所江戸百景には滝の絵が描かれている。今ではすっかり埋め立てられて地面も整地されたため、溜池の痕跡は全く残されていない。残っているのは溜池という地名だけである。

虎ノ門まで来て先ず訪れたのは**金刀比羅宮**である。一六六〇年、讃岐丸亀藩主京極高和が愛宕下に邸宅を建造した際、讃岐の金刀比羅大神を勧請したのが始まりであり、一六七九年、藩邸の移転に伴いこの地に移って来た。この宮は江戸城裏鬼門の位置にあることから、江戸城の鬼門除けの神としても鎮座し、「虎ノ門琴平大権現」と称えられていた。毎月十日の縁日には一般開放され、あらたかな霊験を求めて、関東一円から信者が集まるようになり、露天商も出て大いに賑わったという。藩邸としては賽銭収入も期待していたようである。

虎之門は、江戸城外濠の重要な外郭門であった。桜田門を起点とする桜田通りは東海道に通じ、また、小田原道の起点ともされた。現在の虎ノ門交叉点から文部科学省の辺りに桝形門があり、維新後に撤去されたが遺構がわずかに残っている。虎ノ門と溜池の間にある歩道橋脇の商船三井ビルの前に、門の櫓台の石垣の角の頂上部分が残っている。ここに江戸城外濠で唯一の櫓が建っていたのである。溜池から来る濠をここで直角に曲げて角に櫓を造り、門をその奥に配して防衛力を高めたのである。外堀通りの反対側に渡ると、旧国立教育会館の跡地があり、道路脇に**工部大学校阯碑**（現在の東京大学工学部の前身）および**国立教育会館**の石碑がある。現在は文部科学省の新館や会計検査院等が入っている複合ビルが建っているが、その入口につながる階段脇に、ビル建設に当たって発掘された石垣が復元されて、階段脇の地上から覗き込めるようになっている。さらに地下に降りると、石垣をガラス越しに正面から見る展示室が設けられている。壁には大きな説明書きのパネルが掲げられているが、そこはかつて濠の中で、大人の背丈ぐらいの位置に、太くて青い帯状の線が引かれ、昔はその辺りが水面だったとの説明がある。にわかに臨場感が増してくる。石垣の石は伊豆半島で切り出して運搬したものだとの説明があり、また、石の表面には、構築した大名の刻印が刻まれているのが見える。文部科学省旧館の中庭にも石垣の一部が残されている。商船三井ビル前・旧国立教育会館・文部科学省旧館中庭の石垣は、一直線に並んでいる。

　虎之門から先の外濠は、現在の外堀通りより一本北の通りの辺りを東に向かった（旧汐留川）。さらに新橋駅の北の辺りから北上していたが（旧外濠川）、これを

埋め立てた跡に、東海道新幹線や首都高速都心環状線（コリドー街）が建設され、数寄屋橋に至っていた。そこからは外濠跡地が概ね外堀通りとなり、鍛冶橋や呉服橋を経て一石橋で日本橋川から分岐していたのである。他方、千代田区と港区または中央区との境界は、かつての外濠を辿っていたので、外堀通りとは微妙にずれている。

　今回の散策に当たっては、虎ノ門からは上のような外濠の跡を辿るのではなく、外濠の中に入った。現在の**霞が関官庁街**であるが、江戸時代には有力外様大名の上屋敷が並んでいた。中でも大きな敷地を占めていたのが、広島藩浅野家四十二万石（現国土交通省・警察庁・中央合同庁舎二号館）、福岡藩黒田家四十七万石（現外務省）である。虎之門から桜田門に至る通りは登城する大名行列で賑わったようだ。現在中央合同庁舎二号館の前の桜田通りに面して、東京メトロ入口の脇に**霞が関跡**の碑が建っている。霞が関の名前は、古代にまで遡り、日本武尊が蝦夷の襲撃に備えて、武蔵国の奥州街道に置いた関所の「霞が関」から名付けられたという。中世には東国の名所として知られ、『新拾遺和歌集』にも詠まれているそうだ。ただしこれが現在の千代田区霞が関に当たるかどうかについては異論もあるようだ。

　農林水産省と東京地方裁判所の間の道を東に進む。隣の弁護士会館脇の植込みに、**大岡越前守忠相屋敷跡**のプレー

トがある。ここで道路を渡ると日比谷公園である。ここには肥前藩鍋島家三十五万石の屋敷があった。日比谷公園の北東の角には、石垣の遺構と**日比谷見附跡**の碑がある。この門は位置的には内濠に接していたが、日比谷濠の外にあり、城内に入るための門ではない。ここにあった濠は、日比谷濠とは暗渠で繋がれていたものの、L字型に造られて他方の端は外濠川に繋がっていた。したがって外濠が分岐してここまで伸びてきた、外濠の一部だったのである。濠は日比谷公園を築造した際に、一部が現在あるような心字池に改造された。心字池と並んで石垣の一部も残っており、登ってみると意外に高く感じられる。

日本橋川（堀留・雉子橋・一ツ橋・神田橋・鎌倉橋・常盤橋・一石橋）

日本橋川は、水道橋駅の西側の小石川橋のたもとで神田川から分岐している。徳川家康の入府前は平川という川が流れて、日比谷入江に流れ込んでいた。家康の江戸入府後、江戸城を拡張するとともに江戸の街を拡げ、また街を洪水の危険から守るため、日比谷入江を埋め立て、平川を隅田川に流れ込ませるようにしたのが日本橋川の始まりである。さらに、神田山を掘削してお茶の水経由で神田川が隅田川に直結するようになると、日本橋川の川としての役割は著しく低下したため、分岐点から五〇〇メートルほど下流までは埋め立てられた。この地点を**堀留**と称し、ここより下流の掘割が外濠の始まりとなり、同時に江戸の街の重要な物流の一翼を担うようになったのである。なお、江戸時代に埋め立てられた堀留より上流の区間は、水運の必要から明治三十六年（一九〇三）に再び掘削され、神田川につながれて今日に至っている。

小石川橋の分岐点から、日本橋川に沿って整備されている遊歩道を五〇〇メートルほど歩くと、**堀留橋**がある。ここが江戸時代の外濠の始まりである。この辺りの日本橋川は、小石川橋の入口から隅田川への出口の近くまで、首都高速池袋線で覆われている。その池袋線が都心環状線と合流する所にある橋が**雉子橋**である。この少し北側に、今は跡形もないが、雉子橋門があった。外国からの使節をもてなすための雉や鶏を飼育する囲いがあったことから、雉子橋門と呼ばれるようになったのである。この門は「外濠」の門でありながら、「内濠」に近かったため、江戸城内郭《うちくるわ》門の一つに数えられ、内濠並みの厳しい警固が行われていた。

雉子橋から一ブロック歩いて白山通りに出ると**一ツ橋**である。徳川家康が江戸城に入府した頃には、ここに丸太の一本橋が架かっており、それが一ツ橋の橋名の由来と言われている。ここに一ツ橋門があり、傍らに御三卿の一つ一橋家の屋敷があった。次の橋が**錦橋**である。川の左岸一帯の町名の錦町に由来する。明治時代には錦河岸があった。錦橋からその次の神田橋までの間は、大手町再開発が完了し、日本経団連や日本経済新聞社の建物が並んでいるが、日本橋川に沿って大手町川端緑道が平成二十六年に完成し、都心の新たなオアシスになっている。一橋家の屋敷はこの辺りまで広がっていたようだ。

神田橋は日比谷通りに架かっているが、江戸時代は将軍が上野寛永寺に参拝するための御成道であった。橋の名はこの橋の北側一帯の地名の神田からつけられた。左岸には物揚場跡がある。次の橋が**鎌倉橋**である。家康の江戸入府後の慶長年間（一五九六〜一六一四）、江戸城改修に伴って付近の川筋には、鎌倉から来た材木商たちが取り仕切って、材木石材が陸揚げされるようになったので、**鎌倉河岸**と呼ばれたのである。

ＪＲ東京駅と神田駅の中間を潜ってＪＲ線の東側に出ると、新常盤橋・常磐橋（歩行者専用）・常盤橋という三つの橋が隣接してある。先ず、明治十年に、常盤橋門に直結する木橋に替わるものとして、歩行者専用の石造アーチ橋が架けられ、**常磐橋**と名付けられた（盤ではなく「磐」の字が使われた）。次に大手町と日本橋本石町を結ぶ幹線として、下流に**常盤橋**が架けられた。最後に大正になって、路面電車を通すために上流に新常盤橋が造られたのである。常盤橋のたもとには、明治経済界の重鎮**渋沢栄一の銅像**が建っている。関東大震災でダメージを受けた常磐橋周辺を、私財により修復した功績を称えたものである。現在修理工事が進行中の常磐橋および常盤橋門については後述する。

次の橋が**一石橋**である。この橋の北側に金座支配の後藤家、南側に呉服支配の後藤家があり、両家で橋の管理を行っていたことから、後藤（五斗）＋後藤（五斗）＝（一石）としたという。一石橋は道三濠が流れ込むとともに、

日本橋川から外濠川が分岐した地点でもあり、水路の十字路で、江戸の水上交通網の最重要地であった。日本橋の盛り場をひかえ、陸上交通も混雑したようで、一石橋のたもとには「迷子知らせ石標」が残っている。ここから先の外濠川は埋め立てられて、呉服橋・鍛冶橋を経て数寄屋橋から新橋に至る外堀通りと概ね重なっていることは前述のとおりである。

常盤橋門跡・常磐橋

常盤橋門は、江戸から奥州街道への出口として重要な門であり、その桝形石垣は一六二九年に奥州の大名によって築かれた。門は明治六年に撤去されたが、石垣は、高麗門脇の土手から渡櫓台までの石垣や、濠沿いの石垣が残っており、江戸城外郭のなかでは最も石垣が良好に保存されている城門跡である。

門に伴う木橋は、明治十年に橋台とともに撤去され、東京の近代化の象徴として、中央に橋桁がある二連アーチ石橋の**常磐橋**に架け替えられた。その後、関東大震災の後などに何度か補修が行われたが、平成二十三年の東日本大震災により橋台・橋桁・石垣・路面・欄干その他に多くの損傷が見られたので、今回全面的に解体修理することとした。六月中旬に日本橋川に沿って歩いた時は、工事現場は常盤橋門跡とともに高い塀に囲まれて全く見えなかったが、入口の脇に七月上旬の現場見学会を案内するチラシが置いてあった。早速応募したら運よく当選の葉書が来たので、見学会に参加し、晴れて塀の中に入ることができたのである。

先ず、川沿いに設置されたテントで橋とその修理の全体像についてのガイダンスがあった。次に、周囲の空き地に、橋の上に据え付けられる白い大理石の親柱その他の石柱・金属製の欄干・常磐橋の銘標石・橋台のアーチの部分などの、修理済みのものが陳列されていた。建設当時の常磐橋は、白い大理石の親柱や、路面の花崗岩、洒落たデザインの高欄手摺柵など、他の石橋と比べてかなり特徴ある橋だったようだ。修理は創建当時の文明開化の面影を出来る限り取り戻したい、という考えのもとに進められているという。石材などは傷んでいる部分を取り除き、出来るだけ元の石材を活かすように補修しているとのことだった。石材加工の実演や工具の陳列もあった。

最後に、橋の上部がすべて解体されているところを、土手を下り川底に設置された作業台に下りた。流れの前後は鉄板で仕切られて水は掻い出されており、川底には石垣や橋桁の礎石が露出していた。橋の中央のアーチの橋台に設置する水切りも置いてあった。この辺りは満潮時には海から水が流れて来るので、水切りは川の上流側だけでなく、下流側にも付いているとのことだった。平成三十年度を目度に進められている改修工事が完了すると、周辺の常盤橋公園は、史跡公園としてオフィス街の中のオアシスに生まれ変わるものと期待されている。

（注）常盤橋門跡及び常磐橋の解体工事と周辺の公園の整備は、令和二年九月時点ではまだ完了しておらず、周囲は高い塀で囲われたままだった。

亀戸・業平〜錦糸町界隈

2016年 11月記

今回の散策の前段は、亀戸駅から亀戸天神を中心とする亀戸界隈を北に向かい、北十間川沿いの業平経由で、東京スカイツリーのお膝下の押上駅までのコース、後段は押上駅から業平を経由したのち大横川に沿って南に向かい、錦糸町界隈を巡って錦糸町駅に至るというコースである。前段は二〇一六年四月の末日、亀戸天神の藤の花が最大の目当てであり、後段は同年五月の連休中に行われた、東京シティガイドクラブ主催の、「鬼平犯科帳の舞台を歩く」というツアーに参加したのである。亀戸は江東区、業平〜錦糸町界隈は墨田区である。

亀戸の地名の由来は、亀ヶ井という古井戸があったから、この地がもと亀に似た島だったから、と二説あるが定かではない。幕末の切絵図によれば、亀戸天神を始めとする寺社地と大名の抱屋敷（主として田畑として使用されていた）のほかは大部分が田畑で、町屋としては亀戸村があった。のどかな田園地帯で亀戸大根が江戸市中に出回り有名だった。亀戸天神を控えるこの地は、江戸町人の格好の行楽地でもあり、次第に門前町が形成されてきた。

錦糸町の地名は、大横川以東に昔あった錦糸堀に由来する。江戸から明治にかけて、この界隈は至る所に池や堀がある、もの寂しいところであったが、関東大震災の後に大半の堀は埋め立てられてしまい、墨田・江東両区にまたがる江東工業地帯の発展とともに、錦糸町は繁華街となった。

鬼平犯科帳の物語の中で、主人公長谷川平蔵の住居は錦糸町の近くとされ、配下の密偵たちの住み家もある。また作品の舞台としても数多く登場する。

亀戸銭座跡・亀戸天神社・普門院・龍眼寺

ＪＲ総武線亀戸駅を出ると、駅前は亀戸天神に行こうとする人であふれていた。商店会・観光協会が配っていた界隈の地図をもらった。大部分の行楽客は商店街を抜けて直接亀戸天神に向かっていたが、私は一路西へ向かった。横十間川に突き当たって川に沿って北上すると、右手に大きなホテルや野球場のある一画がある。この一画はかつて日清紡績の工場があった所で、その真ん中あたりの道路際に**亀戸銭座跡**の石碑が建っている。この土地には、江戸時代の銭座すなわち銅銭鋳造所があった。一六六八年から一六八三年までこの地で、裏に「文」の字の入った銅銭「寛永通宝」が鋳造された。これが一般に文銭と言われるもので、このような亀戸銭座の由来が石碑の裏に書かれている。この銅銭の地金は京都の方広寺の大仏を壊して使用したといわれている。方広寺の大仏は豊臣秀吉の発願で造営され、慶長の大地震で崩壊したのち秀頼が復興したものである。また、その梵鐘の「国家安康」の文字は、家康から、「家康」の文字を分断するものであるというイチャモンを付けられたといういわくがある。徳川の世でそのような大仏は早くつぶしてしまえということになっても不思議ではない。

この少し北の敷地側には**日清紡績創業の碑**がある。すぐ北の天神橋のたもとには船橋屋という老舗のくず餅屋がある。店内食と土産用の二列の長い行列があった。**亀戸天神社**はそのすぐ裏にある。一六六一年、太宰府天満宮の神職大鳥居信祐が、神木飛梅の木で彫刻した菅原道真の像を持って江戸に来て、亀戸の地の小祠に祀ったのが始まりといわれる。江戸時代から有名な神社で、富岡八幡宮と

ともに江戸の観光名所となっていた。学問の神様として信仰を集め、江戸の文人墨客の来訪が多く、庶民も多く参詣した。四代将軍徳川家綱もたびたび参拝に訪れ、休憩用に特別の茶屋まで建てたそうだ。正面の鳥居を入るとすぐに、真っ直ぐ神殿につながる朱塗りの太鼓橋がある。橋の前後から本堂に至るまで人で溢れ返っている。左右に広い池が広がり、大きな藤棚がある。ここで周りの人の第一声は、「あれ！　藤が全然咲いていないじゃないか！」「今年はどの花も早いと聞いていたから、もう散っちゃったのかな。いや、遅咲きがこれからあるのかも」。よく見ると花の房の茎だけが何本かぶらさがっている。左の藤棚にはぱらぱらと何本かの花の房が残っているだけだ。たしかに、もう殆んど終わってしまったようだ。少し進むと右手の島の藤棚には、心なしか色は多少褪せてしまっているようにも見えたが、沢山の花房が残っており、人びとが群がってカメラを向けていた。ほかにも花が残っている所がちらほらとあり、芸術写真？　を撮るのに余念がない人が何人も見受けられた。これだけ大きな藤棚を見るのは初めてだった。満開の時にはさぞかし壮観だったであろうと思われる。池の脇のツツジの花はそこそこに咲いていた。

神殿は参拝の行列が長かったので省略することにした。神殿の前に御神牛が寝そべっている屋根つきの石の台座がある。案内板に、菅公の葬列が進む中、ご遺体を乗せた車を曳いていた牛が臥して動かなくなったので、その場所を墓所と定め社殿を建立し、太宰府天満宮の起源となったとの説明が書かれている。この牛を撫でれば大願が成就するといわれており、中高年のおばさんの列が絶えなかった。孫の受験が成功しますように、とでも願っていたのだろうか。菅公ゆかりの筆塚も近くに在る。このほか、道真に因んだ歌碑その他有名な碑が数多く残されているということなのだが、この日は屋台の出店が多く、石碑の多くは出店のテントの陰に隠れて、見ることが出来なかった。神楽殿では、観光客を前に巫女が神楽を舞っていた。神楽殿の脇には、江戸時代の豪商・塩原太助奉納の石灯籠があった。この辺りから神殿を見ると背後に東京スカイツリーがそびえており、多くの人がカメラに収めていた。本堂の西側の通路脇に、国産マッチ工業の創始者・清水誠の記念碑がある。

亀戸天神を出て東に一ブロック回り込むと**普門院**がある。門を入るとすぐに**伊藤左千夫の墓**という石標が目につく。墓域に入ると真ん中辺りの右端の小山の際に伊藤左千夫之墓がある。伊藤左千夫はアララギ派の歌人で齋藤茂吉らの師であるが、小説としては『野菊の墓』が有名である。普門院は、戦国時代に荒川区に創立された由緒ある名刹のようだが、戦乱で焼失したため、江戸時代初期に現在地に移転して来た。移転の際に梵鐘が隅田川に沈んだ、その場所が「鐘ヶ淵」であると伝えられる。普門院には、墓石の数がかなりあるので、檀家の数は少なくないと推測され、決して困窮しているとは思われないのだが、何故か墓域には雑草が生い茂り、一見荒れ果てたように見受けられた。

普門院を出て北東の方向に十分程歩き、横十間川まで出ると、**龍眼寺**《りゅうげんじ》に到達する。十四世紀に創立された天台宗の古刹であるが、江戸時代の中頃から萩が多く植えられたので、別名萩寺ともいわれ、江戸時代の中頃から萩が多く植えられたので、横十間川に面した門の前には、**萩寺史跡**の石柱が建っている。江戸の名所となり文人墨客も多く訪れた。境内には、「濡れてゆく人もおかしや雨の萩」という芭蕉の句碑を始め、多くの句碑が残されている。

法性寺《ほっしょうじ》（**柳島妙見**）

龍眼寺を出て北上し、北十間川に突き当たった所で左折して柳島橋を渡ると町は業平であり、そこに**法性寺**《ほっしょうじ》がある。**柳島妙見**と称されて江戸時代から信仰する者が多かった。妙見というのは「妙見菩薩」のことで、天空の中心を司る北斗七星を象徴する真言密教の仏様である。妙見菩薩は、国土を守り貧窮を救うといわれ、また、五穀豊穣の仏様として広く信仰を集めていた。さらにこの柳島妙見堂は、江戸城の鬼門除けとして置かれたといわれ、五代将軍綱吉の生母桂昌院の帰依を受けて栄え、多くの参拝客で賑わったという。江戸時代にはこの辺りに広大な寺域を有する大寺院だったようだ。庫裏で柳島妙見についていろいろ質問したら、法性寺の由来を記した小冊子や関連の新聞記事の綴りをくれた。庫裏の二階の広間には数々の浮世絵が陳列されている。

柳島妙見は花柳界や芸能人の信仰も厚かった。江戸時代の人気歌舞伎役者・中村仲蔵は、浮き沈みの激しい役者人生だった。浪人の息子として生まれたが四歳の時に孤児になり、踊りの師匠に引き取られ、厳しく踊りを仕込まれて、名子役として才能が開花した。一度は看板役者になったものの、訳あって一時役者の世界を離れ、次に戻った時は大部屋からのスタートだった。さんざん苦労の末、漸く名題《なだい》（看板に名が載る一人前の役者）に昇進した仲蔵に振られた役は、『仮名手本忠臣蔵《かなでほんちゅうしんぐら》 五段目』の「定九郎」の役ただ一つであった。定九郎は野暮な盗賊の身なりで登場し、科白が一つあるか無いかのうちに殺されてしまう端役に過ぎなかったので、仲蔵はいたく傷ついた。なんとかこれまでにない定九郎の役を演じて、やんやの喝さいを博したいものだと、この柳島妙見に願を掛け、最終日の帰りに、にわかの大雨で蕎麦屋に駆け込んだ。そこに三十歳前の浪人者が、それなりの衣装を身に着け、蛇の目の傘を叩きつけながら飛び込んできた姿を見て、仲蔵は、「これだッ」と心中で叫び、衣装を改め、新しい定九郎像を創り上げた。これが大当たりでそれ以来中村仲蔵の演出による定九郎は、五段目の見せ場になり今日まで踏襲されている。この話は古典落語の人情話として、明治以後多くの高名な噺家によって演じられてきた。この機会に『古典落語正蔵・三木助』（ちくま文庫）所収の八代目林家正蔵による『中村仲蔵』を読んだ。また、中村仲蔵の波乱の生涯は、松井今朝子著『仲蔵狂乱』（講談社文庫）で描かれている。さらに、折よく国立劇場の平成二十八年十一月歌舞伎公演で、『通し狂言仮名手本忠臣蔵第二部（五段目〜七段目）』が演じられたので出掛けてきた。五段目の定九郎の振りは目を凝らして観た。イヤホンガイドでも、定九郎が登場する場面の解説で、中村仲蔵以来の演出を踏襲している旨の解説があった。

葛飾北斎の「北斎」の号も、妙見菩薩に対する信仰から選ばれたものである。妙見菩薩は、北極星・北斗星を神に見立てた菩薩であるといわれ、北辰菩薩ともいわれる。「北斎」は「北辰斎」・「北斗斎」を略したものである。北斎の若いころの肉筆画は殆んど現存していないが一九九三年に日本で公開された英国ヴィクトリア・アンド・アルバート美術館所蔵の『風流東都方角』十枚には、法性寺妙見堂図が含まれていた（一九九三年一月二十六日付朝日新聞「大北斎展４」）。また、八十四歳の時に描いた肉筆画に、『文昌星図』というのがある。文昌星は北斗星の別名であるが、鬼が升と筆を手にして上空の六星を睨んでいるという、超自然的な主題を描いたものである（横尾忠則「東京ＲＯＭＡＮ主義」一九九五年十二月三日付朝日新聞）。

法性寺を出て浅草通りを西に向かい、この日は押上駅近辺でやや遅めの昼食を摂った後、帰路についた。

春慶寺・西尾隠岐守屋敷・業平橋

ここからは日を改めて、二〇一六年五月の連休最後の日曜日、東京シティガイドクラブの街歩きツアー「鬼平犯科帳の舞台を歩く」に参加した時の記録をもとにしている。墨田区観光協会は区内に様々な観光コースを設け、「墨田まち歩き博覧会」と称する、地区別の地図を完備している。その中の、「コース２１・鬼平犯科帳ゆかりのスポット読み歩き（鬼平の青春篇）」に従って歩いたのである。ルートに近い他の歴史観光スポットにも適宜立ち寄った。

押上駅から北十間川を越えて浅草通りに出ると、通りに面して**春慶寺**がある。道路に面しているのは、小さなビルの入口の脇に建物の壁にへばりつくような形で、鶴屋南北の墓などが所狭しと陳列されているだけで、およそお寺として似つかわしくない。ビルの中がどうなっているのか、裏に墓地などがあるのか、見当もつかない状況であった。鬼平犯科帳では、平蔵の剣友岸井左馬之助の寄宿先として、多くの作品に登場する。なかでも「明神の次郎吉」は春慶寺が主な舞台になっていて、押上周辺の当時の様子も描かれている。玄関の脇には、映画で左馬之助の役を何度も演じた俳優江守徹の揮毫による「岸井左馬之助寄宿の寺」の石碑が建っている。

後日東京スカイツリーを訪れた際に、展望台から亀戸天神・法性寺・大横川親水公園・錦糸町界隈が眼下に見下ろせて実に興味深かったのであるが、帰りに思い立って春慶寺に立ち寄ったところ、運よく住職の話を聞くことが出来た。

「春慶寺は江戸時代の初めから、約四百年の歴史のある古刹である。天明年間（一七八一～一七八九）の頃に活躍した浮世絵師勝川春潮の『押上村行楽』という浮世絵には、石の道標に『押上村』『普賢菩薩』という文字が見られ、押上村の春慶寺に〝お参りに行く〟ことが人々の大きな楽しみであったことがうかがわれる。当時は本所押上村に、田畑を含めて三万坪の敷地を擁する大寺院であったが、明治時代の廃仏毀釈の波をもろに受けて廃寺寸前にまで衰退してしまった。昭和から平成にかけて復興の道を辿り、平成十三年に漸くゆかりのこの地に地上六階建ての堂宇を得ることが出来た。地下には約千五百基の墓石がある。現在はまだ復興途上にあるといえよう」。

岸井左馬之助について尋ねたところ、「池波正太郎に聞いてみたことがあるが、回答は、モデルはあるが想像上の人物であると明言していた。それで玄関脇に岸井左馬之助の碑を設けることには、私は当初は反対だったのだが、鬼

平ファンの心の中には生きているのだから、という熱心な懇願にほだされて、建立者の名前を書かないことを条件に許そうと思ったら、既にできていて近くまで来ている、それには江守徹の名前しかない、ということだったので、止むを得ず許したのである」とのことだった。

春慶寺から二ブロック西の角に**西尾隠岐守屋敷**の案内板がある。遠江国の西尾家の抱屋敷の跡であり、墨田区観光課が「鬼平情景」の一環として立てたものである。周辺は押上村・小梅村と称され、長閑な田園地帯に寺社仏閣が点在していたが、夜になるとこの屋敷は賭博場に変わり、盗賊の盗人宿も加わって、鬼平犯科帳では賭博や盗人宿への経路としてたびたび登場するとの説明が書かれている。

業平橋は、大横川に架けられた浅草通りの橋である。大横川は本所開拓で開削された運河で、北十間川から発し、南北方向に江東区まで流れている。最初の橋は一六六二年に架けられた。名前の由来は、すぐ近くに在原業平の作とされる衣冠の木坐像をご神体とする、業平天神社があったことによる。「東下り」に因み舟形の業平の塚もあったとされる。業平橋の北側を川の面まで下りると、船の舳先をかたどった大横川親水公園管理事務所の建物がある。その一隅に墨田区観光案内所があり、観光案内のパンフレットや地図がもらえる。東京スカイツリーを見上げる絶好のスポットとして、写真撮影用のお立ち台や、その横にスカイツリーをすっぽり収める凸面反射鏡が整備されている。

大横川親水公園とその周辺

業平橋の下を潜って南側に出ると、そこから**大横川親水公園**が始まる。業平橋から竪川に至る全長約一・八キロメートルの区間が、親水公園として整備されている。この区間に九つの橋が架かり、それぞれの橋を境にイメージの異なる空間になっている。五月の連休中の良く晴れた日曜日の午後、親水公園のあちこちが、水に親しむ家族連れやグループで賑わっていた。

二つ目の平川橋を過ぎると左手にたばこと塩の博物館がある。ここを通り抜けると隣のブロックには広大な日本たばこの工場がある。次に横川橋を渡って二、三ブロック南下すると、**能勢妙見山別院**がある。大阪能勢妙見山の別院で、日蓮宗のお寺である。ここに勝海舟の胸像がある。海舟が九歳の時に犬に咬まれて大怪我をし、高熱を発して命が危ぶまれたが、父親の勝小吉は夜も昼も抱いて寝たうえ、毎晩ここの金比羅堂で水垢離をとって祈願し、お蔭で七十日後に奇跡的に快癒した、という故事にちなむものである。この時の小吉の献身的な看病の様子は、小吉の著書『夢酔独言』（講談社学術文庫）に描かれている。

紅葉橋で再び大横川を渡ると、川面に下る小路の脇に、**出村の桜屋敷**の案内板がある。平蔵と左馬之助が剣術の稽古に励んだ高杉道場の北側に桜屋敷と呼ばれた広大な屋敷があった。そこの老当主の孫娘おふさが、打ったばかりの蕎麦切りの差し入れを持って道場に現れたときには、その初々しさに左馬之助と平蔵はうっとりと見惚れていたものだった。やがておふさは嫁入りすることになり、行列を見送りながら、左馬之助も平蔵も青春は終わったと感じたのである。その後、亭主が死んで婚家を追い出されたおふさの生活はすさび、二十余年後には、かつての婚家に押し込もうという盗賊に手を貸すようになっていた。この計画を事前に察知した平蔵は、押し込みの当日待ち伏せして、盗賊の一味を一網打尽に取り押さえたのである。白洲で詮議を受けていたおふさの前に左馬之助と平蔵が現れたが、おふさは二人のことをすっかり忘れてしまっていた。左馬之助は当時のおふさに密かに惚れ込んでいたため、その後独身を貫いてきたとされており、平蔵はおふさには、寛大な処置をした。（鬼平犯科帳第一巻所収『本所桜屋敷』）

桜屋敷の一ブロック南に、**高杉銀平道場**ここにありきの案内板がある。平蔵と岸井左馬之助はここで同時に目録を授けられた。青春時代を共に過ごした剣友の左馬之助は、二十余年後に再会し、遊軍として火付盗賊改方を支えたのである。

高杉銀平道場跡の一ブロック東に**報恩寺**がある。太田道灌ゆかりの寺で孫の代に報恩寺と改称し、何度か移転を重ねたのち、元禄年間にこの地に定着した。境内には太田道灌の墓碑や、山吹の故事にちなむ浮彫の道灌公記念碑が残されており、東京には少ない三重塔もある。往時は十二にも及ぶ塔頭を備えた大寺院で、今でも正門前には立派な参道があり、塔頭の幾つかは残っている。参道の途中で振り返ってみると、本堂の真後ろに東京スカイツリーがそびえていた。報恩寺は鬼平犯科帳にも何度か登場するが、なかでも平蔵と左馬之助が二十余年後に再会し旧交を温めたのは、この寺の門前の茶店だったのである。

報恩寺から蔵前通りに出て大横川に戻り、報恩寺橋を渡ってから三ブロックほど南下し、右折して数ブロック西に進むと、墨田区亀沢四丁目子供広場の片隅に**相模の彦十の家**の案内板がある。相模の彦十は、火付盗賊改方で平蔵の下で献身的に働いた密偵である。平蔵が若いころ、義母に疎まれて家に寄りつかず、本所から深川にかけての盛り場や悪所をうろついていた頃の取巻きのひとりの無頼者であった。昔なじみであるだけに、長官の平蔵に対し「銕《てっ》つぁん」とか「親分」と呼んでも平蔵は苦笑するしかなかった。

相模の彦十の家の南のブロックの、墨田区立竪川中学校の正門脇に**山岡鉄舟旧居跡**の案内板がある。生家であった幕臣小野家の住居がこの地にあり、幼少期を過ごしたのである。後に山岡家の婿養子になった。一八六八年三月、官

軍の江戸城総攻撃に先立ち、駿府の官軍本部に単身乗り込んで、参謀・西郷隆盛と面会し、無血開城の条件を折衝した。これを踏まえて西郷隆盛と勝海舟の会談が行われ、江戸城無血開城への道が開けたのである。後に明治天皇の侍従として厚い信頼を得た。剣・禅・書の達人としても知られ、最後の侍とも称えられた鉄舟の生涯は、山本兼一著『命もいらず名もいらず』（集英社文庫）で描かれている。明治維新に殉じた人びとの霊を供養するため、台東区谷中に全生庵を興し、自らもそこに葬られている。

　さらに南に歩を進め、ＪＲ総武線のガード下を潜ると、右手に**勝海舟居住の地**の案内板がある。勝海舟の生誕地は、父小吉の実家の男谷《おだに》家の屋敷（現両国公園）であったが、九歳のときにこの地に落ち着き、十代後半までの多感な時期をここで過ごしたのである。犬に咬まれて大怪我をしたのは、この地に移り住んだ直後のことであった。

　勝海舟旧居跡からさらに南に下ると、**長谷川平蔵の旧邸**の案内板があり、長谷川という家を赤で囲った当時の江戸切絵図も貼付されている。この地域は当時入江町と呼ばれており、平蔵（幼名銕《てつ》三郎）はここで青春時代を過ごしていた。義母に「妾腹の子」といじめられ、その反発で家を飛び出し、「入江町の銕」とよばれて、相模の彦十らを引き連れて、本所深川を根城に放蕩無頼の生活を送っていたのである。ただし平蔵がこの地に住んでいたのは、鬼平犯科帳の作品の上だけであって、実在の平蔵が青春時代に住んでいたのは、築地の北の鉄砲洲だったようだ。江戸切絵図で長谷川という屋敷を探し出し、池波正太郎がここを作品の上での住居と決めたのが真相だといわれている。なお、火付盗賊改方長官時代の実際の屋敷跡は、地下鉄都営新宿線菊川駅の近くであり、その屋敷を後に遠山金四郎が引き継いだというのも有名な話である。

長谷川平蔵の旧邸から大横川の右岸に来ると、**時の鐘跡**の案内板がある。現在は跡形もないが、本所の街に時刻を知らせる時鐘屋敷がこの近くにあった。ここに架かる橋は時鐘に因んで撞木橋《しゅもくばし》と呼ばれ、橋の上に鐘撞堂と鐘の小さなレプリカが置かれている。前述の長谷川平蔵の旧邸の江戸切絵図では、大横川寄りの斜め前に「時鐘」と書かれた区画がある。

国産マッチ発祥の地・伊藤左千夫住居跡

撞木橋を渡ると北側一帯は都立両国高校である。敷地の北側に回ると**国産マッチ発祥の地**の碑がある。マッチ工業の創始者・清水誠は、明治三年（一八七〇）にフランスに渡り、マッチの製法を習得して帰国した。明治九年大久保利通の後援を得てこの地に新燧社《しんすいしゃ》を設立して、黄燐マッチ（安全マッチ）の製造を開始したのである。このことを記念して、両国高校の北側の道路の歩道の縁にある鎖の柱には、マッチのデザインが用いられている。清水誠記念碑はこの地域の氏神である亀戸天神境内にある。なお、両国高校の校庭には**芥川龍之介文学碑**があるそうだが、休日のこの日は中に入れなかった。

錦糸町駅南口バス停脇に、**伊藤左千夫牧舎兼住居跡**の案内板と歌碑がある。千葉県成東に生まれた左千夫は、明治二十二年（一八八九）、二十六歳の時に上京してこの地に居を構え、牧場を設けて搾乳業を営んだ。三十五歳の時に子規の門下に入って本格的な作家生活を始め、アララギ派の創始者として活躍した。この地で短歌雑誌『馬酔木《あしび》』を発行し、また小説『野菊の墓』を書いたのである。晩年は亀戸に移転し、墓は、亀戸天神社の近隣の普門院にある。

日本橋川・茅場町・兜町・八丁堀・新川
～江戸湊の形成～

2017年 2月記

江戸湊の形成

徳川家康が入府した頃の江戸は、江戸城本丸のすぐ目の前まで日比谷入江が入り込んでおり、そこに神田川や小石川の下流にあたる平川の水が流れ込んでいた。その東側には江戸前島と呼ばれた半島が突き出ていた。その位置関係を現在の地図に重ねてみると、日本橋辺りが半島の付け根で、先端は新橋の辺り、半島の背骨にあたる部分に東京メトロ銀座線（中央通り）が、西の縁に沿って千代田線が、東の縁に沿って都営三田線が通っている。江戸前島は本郷台地の繋がりで、地盤はしっかりしていた。

家康は一五九〇年に江戸入府とともに、道三堀の掘削と平川の付け替えに取り掛かった。**道三堀**は、明治時代にすっかり埋め立てられてしまい、その痕跡は全く残っていないが、和田倉門の付近から大手町を抜けて一石橋で付け替えられた平川（現在の日本橋川）と合流し、さらに江戸前島の付け根の部分を掘削して、その東側の当時の海岸線に沿って隅田川に至るまでの水路を築いたのである。当初の目的は、隅田川の先の当時の海岸線に沿って、同時進行的に掘削工事が進められた、深川の小名木川に接続して行徳まで水路を築き、塩を確保しようというものであった。戦国時

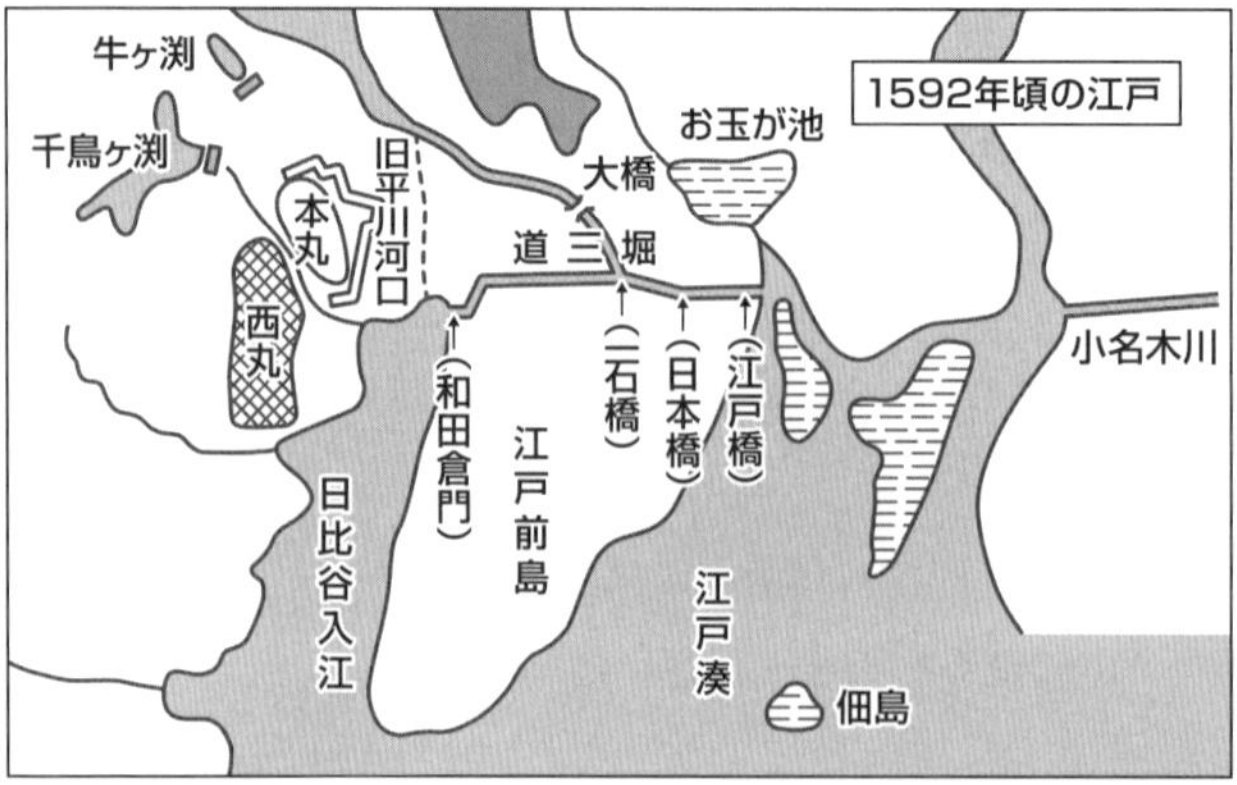

代から、塩は現在の石油に匹敵するような戦略物資であった。江戸時代を通じて、道三堀は、江戸城に石材・木材その他の物資を運搬するための重要な役割を果たした運河であった。

平川の付け替えは、日比谷入江に流れ込んでいた水を、一ツ橋・常磐橋などを経由して、一石橋の所で道三堀と合流させて、日本橋川を通じて隅田川まで流そうというものであった。江戸の市街地の洪水の危険を減らすことがその目的であった。なお、後にお茶の水台地を掘削することによって、神田川の水が直接隅田川に流れ込むようになると、日本橋川の川としての役割は著しく低下した。それ以後は、日本橋川の上流部分は江戸城の外濠として、物流の動脈の一つとして重要な役割を演じたのである。

一六〇三年に江戸幕府を開くと、天下人になった家康は、諸国大名を動員して、**江戸城本丸の建設**とその外郭工事に取り掛かった。この時の普請のための石材・木材等の物資の搬入は、日比谷入江から行われた。本丸の建設がひとまず完成すると、次に着手したのが**日比谷入江の埋立て**である。埋め立てと同時に、埋め残しによる内濠の構築、および代替水路としての**外濠川の掘削**が行われた。外濠は、江戸前島の尾根を連ねる形で、東海道（現在の中央通り）とほぼ平行に掘られた。

日比谷入江の埋立てには、内濠の部分を含む城郭の整形に伴って発生する建設残土が使われた。埋め立ての目的の一つは、現在の皇居前広場・丸の内・霞ヶ関の広大な土地を築き、大名の邸宅地を造ることであった。まだ水面下にあるうちから大名に割り当て、彼らの手によって埋立て工事を実施させたのである。埋め立てられた丸の内・大手町・日比谷の一帯は大名小路と呼ばれるようになった。目的の二つ目は、江戸城直下の日比谷入江に外国船が入港することを防ぐという、安全保障上の配慮によるものであった。

江戸湊築造の第二弾として、江戸前島の東側の海岸線に、外濠川と平行する形で**楓川**（もみじがわ）という水路が掘削された。楓川は江戸橋の付近で日本橋川と繋がり、他方の端からは、西に京橋川が造られて外濠川に繋がり、東に桜川（別名**八丁堀**）が、両側に堤防を築いて海に突き出すような形で造られた。楓川の西側には垂直に十本の櫛の歯のような船入堀が掘られ、船荷を引き揚げる河岸となった。遠浅の海岸だったところに水路を作り、船着き場を造ったのである。他方、八丁堀は船入堀とも呼ばれ、楓川の河岸に行く船は八丁堀を経由していかなければならず、また、それ以外の海岸に接岸することは禁止された。

江戸前島の東側の、日本橋川と八丁堀に囲まれた低湿地は、神田山を崩した土で十七世紀前半のうちに徐々に埋め立てられ、陸地が広がるとともに江戸湊は前進を続けた。この埋立地のうち、日本橋川・楓川・八丁堀・亀島川に囲まれた部分は全体として八丁堀と呼ばれ、当初は寺社地とされたが、地盤が安定していくのに伴って、次第に武家地や商業地になって、荷揚げに必要な船入堀が掘られ、船荷を保管する蔵も並ぶ湊町が形成されたのである。現在の地名で言えば、兜町・茅場町・八丁堀といった所である。また、日本橋川・亀島川・隅田川に囲まれた**霊岸島**は、八丁堀のさらに沖合に元々あった砂州を埋め立てて拡張したものである。当初は霊岸寺などのお寺があったが、その後武家地や商業地となった。現在の町名は新川である。このような八丁堀や霊岸島の発展に伴い、楓川の櫛形の船入堀は十七世紀中に次第に埋め立てられ、元禄三年（一六九〇）の江戸図では全く姿を消している。

以上、家康の江戸入府以来の江戸湊の変遷を見てきた。鈴木理生著『江戸はこうして造られた』（ちくま学芸文庫）を参考にした。

以下において、平成二十八年六月および七月に開催された、東京シティガイドクラブの日本橋川ツアーおよび八丁堀ツアーに参加した時の記録を参考にしつつ、当該地域の現況を取り纏めることとしたい。本稿では、まず日本橋川を、道三堀との合流点である一石橋からスタートして、主として川の北側を、隅田川との合流地点まで歩き、次いで、川の南側を歩いて茅場町駅に至った。七月のツアーでは、茅場町駅からスタートし、兜町を経て日本橋川との分岐点から楓川跡をたどり、次いで八丁堀跡を経由して八丁堀の町を散策し、最後に新川の町を散策しつつ茅場町駅まで戻ったのである。

日本橋川（一石橋・日本橋から隅田川との合流地点まで）

和田倉門から発した道三堀は一石橋の所で、日本橋川に合流した。ここから南には外濠川が分岐していたので、**一石橋**は堀の十字路であり水上交通の要地であった。川の両岸に河岸があった。現在は、日本橋川にはコンクリートの柱が林立し、川の上に蓋をするように首都高速道路6号線が走っている。

日本橋に橋が架かったのは、江戸幕府が開かれた一六〇三年のことであり、架設の翌年に、**五街道の起点**と定められた。「日本の中心をなす橋」であることから「日本橋」と名付けられたという説が有力である。現在の橋は、明治四十四年に架けられたルネッサンス式石造二連アーチ橋である。橋の欄干の獅子・麒麟像は彫刻家の渡辺長男（朝倉文夫の実兄）が制作した。平成十一年に国道の橋として初めて国の重要文化財に指定された。親柱の橋銘の文字は十五代将軍徳川慶喜の筆による。明治時代以降も国道の起点となり、橋の中央にある**日本国道路元標**のプレートの文字は佐藤栄作の書である。

橋の北詰西側（三越の側）は「元標の広場」と呼ばれ、日本国道路元標の記念石や、南は鹿児島まで・北は札幌までの主要都市に至るキロ程が刻まれた石が設置されている。南詰西側には、幕府の通達や禁令を江戸市民に周知徹底するための高札場があった。現在は「花の広場」と呼ばれ、花壇の横に当時の高札の形を模した、**日本橋由来記碑**が建っている。南詰東側には処刑者の晒し場があった。現在は「滝の広場」と呼ばれ、人工の滝が造られている。また、川の縁は観光船の船着き場になっている。北詰東側一帯は魚河岸であった。一五九〇年家康の江戸入府とともに、摂津の国佃村の漁夫三十余名が江戸湾佃島に移り住んで漁業を営み、幕府への献上品の残りを販売したのが始まりである。一六一四年に上流の鎌倉河岸から移って来て、関東大震災後に築地に移るまで、三百年以上続いた。獣肉をほとんど口にしなかった江戸時代には、魚介類は貴重なタンパク源であり、口の奢った江戸っ子が競って鮮魚を食したので、魚河岸は大いに繁盛した。現在は「乙姫広場」と呼ばれ、**日本橋魚河岸発祥の地**の碑がある。

江戸橋は昭和通りに架かる橋で、日本橋川に架かる橋の中では最も長さ・幅が大きい。橋名については、日本の道路の起点になる橋を「日本橋」としたので、隣接したこの橋を「江戸橋」としたといわれる。江戸橋を過ぎると現在高速道路が分岐している辺りで、日本橋川は大きく湾曲して、南東に近い方向に向きを変える。この辺りから、江戸時代には東堀留川・西堀留川という二つの入り堀が北の方向に延びており、それぞれの堀の両側には諸国物産を扱う船荷問屋が多く集まり、一大商業地として栄えた。西堀留川は昭和三年に、東堀留川は昭和二十四年に埋め立てられた。

さらに東に進み平成通りの鎧橋、新大橋通りの茅場橋を過ぎると程なくして、頭上の高速道路は箱崎方向に90度曲がって、日本橋川は漸く空を取り戻す。この辺りの対岸には、亀島川に分流する水門がある。さらに東に進むと**日本銀行創業の地**の碑がある。日本銀行は明治十五年（一八八二）にこの地で開業し、明治二十九年に日本橋本石町の現在地に移転したのである。石碑は創業百年を記念して昭和五十七年（一九八二）に建てられた。当時の前川春雄総裁の署名が刻まれている。隅田川への出口には**豊海橋**がある。梯子を横倒しにしたような外観の鉄橋は、ベルギー人の考案者の名前をとって「フィーレンディール橋」といわれるが本邦初、全国的にも珍しいものである。都内では、渋谷の国道２４６号線の歩道橋で採用されている。最後は隅田川の堤防の上に立ち、川面を眺めながら暫し休憩したのち、豊海橋を渡って東京メトロ茅場町駅まで歩いてこの日の散策を終了した。

茅場町・兜町～楓川跡

兜町は、明治の始めに第一国立銀行や東京証券取引所が設立されると、周辺に多数の金融・証券関係の会社が置かれ、日本の資本主義の心臓部といった地域になった。今でも東京証券取引所を中心に、兜町や隣接する茅場町には多数の証券会社や証券業界関係団体が存在する。東京メトロ茅場町駅を降り立つと、永代通りと新大橋通りの交差点の近くに、東京証券会館がある。東京証券会館の隣りのブロックの角に、芭蕉の高弟の**宝井其角住居跡**の碑がある。一本裏の道に回ると、**山王日枝神社**がある。永田町にある赤坂日枝神社の祭礼の際の神輿のお旅所であり、江戸時代から、江戸天下祭りとして大層賑わった。

日枝神社から平成通りに出て右方向に進むと左に**東京証券取引所**があり、日本橋川に架かる橋は鎧橋である。橋の袂の案内板によれば、江戸時代にはここに**鎧の渡し**という渡船場があった。伝説では、源頼義が暴風で荒れた海を鎮めるために鎧を投込んで竜神に祈ったとも、平将門が甲冑を納めた所であったともいう。明治五年に鎧橋が架橋され、渡船は廃止された。

東京証券取引所の横の道を西に進むと、日本橋川の上を走っている首都高速道路６号線から分岐した首都高速道路都心環状線の高架が見えてくる。この分岐点の袂に**兜神社**がある。八幡太郎源義家が、前九年の役で安倍頼時追討に向かう際に、兜を掛けて戦勝を祈願したという伝説を持つ岩がある。神社は、明治十一年証券取引所開設に当たって、兜岩に因んで創建された。証券業界の守り神として、証券マンの信仰を集めている。

高速道路に沿って一ブロック南に進むと、現在のみずほ銀行兜町支店の南角に**銀行発祥の地**の銅板が据え付けられており、国立銀行当時の社屋のレリーフもある。明治五年（一八七二）の「国立銀行条例」に基づいて、渋沢栄一が中心になって設置された第一国立銀行の跡である。当時の建物は、築地の都ホテルなどを手掛けた清水喜助の設計・施工による、木造和洋折衷で四階に塔屋を備えていた。

第一国立銀行の至近の位置に**海運橋の親柱**が残されている。江戸時代には東側に海賊奉行の向井将監の屋敷があったことから、将監橋と呼ばれていたが、明治八年に石橋に改装され、海運橋と呼ばれるようになった。橋の前に建てられた第一国立銀行と並んで、文明開化の代表的な景観として、数々の錦絵に取り上げられた。昭和初年に鉄橋に改装され記念として親柱が残された。高速道路建設とともにこの辺りの川は埋め立てられ、橋は撤去された。

ここからさらに高速道路（首都高速道路都心環状線）に沿って南下する。東京オリンピックを前に高速道路が建設されるまでは、**楓川**（もみじがわ）という水路があった。日本橋川の上を走る首都高速道路6号線から分岐して、暫らくは高架の道路であるが、途中から水路の底（水深一〇メートル）を整地した溝の中を走っている。

楓川は、日本橋川からの分岐

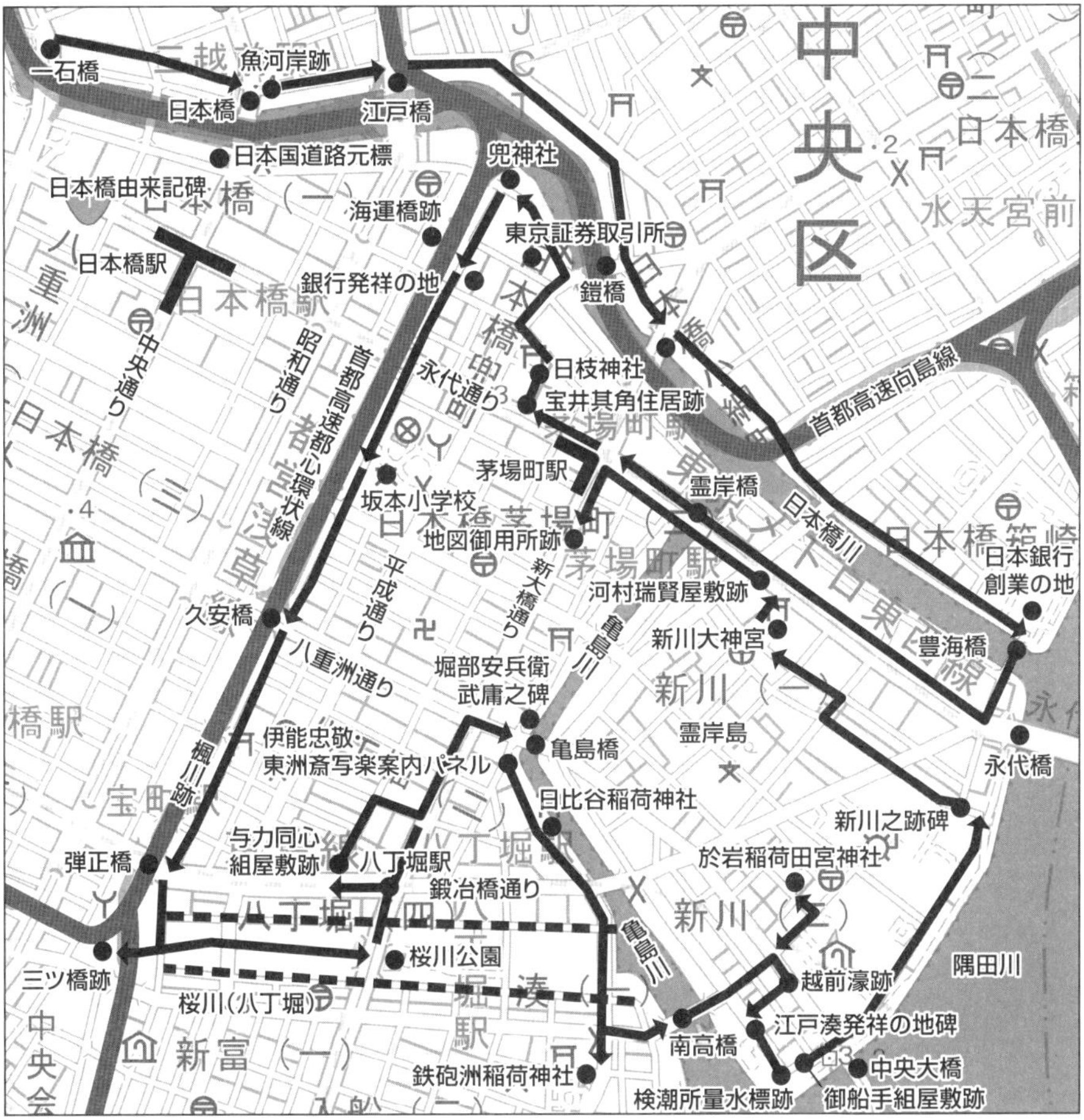

点から南に分流し、京橋川及び桜川（八丁堀）と合流するまでの一・二キロメートルの船入り運河で、一六一四年に完成した。当時は江戸前島の海岸線に沿って、江戸湊の最前線であった。陸側（西側）には櫛の歯状に十本の船入堀が掘られ荷揚げ用の埠頭が築造された。この船入堀は十七世紀末までにはすべて埋め立てられたが、埋め立てられた所が新しい町になった。現在建ち並ぶビルも、当時の堀跡の細長い町割りの面影が残っている所がある。この辺り一帯には多くの商人や職人が住み、近代にいたるまで商業地として栄えたのである。

永代通りに架かる千代田橋は江戸時代にはなかった橋である。少し南に行くと坂本小学校がある。明治六年に「第一大学区 第一中学区 第一番官立小学 **坂本学校** として創立」された旨のパネルが掲示されている。江戸時代にはこの位置に、肥後熊本藩細川家（五十四万石）の下屋敷があった。次の新場橋を過ぎると、高速道路は急速に下降し、八重洲通りに架かる久安橋では、かつての水路の底を走る高速道路を見下ろす格好になる。さらに進むと**弾正橋**がある。江戸時代初期からあった橋で、その名は、近くに第二代江戸南町奉行島田弾正の屋敷があったことに由来する。明治十一年に工部省の手により、わが国最初の国産の鉄を使った橋に架け替えられた。その時の橋は、現在、江東区富岡の富岡八幡宮の東側に八幡橋として保存され、国の重要文化財となっている。橋のたもとにこのような由来を記した石板が設置されている。

旧楓川は旧京橋川及び旧桜川（八丁堀）とぶつかる所で終わりである。楓川の先には、築地方面に向けて三十間川という掘割が延伸されたので、この地はいわば堀の十字路になっていた。旧京橋川も旧桜川もどちらも埋め立てられてしまったが、堀の十字路だった痕跡は極めて僅かではあるが存在する。当時交差していた京橋川に架かる白魚橋・三十間川に架かる真福寺橋・楓川に架かる弾正橋の三つの橋が「コの字」状に架けられていたことから、江戸名所図会に「三ツ橋」と紹介されており、江戸における一つの名所であったようだ。京橋側の道路沿いにこのような**三ツ橋跡**の由来を記した案内板が立っている。

旧桜川（八丁堀）跡とその周辺

桜川（八丁堀）は、京橋川の下流にあたり、三ツ橋から江戸湾海口までの、長さ八丁（約八七二メートル）にわたる船入堀であるところから、江戸時代には**八丁堀**と呼ばれ、この近辺の町名の由来ともなった。明治以後桜川と改称され、昭和三十五年に埋め立てられたため、現在はその痕跡は殆んど残っていない。埋め立て後の帯状の公共用地は、一部が桜川公園とされている他、小学校・幼稚園・水道局施設などが建ち並んでおり、遊歩道が連なっている。

桜川公園から新大橋通りを北上し、鍛冶橋通りを西に入ると、京華スクエアと呼ばれる中央区の複合施設の前に**八丁堀の与力・同心組屋敷跡**の案内板がある。江戸時代の初期に埋め立てられた八丁堀・茅場町の一帯には、与力・同心組屋敷の町が成立した。初期に、江戸町奉行板倉勝重の配下として与力十人・同心五十人から始まり、南北両町奉行所が成立すると、与力五十人・同心二百八十人と増加し、両町奉行所に分かれて勤務していた。与力は知行二百石、屋敷は三百～五百坪、同心は三十俵二人扶持で、百坪ほどの屋敷地だった。これらの与力・同心たちが江戸の治安維持に活躍したのであるが、生活費を得るため町人に屋敷地を貸し出す者も多くいた。伊能忠敬・青木昆陽・東洲斎写楽などの他、多くの医者や歌人などの文化人を輩出した町としても知られている。紀伊国屋文左衛門も八丁堀に広大な邸宅を構えていた。

新大橋通りを北に向かい、八重洲通りを右折すると**亀島橋**がある。日本橋川から分流する亀島川に架かる橋である。橋の上から日本橋川の方向を見ると、丁度正面に東京スカイツリーが見える。「亀島」の名は、江戸前島先の砂州に小さな島々が点在していて、「亀」の形をしていたとの説が有力である。亀島橋の西詰北側には**堀部安兵衛武庸之碑**がある。亀島橋の所で亀島川は90度近く曲がっており、隅田川に注いでいる。亀島橋を渡ると新川であるが、この場は一旦八丁堀側に戻った。

亀島橋の西詰南側には、**東洲斎写楽**として最も有力視される阿波藩の能楽師齋藤十郎兵衛が八丁堀に住んでいたこと、および、**伊能忠敬**が深川の居宅から八丁堀亀島町に移り住み、最晩年の四年間はこの地で地図の制作に励んだことを記したパネルが設置されている。写楽のお馴染みの浮世絵と、伊能忠敬の肖像画も併せて掲載されている。亀島川に沿って少し南に進むと、川沿いに**日比谷稲荷神社**がある。境内の由緒書きによれば、太田道灌が江戸城を築いた時、城外日比谷の海岸（現在の日比谷公園）に社殿を建てたのが始まりである。江戸城日比谷御門の建設に伴い、現在の新橋四丁目に代替地を得て移転したが（現在の日比谷神社）、海岸に祀られないと困る崇拝者の人々は、日比谷稲荷大神を戴いて、八丁堀先の干潟を埋築し、そこに社殿を造営して御神霊を遷座した。それが現在の日比谷稲荷神社である。さらに進むと、かつての**八丁堀船入の跡**がある。そこだけ亀島川の護岸が少し引っ込んでいるのですぐ判る。

さらに南に**鉄砲洲稲荷神社**がある。もとは湊稲荷と呼ばれ、湊の入口に鎮座する神社として、海運業者や船乗りの信仰が篤かった。埋め立てによって江戸湊が海へ膨張するに従って、この神社は京橋・八丁堀を経て現在の鉄砲洲へと、湊のあった位置へ何度か移転したのである。江戸時代の稲荷番付で西の大関にランクされ、寺社奉行が直接支配すると定められるなど、格式の高い稲荷神社だったようだ。境内には富士山の溶岩で築いた富士塚があり、富士信仰の場として、毎年六月朔日の山開きには富士講中の人々で賑わったという。昔の富士塚は、「江戸名所図会」にも描かれている。

鉄砲洲稲荷神社から一ブロック戻って**南高橋**《みなみたかばし》に出る。亀島川の入口近くに昭和七年に初めて架橋された。明治三十七年に架橋された両国橋が関東大震災で傷んだため付け替えるにあたって、その一部を移設利用して建設された。現役の道路橋としては都内最古のもので、明治時代の鉄骨橋梁の外観・構造をよく残しており、中央区の区民有形文化財になっている。

新川〜茅場町

南高橋を渡ると新川である。霊岸島とも呼ばれる。橋の上流側の袂の広場から対岸を見ると、八丁堀の船入りの跡がよく見える。ここから八重洲通りを横切って新川の中央部に進むと、**於岩稲荷田宮神社**がある。東海道四谷怪談のお岩を祀った神社である。もともと四谷にあった神社が明治時代に火事で焼失した際に、歌舞伎役者の市川左団次ゆかりのこの地に移転したと伝えられる。花柳界や歌舞伎界の人々の参詣で賑わった。

田宮神社の東側にMS&ADホールディング（三井住友あいおい同和保険グループ）等の高層ビルが立ち並んでいる広大な区画がある。江戸時代、越前福井藩松平家の中屋敷があった所である。屋敷は隅田川に面しており、三面に巡らされていた堀は**越前堀**と呼ばれ、旧町名にもなっていた。亀島川の方向に戻る途中の植込みに配置されている大きな**間知石**《けんちいし》（土木用語・大小二つの面をもった四角錐状の石材。石垣などに、広いほうの面を外側に連ねて用いる）は、堀の石垣の根石として用いられていたものと推測される。亀島川の河口には向井将監忠勝の**御船手組屋敷**が設置された。向井将監は戦国武将であったが、大坂夏の陣で水軍を率いて大阪湾を抑えた功績により、幕府より御船手頭に任じられ、五百石取りの旗本として、江戸湾の警護や幕府水軍の維持に務めた人である。

ここで亀島川の水際に下りると、隅田川との合流地点にかけて、遊歩道のテラスが整備されている。階段の脇に船の碇をモチーフにした**江戸湊発祥の地碑**がある。慶長年間、江戸幕府が江戸湊を築港してから、水運の中心地として江戸の経済を支えてきた。明治二十二年に、渋沢栄一の構想と協力で東京湾汽船会社が設立され、御船手組屋敷跡に霊岸島汽船発着所が置かれた。昭和十一年まで伊豆七島など諸国への航路の出発点として賑わったのである。その後、昭和二十八年に月島、芝浦埠頭へ移り東海汽船となった。亀島川と隅田川とが交わる角に**検潮所量水標跡**がある。国土地理院は、ここで観測した潮位により海抜の基準を定めていたが、一九九四年にこの機能は三浦半島の油壺に移転した。現在は当時の観測用施設が記念として残されている。

隅田川に沿った遊歩道を北に向かって進むと、永代橋に近づいた所の小公園の奥に**新川之跡碑**がある。新川は、豪商河村瑞賢が諸国から船で江戸へ運ばれる物資の陸揚げの便を図るため、一六六〇年に開削した運河である。日本橋川に平行して、小公園から跡碑の後ろに見えるビルの間の真っ直ぐの道が、新川の跡だといわれている。規模は全長五九〇メートル、川幅は所により異なり一〇～一六メートル、西から一の橋、二の橋、三の橋の三本の橋が架かっていた。新川の両岸には数多くの酒問屋が軒を連ね、河岸に建ち並ぶ酒蔵の風景は、数多くの挿絵や浮世絵などにも描かれた。昭和二十三年に埋め立てられ、瑞賢の功績を後世に伝えるため、昭和二十八年に石碑が建てられたのである。一の橋の北側には瑞賢の広大な屋敷があったと伝えられており、永代通りに面して**河村瑞賢屋敷跡**の案内板が立っている。一の橋跡付近には**新川大神宮**がある。由来は伊勢神宮に端を発し、二代将軍徳川秀忠から代官町に土地を賜ったが、明暦の大火で類焼したのに伴い、代替地としてこの地を賜り社殿を造営したという、由緒正しい神宮である。特に酒問屋の信仰が篤く、毎年新酒が着くと、初穂を神前に献じ、然る後、はじめて販売に供したそうだ。

永代通りに出て左折するとすぐ亀島川であり、霊岸橋がある。江戸時代初期から茅場町と霊岸島をつなぐ橋として存在した。橋の上から日本橋川の方向を見ると、日本橋川と亀島川の境目にある日本橋水門が目の前に迫っている。昔の橋は、現在の水門の位置にあったそうだ。霊岸橋を過ぎると新大橋通りとの交差点に、東京メトロ茅場町駅がある。新大橋通りを二ブロックほど南下すると**地図御用所跡**の案内板がある。地図御用所は伊能忠敬の住居に設けられ、この地で大日本沿海輿地全図が忠敬の没後に完成したのである。

小金井・国分寺＋村山貯水池

国分寺崖線――『武蔵野夫人』と「はけ」の道を歩く

2017年5月記・2018年5月追記

大岡昇平の『武蔵野夫人』は小金井市から国分寺市にわたる「はけ」を主たる舞台として書かれた小説である。また、この区域には「はけ」の自然を生かした公園や庭園なども多数存在する。

本稿の前半は、二〇一六年十一月、「国分寺崖線～はけの道を歩く」と題した東京シティガイドクラブのツアーに参加して、西武線新小金井駅からJR国分寺駅まで概ね野川に沿って、主として崖線のふもとの道を歩いた時の記録である。次に、二〇一七年四月、日立中央研究所を訪問するとともに、その際さらに多摩湖（村山貯水池）まで足を延ばしたときの記録を書き足して、二〇一七年五月にいったんこれを取り纏め、同人誌「ぺんぷらざ」で発表した。その後、二〇一八年五月、東京シティガイドクラブの別のツアーで、大岡昇平が一年近く滞在し、小説『武蔵野夫人』の構想を練った家の跡を訪問し、当時同居していた

国分寺崖線

国分寺崖線は、武蔵村山市から立川市、国分寺市、小金井市などを経由して世田谷区から大田区へと、東京の北西方向から南東方向へ約三〇キロメートルにわたる崖の連なりである。古代多摩川が十万年以上にわたって武蔵野台地を削り取ってできたもので、崖としての高低差は、一〇メートルから二〇メートルある。崖の中腹や崖下の砂礫層からは豊かな地下水が湧き出ており、それを一般に「はけ」と呼んでいる。現在の多摩川は、長い年月をかけてこの崖線からは遠ざかってしまい、代わりに崖線と並行して流れているのは野川である。野川は、国分寺駅近くの日立中央研究所内の湧水が造った池に端を発し、「はけ」と呼ばれる段丘崖から湧き出している数多くの湧水の水を集めて流れているのである。この豊富な湧水が、自然豊かな武蔵野の雑木林を育み、小説などにも美しく描かれてきた。

人の回顧談を聞く機会があった。その後は前回歩いたはけの道の一部を、今度は新緑の季節に歩いたので、その時の模様を書き加えたのである。

都立武蔵野公園と小説『武蔵野夫人』

西武多摩川線新小金井駅に降り立ち、西部多摩川線に沿って十五分ほど南下すると野川に達する。道路の東側（野川の下流側）には、川の両岸に都立野川公園が広がり、奥の三鷹市には国際基督教大学のキャンパスが広がっている。ツアーの一行は右折して川の北側の土手道を上流に向かったが、対岸には**都立武蔵野公園**が広がっている。府中市と小金井市にまたがるこの公園は、

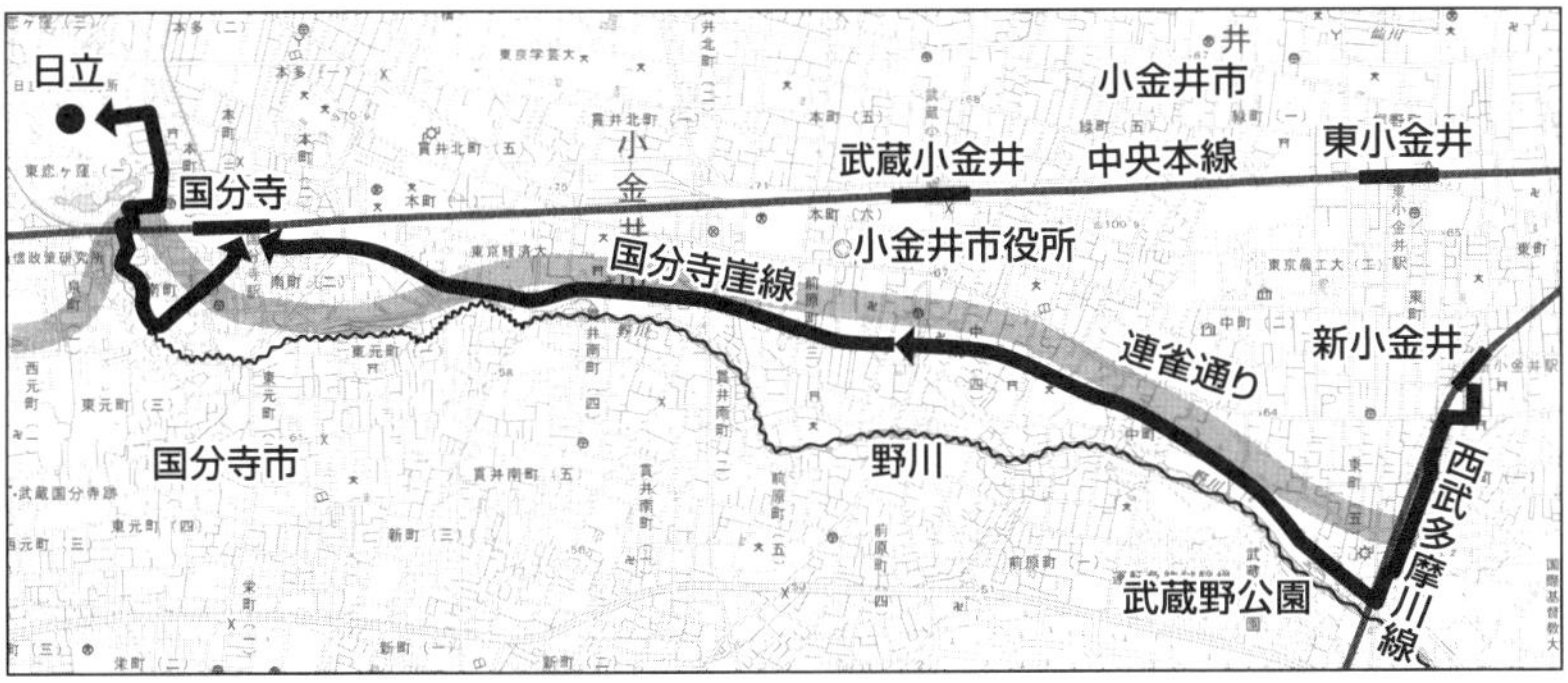

一九六九年に開園、野球場などのスポーツ施設やバーベキュー広場などもあるようだが、対岸の土手が少し高くなっているため奥までは見通せなかった。土手の上に茂っている木々はすっかり色づいていた。我々一行が歩いた遊歩道のすぐ脇は、一段低い広場がその向こうに見える崖地まで広がっており、子供たちが野球をやっていた。この広場は実は大雨の時の遊水池であり、第一と第二の二つの遊水池に分かれている。土手はあまり高くなくてコンクリートで塗り固められている。遊歩道の脇には、「この道路は大雨が降ると野川の水が遊水池に流れ込む入口です。水が流れ込んでいるときはキケンですので通れません」と書かれた立て看板が数か所に立っている。

公園が尽きるところで、野川から少し離れて崖のふもとの道に出ると、**ムジナ坂**という名の急な階段道がある。その近くの崖地に、作家の大岡昇平が一時身を寄せて、小説『武蔵野夫人』の構想を練った家があった。しかし住人はすでに退去してしまったように見え、門は板を打ち付けて閉ざされていた。すぐそばの隙間から覗き込むと、往時は庭だったと思われる崖地は既に荒れ果てており、その奥に木造家屋が見えたが、その時はそこの住人の家なのか、隣家なのかはわからなかった。

小説**『武蔵野夫人』**（一九五〇年新潮社刊）は、昭和二十三年頃を時代設定とし、主人公道子は、父から相続

した家に夫とともに暮らしていたが、子供は無かった。道子は貞淑で古風な妻であったが、フランス文学者の夫が浮気性だったため、夫婦仲は必ずしも良好とは言えなかった。そこに道子の従弟で幼馴染の勉が復員兵として転がり込んできた。夫は勉を毛嫌いしたが、道子と勉は近隣のはけの散歩などを通じ、次第にお互いを意識するような間柄になってきた。近隣に住む別の従兄一家と夫との間で愛情問題のもつれもあった。道子は夫に捨てられたと感じた時に、新民法の下で、夫の遺留分さえ保障しておけば、自分が死んだときに財産を勉に遺すことが出来る、と吹き込まれた。そこでそのような遺言を作成したうえで自殺を図り、勉の名を呼

びつつ死んでいったのである。この小説は映画化もされており（監督溝口健二・主演田中絹代・一九五一年制作）、日本のメロドラマ史の原点ともいわれる作品である。早速Amazonでビデオを借りて観たが、はけの風景の印象はあまり無かったように思う。

二〇一八年五月、東京シティガイドクラブ主催の多摩地方文学散歩の一環として、大岡昇平が昭和二十三年一月から十一月まで寄寓した旧富永次郎邸を訪問した。富永次郎（一九〇九〜一九六九、美術評論家）は大岡とは成城中学・高校を共にした親友であった。我々一行を迎えてくれたのは次郎の長男の一矢さんで、現在（二〇一八年）は八十歳を過ぎている方である。ムジナ坂の中腹から入った台地に小さい家を建てて一人で住まれている。前回崖下の隙間から見えた木造の民家がこれである。一矢さんは、庭先で当時の大邸宅の模型を使って説明してくれた。次郎の父謙治（元青梅鉄道社長）は、自分たちが生活していた西側の部屋を大岡に譲り、自分は東側に移ったという。大岡が居住していた頃一矢さんは十二〜三歳で、「大岡さんは出歩くことが多かった、何日も野川を遡って歩いたようだ。朝出かけて夕方遅く『おーっ』と言って帰ってきた」と語っていた。一矢さんはさらに、「大岡は地質学の造詣が深く、その知識も織り込みながら、『武蔵野夫人』の構想を練ったようだ。親戚に道子のモデルになったと思われるすばら

しい女性はいたが、他の登場人物やストーリーそのものは全くのフィクションである」とも語っていた。

はけの道を辿る

　武蔵野夫人の家を離れた後は、野川の縁とは多少離れて、国分寺崖線の崖下の道を辿った。崖下の道を二、三分歩いたのちに一時崖下の道を離れ、左折して野川寄りの道を辿ると、程なくして**はけの小路**がある。小金井市が、以前は下水道へと流していた湧水を、野川の浄水のために新たに流れを造って通した、せせらぎの道第一号である。水路に沿って人ひとりが通れるだけの、落葉に覆われた小路を遡って行くと崖下の道に戻り、道路際に「はけのこみち」と刻まれた石がある。こちらが流れの入口だったのである。この道の対面に**はけの森美術館**がある。大正から昭和にかけて近代洋画壇で活躍した画家の中村研一の住居跡を美術館にしたものである。空襲で都内代々木のアトリエが焼失した後、この地に移り住んで描き続けたのである。現在は小金井市が管理し、彼の作品の常設展のほか企画展なども開かれるようだ。裏庭の**美術の森緑地**には、はけの小路の湧水源がある。大岡はこの森を小説の主人公・秋山道子の家の場所に設定し、小説の登場人物たちはこの家を「はけの家」と呼んでいた。緑地の出入口には、小説に描かれた当時の情景を今も変わりなく伝えている旨を書いた案内板が掲げられている。崖下の道をさらに進むと、右手に**はけの道果樹園**がある。キウイフルーツを栽培しており、二〇一六年十一月には完売の札が門に懸っていたが、二〇一八年五月にはキウイの木は青々と葉が茂っていた。数分歩くと**はけの森緑地**がある。

　さらに西へ進むと、**金蔵院**《こんぞういん》という真言宗の寺がある。境内にムクノキとケヤキの大木が並んで立っており、遠くからでもよく目立つ。寺の参道に植えられた白萩が有名で、別名萩寺とも呼ばれているが、この日見た時はすべての株が根元から刈り取られ、見る影もなかった。花の季節が終わると短く刈り取っておいたほうが、翌年の芽が良く伸びるとの説明だった。これも五月には各株見事に

青々と育っていた。

　金蔵院の近くの西念寺《さいねんじ》に隣接した、この地域の豪族である鴨下家の共同墓地に**小金井小次郎の墓**がある。小次郎の生家の関家は鴨下家の一族であったが、小金井村の名主で、小次郎は関東一円に三千人の子分を抱えた、幕末維新の頃の大親分であった。賭博を大がかりにやりすぎたため関八州取締出役《しゅつやく》（関八州を巡回し、治安の維持や犯罪の取り締まりを行っていた江戸幕府の役職）に捕まり、三宅島に流されたが、明治維新の頃に釈放されて小金井村に帰って来た。明治維新の混乱に迷う若者たちを連れて三宅島に取って返し、以後島の開発に尽力した。この時の縁から、三宅島と小金井市は今でも姉妹都市としての交流が続いているという。小次郎の墓に刻まれた法名は山岡鉄舟の筆によるものであり、さらに、墓域の中央に、小金井小次郎君追悼碑と刻まれた、一際高い石柱が建っている。

　小金井小次郎の墓所を出て、途中**はけの森緑地2**に立ち寄りつつ十分ほど西に進み、弁車の坂と呼ばれる崖の坂を上り切って連雀通りに出ると、**滄浪泉園**《そうろうせんえん》の入り口がある。明治、大正期に三井銀行などの役員・外交官・衆議院議員などを歴任した波多野承五郎の別荘であった。敷地は当初三万三千平方メートルあったが、次々に宅地化の波に洗われ一万二千平方メートルにまで削られてしまった。その後マンション建設計画が立てられると住民による保全運動が沸き起こり、昭和五十二年に小金井市が買収して庭園を整備し、今日に至っているのである。武蔵野の特徴的な地形である「はけ」とその湧水を巧みに取り入れて整備されており、武蔵野の面影を十分とどめた庭園となっている。「東京の名湧水５７選」と銘打った湧水が何か所かあり、また赤や黄色に見事に色づいた木々が池の水に映えて、実に綺麗な庭園であった。滄浪泉園の名は犬養木堂元首相によって付けられたもので、「手足を洗い、口を注ぎ、俗塵に汚れた心を洗い清める、清々と豊かな水の湧き出る泉のある庭」という意味だそうである。入り口付近には木堂翁自身の揮毫による「滄浪泉園」と刻まれた石の大きな門標が建っている。

　滄浪泉園を出て西に向かって崖下の道を歩く。このあたりは野川と崖が近接しており、一続きの崖が右手に迫っていて、しかもそこにはびっしりと民家が張り付いている。どの家に行くにも急な階段を上らなければならず、それが何層にもなっている。自転車や乳母車は出入りできるのだろうか、年を取った人は買い物に行くときにどうしているのだろうか、と心配になる。坂の上に向かう道路も急こう配で、雪の日など車は走れるのかと心配にもなる。こうした崖下の道を五分ほど歩くと**貫井神社**《ぬくいじんじゃ》がある。徳川家康が江戸に入府した年と同じ一五九〇年の創建といわれ、ここに湧き出る水の神を貫井弁財天と称えて奉祀してきた村の鎮守社である。雨乞いをすると必ず雨が降ると言い伝えられてきた。朱塗りの橋と木々の紅葉が池の水に映えて、実に美しい。本殿の裏には豊富な水量の湧水が流れ出していて、流れは崖に馬蹄形に囲まれた本殿の左右両側から本殿前の池に注がれている。貫井神社の佇まいについては、『武蔵野夫人』のなかで美しく描かれているのが、特に印象深い。

貫井神社を過ぎると市の境があり、小金井市から国分寺市に入るとすぐに東京経済大学のキャンパスがある。キャンパスの中にあるのが**新次郎池**で、池を取り囲むように五か所から湧水が湧き出ている。国分寺市の一番東側にある湧水で、東京都名湧水57選にも選ばれている。新次郎池の名前の由来は、この池を整備した当時の学長（在任一九五七〜一九六七年）北沢新次郎氏から来たものである。

殿ヶ谷戸庭園

さらに十分程歩き、再び崖線の上の段に出ると、JR国分寺駅のすぐ近くに**殿ヶ谷戸《とのがやと》庭園**の入り口がある。この庭園も国分寺崖線の下端部付近の礫層から浸出する湧水を利用し、雑木林の風致を活かして造られた近代の別荘庭園である。大正二年に三菱合資会社の社員（後に南満州鉄道副総裁・貴族院議員）江口定条が別荘を構えたものを、昭和四年に三菱合資会社の経営者岩崎彦弥太が江口家から買い取った。その後、庭園の段丘上に和洋折衷の母屋と芝生地の拡がる洋風庭園を造り、崖地の傾斜面はアカマツ・モミジ・竹林・クマザサで覆われ、崖線下には湧水を利用した池を中心とした和風庭園があり、これらを結ぶ回遊式庭園を完成させた。昭和四十年代の周辺の開発計画に対し、この庭園を守る住民運動が発端となって、昭和四十九年に都が買収して、整備後有料庭園として開園したのである。平成二十三年に国の名勝に指定された。開園面積は約二万一千平方メートルである。

国分寺駅前に通ずる大通りに面した入口から入ると、中門と呼ばれる門の前に殿ヶ谷戸庭園について説明した大きな案内板がある。中門を入ると、旧母屋の玄関が入場券売り場になっている。入園料は一般百五十円、六十五歳以上七十円という極めてフレンドリーな値段。中に入るとすぐに大きな芝生の原に松やその他の常緑樹が点在し、また、頭上から前方にかけて真っ赤に色づいたモミジが連なっている。さらに進んで既に枯れていた萩のトンネルや藤棚を越えると、庭園の縁に沿って向きを変えつつ小径は急な崖地を下っており、右の庭園の縁は竹林、左の斜面は一面のクマザサに覆われている。なおも進むと崖の下には次郎弁天池があり、東京の名湧水57選に選ばれている何か所かの湧水源から水が注がれている。池の周りのすっかり紅葉したモミジが池に映っている。池の狭くなったところを横切って置かれた石組を、滑らないように気を付けながら池を渡って、さらに置石の石段を上ると、崖の上段近くに紅葉亭と呼ばれる茶室がある。そこからは池にかかるモミジの見事な紅葉が見られた。しかしこの時は陽が大分傾いていて崖下までは日光は届いていなかった。朝の内なら茶室の背後から日光が池の方向を照らし、陽の光を浴びた輝くばかりの紅葉したモミジが見られるという。五月の新緑の季節も同じ様に美しいそうだ。岩崎彦弥太はごく大事なお客に限ってこの茶室に案内したといわれる。紅葉亭の脇には井戸水を利用した鹿《しし》おどしがあって、庭園に風情のある音を響かせている。さらに坂道を上って崖の上の段に戻ると本館の建物があり、中門から出口に至る。この日の散策の終点であるＪＲ国分寺駅はすぐ近くにある。

日立中央研究所庭園

日立中央研究所は、昭和十七年に創設された。当時のこの辺りの地名は、東京府北多摩郡国分寺村大字恋ヶ窪であった（現在は国分寺市東恋ヶ窪）。日立創業社長の意思により、建物建築に当たって、構内の樹木は極力守ることを旨とし、その精神は現在も継承されているので、この日立中央研究所の林は、武蔵野に残された数少ない自然の一つとして非常に貴重なものである。

野川の主たる源流は、日立中央研究所庭園内にあると聞いた。しかしこの庭園は、春の桜の季節と秋の紅葉の季節に、一年に二日しか一般には開放されない。ネットで調べたら、今年（二〇一七）の春は四月二日（日曜日）午前十時の開門ということだったので、満を持して出掛けてきた。十時少し前にＪＲ国分寺駅の北口を出ると、行楽客らしいグループが三々五々歩いているのでついて行ったら、十分ほどで研究所正門に着いた。正門から研究所敷地に入ると正面に研究所建物があり、そこはオフリミットで建物の写真撮影も禁止だが、庭園公開案内図が配られた。その奥の芝生の広場にはテントが並び、地元商店街や福祉団体などが各種模擬店を出していた。本来なら桜が満開のはずだったのが、春先の予想外の低温のため、ピンクのカワヅザクラや白いヤマザクラは咲いていたものの、ソメイヨシノは、開花した木が何本かはあったが、大方はつぼみがようやく膨らんだかという程度だった。

だらだらと坂道を下って行くと**大池**がある。大池の面積は約一万平方メートルである。大池はカニの爪のように東西に分かれ、中央のくびれた部分の近くから流れ出ている水路がある。それがＪＲ中央線の下をトンネルで潜り抜け

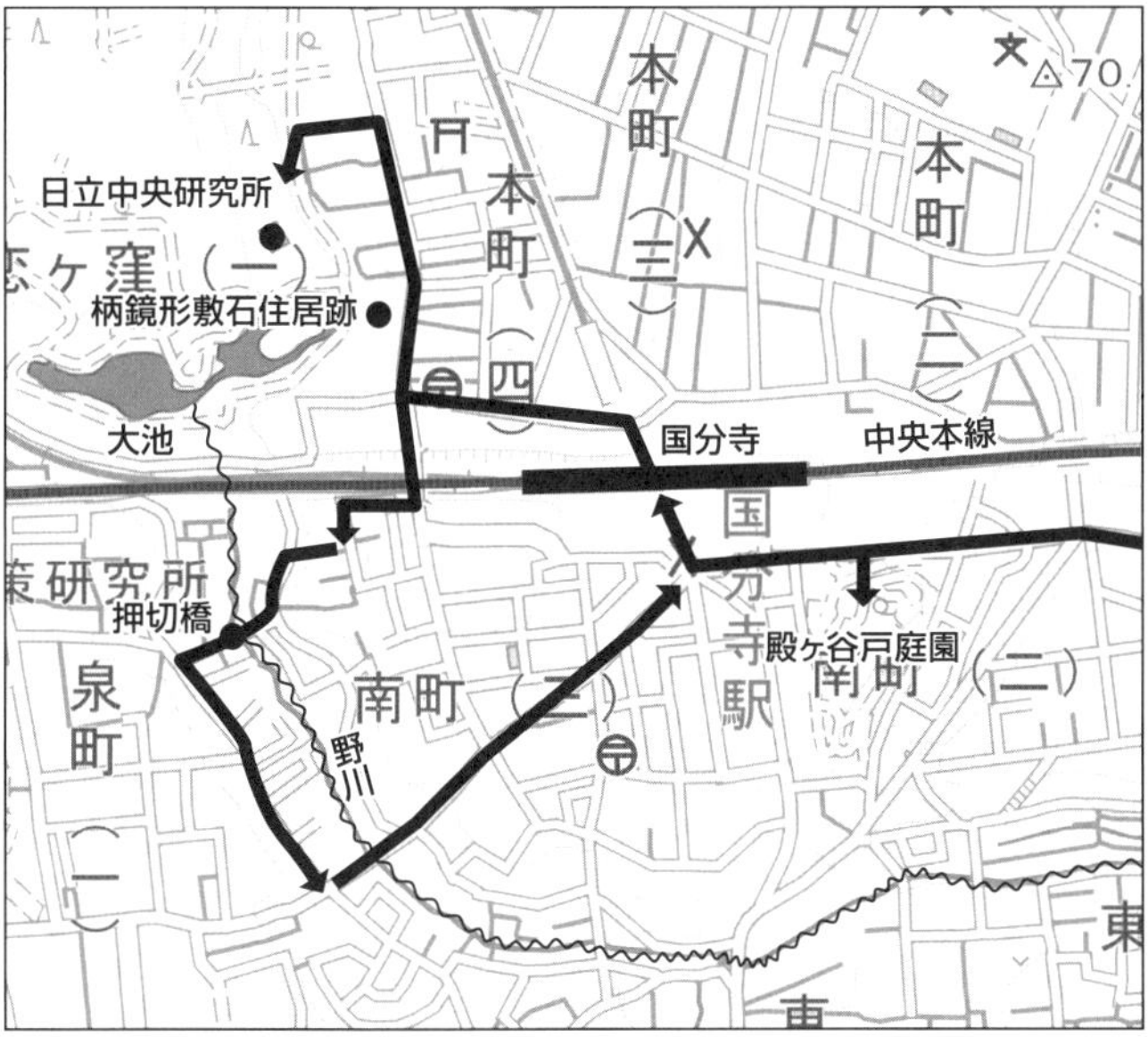

て、野川の流れへと続いているのである。この野川の源流の近くには大きなメタセコイアの樹があり、土手に咲いた白いユキヤナギや黄色いレンギョウの花を透かした先の池の中央には、何羽かの水鳥が浮かんでいるのが見え、白鳥もいた。赤い椿・白いモクレンの花を見上げつつ池の畔を進み、対岸の斜面の側に行くと、崖の下に湧水があるというので長蛇の列になっていた。一人ひとり写真を撮ったり、手を浸してみたりしているので十五分くらい経ってようやく水源にたどり着いたが、水の出が弱いらしくどこからにじみ出ているのか判然としなかった。またそれほど冷たいというのでもなく、期待外れだったが、あまり雨が降らない冬のあとで、上の武蔵野台地から湧き出る水の量が一番少ない季節なのであろうと納得した。メタセコイアの対岸に当たる位置には、キャンバスを広げ、絵を描いている人が多かった。近景の木の枝・水面と水鳥・遠景の木々・青い空というのが定番のモチーフである。カニの爪の池の中央のつなぎの位置に架かった橋の上から水面を見ると、未だ葉がついていない木々の枝が水面に映って揺らいでいる中を、錦鯉が泳いでいた。近くを歩いていた人が、「都会の池には誰かが放した亀がいっぱいいるのが普通だが、さすがにここは普段は一般の人を入れず管理が行き届いているので、亀を一匹も見かけないね」と言っているのが聞こえた。

上の台地に戻ると、十二時にはまだ間があったが、模擬店が周りを囲んだ芝生の広場は、色とりどりのレジャーシートがびっしりと敷かれ、早くもピクニックの雰囲気で賑わっていた。カレー・焼きそば・ちらし寿司・パスタ・豚汁・フランクフルト・お好み焼きなどの定番のほか、「こくベジ」と称する国分寺産の野菜の即売会や、国分寺産の野菜を使ったコロッケなども人気を集め長い列を作っていた。紅白の垂れ幕に囲まれた野点の席もあり、その時は誰も人は入っていないようだったが、和服の年配の先生が一人忙しそうに立ち働いていた。園内は禁酒禁煙で家族的な雰囲気であり、瓶入りの果実酒も売ってはいたが、皆お行儀よく、誰もその場では飲まなかったようだ。ここで簡単な昼食を済ませた。

今回日立中央研究所庭園を、その一般開放日に合わせて訪れることとしたのは、野川の源泉だからというだけではなく、『武蔵野夫人』の中で主人公の道子と勉が野川の流れに沿って遡り、この源泉にたどり着いたという記述があるからである。池の傍に立って、近くの水田で働いていた中年の百姓に道子がこの辺りの地名を聞くと、「恋ヶ窪さ」というぶっきら棒な答えが返ってきた。道子はそれまで意識的に「恋」という言葉を避けてきたのだが、ここで勉との恋に捉《とら》えられたと思ったのである。ところが彼女の「恋人」の勉は野川の水源のその先を探ることに熱中している。それ以後道子は一人で恋の感情に苦しむことになったのである。

日立中央研究所を出た後、線路を越えて野川を辿ってみようと思ったが、野川の最上流部には川に沿って道があるわけではなく、びっしりと民家が立ち並んでいるので、川に接することが出来るのは、所どころで道路が横切る橋の上からに限られた。最初にあった押切橋という小さな橋から下をのぞいたら、川は急流を下ってきた直後のようだったが、深く切り立ったコンクリートで護岸されており、その底にさらに掘った細い溝のようなところに水が流れているだけだった。水が少ない時期だからであろうと思われる。橋の脇に「一級河川・野川」と書かれた大きな看板があった。次の橋は始めの橋よりは少し大きな自動車道（多喜窪通り）に架かる橋であったが、川の規模は大差なかった。地図を見るとこの先も川に直接沿った遊歩道があるわけではなく、小金井市の市境を過ぎて始めて川沿いの道が整備されているようなので、ここであきらめて国分寺駅に戻った。

多摩湖（村山貯水池）

折角国分寺まで来たのだし、時間もたっぷりあったので、次に、国分寺駅から西武線で西武遊園地駅まで行って、**多摩湖（村山貯水池）**を訪れた。道子と勉が二人で村山貯水池を訪れ、その晩嵐に遭って湖畔のホテルに一晩閉じ込められたことがあったからである。村山貯水池は小学校の遠足で行ったことがある。時期としては昭和三十年の前後かと思われるので、道子と勉の二人が行った時から、それほど長くは経っていなかったはずである。しかしドームのような水道局の施設が遠くに見えたほかは、西武遊園地の辺りは何も思い出すことは無かった。

さらに多摩湖に沿って自動車道の脇に整備された自転車道兼歩道を狭山湖の方向に向かって歩いた。道子と勉は村山貯水池の中央にある橋の付近で、嵐のために身動きが取れなくなって近くのホテルに飛び込み、やむなくそこで一夜を過ごすことになった。二人とも緊張のあまり殆ど一睡もできなかったが、お互いの肌を触れることは無かった。

おそらく六十年以上経って辺りはすっかり様変わりしたのであろう。貯水池の中央の橋というのは確認できたが、それ以外は何も当時の痕跡を見出すことは出来なかった。貯水池は水道の源であるだけに、水質管理のため容易に人が近づけないようになっている。そのため遊歩道から湖水の水面はほとんど見えない。一時間近く歩いて漸く西武球場を迂回するようにして西武球場前駅に到達した。そこから西武山口線（レオライナー）に乗って西武遊園地駅に戻り、さらに西武新宿線に乗り継いで帰宅の途に就いたのである。

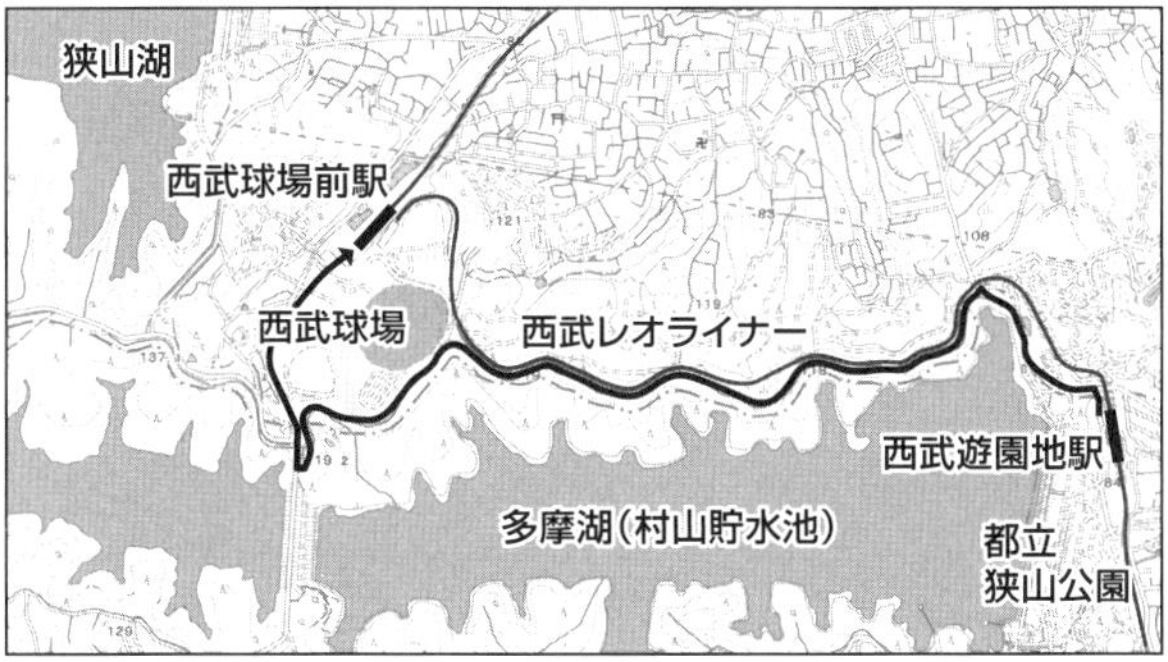

深大寺とその周辺・神代植物公園

2017年 8月記・2020年 7月追記

今回の散策の前段では、どんよりと曇った二〇一七年二月中旬の一日、東京では屈指の古刹である深大寺とその周辺を巡った。深大寺は国分寺崖線の中段の台地に位置するので、そこから野川のほとりまで下って、再び深大寺に戻ったのである。ここまでは東京シティガイドクラブのツアーに参加した時の記録である。後段では、同年五月の連休中のある晴れた一日、深大寺を再訪するとともに隣接する神代植物公園を散策した。神代植物公園は国分寺崖線の上の武蔵野台地に位置する。

深大寺といえば深大寺そばである。散策の過程で、元祖深大寺そばの栽培地を発見した。

I　深大寺とその周辺

深大寺の門前（参道・そば屋・土産物屋街・鬼太郎茶屋）

調布駅前から深大寺行きのバスに乗ると終点が深大寺である。バス停の横から**参道**が始まり、参道の正面に山門が見える。参道の両側にはそば屋や土産物屋がびっしりと並んでいて、賑やかな門前になっている。しかし賑やかなのはこの道だけで、あとは木立の中にそば屋や民家が点在しているといった風情である。その中の一軒のそば屋に入って腹ごしらえをし、次いで鬼太郎茶屋に立ち寄った。

鬼太郎茶屋は、漫画家水木しげるの代表作『ゲゲゲの鬼太郎』をモチーフにした茶屋で、水木ワールドのキャラクターが満載である。水木しげる（一九二二〜二〇一五）は幼少期を鳥取県境港で過ごした。学業は不振だったが絵を描くことは飛び抜けて上手かった。高等小学校卒業後色々な職業を転々としたが、どれも巧くいかず、やがて軍隊に召集されラバウルまで行き、左腕を失いつつも奇跡的な生還を果たした。戦後は好きだった美術の勉学に励みつつ、紙芝居の絵を描いたりしたが、やがて漫画家として戦争漫画等を描くようになり、四十歳を過ぎる頃から、妖怪漫画を描いてブレークしたのである。調布市に五十年以上にわたり住んでいたことから、調布市の名誉市民になった。鬼太郎茶屋前がその日のツアーの集合場所であった。

深沙大王堂と深大寺の開創

集合の後、まず向かったのは本堂のある深大寺の中心部ではなく、本堂に向かって左手にある**深沙大王堂**《しんじゃだいおうどう》である。深大寺の縁起に登場し、寺銘の由来ともなっている深沙大王を祀っている、深大寺の基となるお堂である。深沙大王像は高さ五七センチメートル、髑髏の首飾りをつけ、象牙の袴をはき、憤怒の形相で、鎌倉時代の作と言われており、七十五年に一度開帳される秘仏である。深沙大王は水の神である。三蔵法師がインドへ旅した際、法師を砂漠で助けた水神として有名である。堂の裏には湧水池がある。もともとこの辺りは野川の上の崖地の中腹に当たり、国分寺崖線の一部なのである。斜面のあちこちで水の湧き出る泉があり、湧水池も点在している。

深大寺のＨＰに記されている深大寺の縁起（深大寺真名縁起）によれば、深大寺を開いた満功上人《まんくうしょうにん》の父福満は、この辺りの地の郷長の娘と恋仲になったが、郷長夫妻はこれを許さず、娘を湖水中の島に匿ってしまった。福満はこれを悲しみ、深沙大王に祈願したところ、霊亀が現れ、亀の背中に乗って中の島にわたることが出来た。この奇瑞《きずい》を知った娘の両親も二人の仲を許し、やがて生まれたのが満功上人である。満功上人は、父福満の宿願を果たすために出家し南都にて法相《ほっそう》を学び、帰郷後、この地に一宇《いちう》を建てて深沙大王を祀った。時に天平五年（七三三）、これが深大寺開創の伝説であり、都内では浅草寺に次いで二番目に古いお寺なのである。

奈良時代に先立つ七世紀は朝鮮半島が内戦で乱れ、百済は唐・新羅連合軍により滅ぼされ、百済復興運動を助けようとした日本軍は白村江の戦い（六六三）で大敗を喫した。その結果百済から多くの難民を受け入れることとなり、渡来人が日本に渡って来たのであるが、その多くは東国に移り住み、その開墾に従事したのである。満功上人の父福満もそのような渡来人の一人で、それ故に郷長夫妻は、当初は娘の配偶者として認めようとしなかったとの推測も成り立つのである。

深沙大王堂の裏は崖になっていて、泉が湧き出る湿地であるが、その崖下に沿って道なりに進むと、右手が参道であり左手の石段の上に山門がある。

山門・本堂・元三大師堂・銅造釈迦如来倚像《いぞう》・文学碑多数

深大寺は江戸時代末期の慶応元年（一八六五）、火災で殆どの建物を焼失しているが、この**山門**は焼失を免れた。元禄八年（一六九五）普請の、寺最古の建物である。深大寺の正門であり、正面に「浮岳院」の山号額が掲げてある。柱・梁・組物などはケヤキ材にベンガラが塗られ、屋根裏板や垂木はスギに黒く塗られている。山内唯一の彩色された建物である。形式は、支柱を三・六メートル間隔に建てて扉をつけ、後方に細い控え支柱を建てた薬医門と呼ばれているものであり、屋根は切妻の茅葺きである。江戸時代の深大寺の建物は殆どすべて茅葺きだったそうだ。

山門を入って右に**鐘楼**（明治三年建造）がある。本堂に向かう石畳の真ん中にある**常香楼**は山門とともに幕末の大火を免れたが、本堂側の梁には火災のため焼け焦げた跡がある。**本堂**は、幕末の火災で焼失後、再建されたのは大正八年（一九一九）である。入母屋造り・桟瓦葺の建物で、中に本尊の阿弥陀如来像が安置されている。本堂の左側に五大尊池と呼ばれる池があり、その近辺には、高浜虚子の胸像と句碑、中村草田男の句碑がある。境内にはこの他にも多数の歌碑や句碑がある。また、近くには、**なんじゃもんじゃの木**がある。ネットで調べたら、正式には、ヒトツバタゴと呼ばれるモクセイ科の落葉高木である。深大寺のこの木は都内有数の銘木とされているようで、「なんじゃもんじゃの木・深大寺」のサイトには写真が何枚も掲載されている。五月上旬の花の最盛期には、木の全体があたかも雪を被っているように見える。一つひとつの花は、白いプロペラのような花弁を持っているようだ。また、夏にはブルーベリーのような青い実がなるそうだ。

なんじゃもんじゃの木の後ろの高台には**元三《がんさん》大師堂**がある。ここには第十八代天台座主慈恵大師良源大僧正（正月三日に入滅したことから元三大師と呼ばれる）の自刻像が収められている。この像は西暦九九一年に大師の高弟であった恵心僧都らにより、叡山から深大寺に遷座されたものである。高さ二メートルに及ぶ巨大なヒノキの寄木造の坐像であり、五十年に一回開帳される秘仏である。この元三大師像は、多くの御利益があると言われて民衆の幅広い信仰を集め、江戸時代には深大寺の信仰の中心になり、縁日には近郷の人が集まり、門前に市が立ったという。幕末の大火の後翌々年には、本堂に先立って元三大師堂が再建されたのも、この像が深大寺信仰の中心だったからである。直近では、平成二十一年の元三大師一〇二五年忌の御開帳に、一週間の間に十三万人の善男善女が押し寄せたとされている。

大師堂の西門の近くに**釈迦堂**があり、**銅造釈迦如来倚像《いぞう》**が安置されている。倚像というのは椅子に腰かけている像のことである。この像は明治四十二年に大師堂の壇の下から偶然発見されたものであるが、謎の多い像である。その姿や様式から白鳳時代（飛鳥時代と奈良時代の間、七世紀の終わり頃）の作とされ、眉目秀麗、童顔で端正な顔立ちの白鳳仏である。関東に伝来する最古の仏像であり、七三三年の深大寺の開創に当たって本尊として運ばれてきたと推定されている。国の重要文化財とされていたが、平成二十九年四月、新たに国宝に指定された。釈迦堂は昭和五十一年に新築されたが、大切な仏像を火災・盗難から守るため、鉄筋コンクリート造りとし、湿気の多い土地であることを考慮して、高床式に作られている。釈迦堂への出入りの階段の脇の紅梅白梅は五分咲き程であった。

池上院・虎狛神社・野川・祇園寺・青渭神社

以上で深大寺の散策をひとまず終了し、次に、深沙大王堂の脇を通って坂道を下り、野川のほとりに出るコースをとった。深大寺は国分寺崖線の中腹に位置するので、そこからさらに下ると、野川に出るのである。坂を下りきって、中央自動車道が目の前に迫るところに在るのが、深大寺の支院の池上院である。深大寺には全部で四つの支院があったが、現存しているのはここだけである。満功上人《まんくうしょうにん》の父福満が亀に乗って島に渡ったという湖が、当時はこの近くにあったことから池上院の名がついたと推測する向きもあるようだ。

次に中央自動車道の下を潜り、何度か角を曲がりつつ南下すると、**虎狛《こはく》神社**がある。崇峻天皇二年（五八八）に創

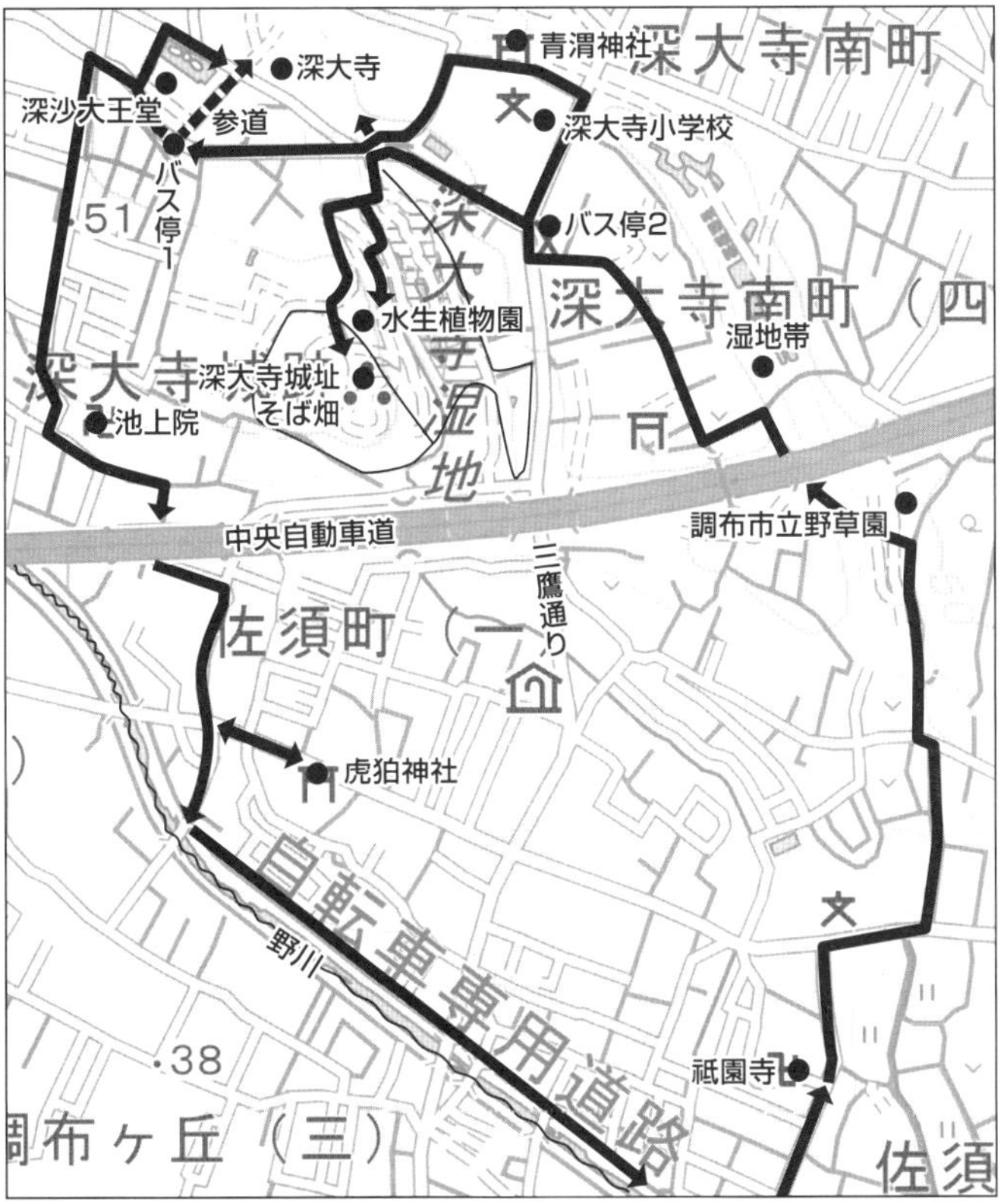

建され、農業の神を祀ったとの記録のある古社である。深大寺の創建とも深く関わっていたと伝えられ、社名は、満功上人の母方の祖母虎女に因むとも言われている。現在の本殿は、この辺りの旧字・佐須村（現在も町名に残ってぃる）の名主・温井《ぬくい》氏が、一六八三年に願主となって再建したものであり、調布市内では深沙大王堂内宮殿に次いで古い社殿（市指定文化財）である。経年劣化を防止する為、鞘堂に覆われている。温井氏は満功上人の末裔と言われている。

野川は虎狛神社のすぐ近くを流れている。野川は国分寺の日立中央研究所内の湧水を水源とし、国分寺崖線の下を数多くの湧水を集めながら流れ、世田谷区玉川で多摩川に合流する全長二〇・五キロメートルの川である。川面には十二、三羽の鴨が泳いでいた。暫時この野川のほとりを歩き、バス通りを越えて五分ほどで左折すると祇園寺がある。

祇園寺は、天平年間、深大寺と同じ満功上人の創建である。山号は虎狛山である。満功上人誕生の地と伝えられている。薬師堂は、上人の父福満が霊亀に乗って池を渡ったという説話に出て来る、虎ヶ島にあったものが移築されたものである。満功上人の末裔といわれる温井氏のお墓がある。また、自由民権運動が盛んなころ板垣退助が自由党党首としてここで演説し、手植えの「自由の松」がある。祇園寺を出て、深大寺の脇から湧き出た小川に沿って深大寺の方向に向かって緩やかな坂道を上る。中央道の下を潜る辺りは広い湿地帯になっており、近くのやや乾燥した地域は**調布市立野草園**として整備されている。木組みの急な階段を上って行く途中、「武蔵野に残っている数少ないカタクリの自生地を守りましょう」と書かれた看板が目についた。

深大寺のレベルに達しバス通りに出て、調布市立深大寺小学校の前を更に進むと**青渭《あおい》神社**がある。創立年月日は不詳であるが、往古（三～四千年前）の縄文人が水を求めて居住した際、生活に欠くことのできない水を尊び、祠を建て水神を祀ったものと伝えられている。一説には社前大池に棲む白蛇を祀ったともいわれる。明治七年の神社明細帳によると、「延喜式神名帳」（九二七）所蔵、武蔵国多摩郡八座のひとつであり、御祭神は青渭大神（水神様）とされている。社前のケヤキは、根元付近は直径二メートル近くあろうと思われる大樹で、樹齢七百年とも言われ、調布市の指定天然記念物になっている。青渭神社を後に、再び深大寺前の参道に行き、調布駅行きのバス停前でツアーは解散した。その後、来た時とは別のそば屋に入って、深大寺ビールという地ビールでのどを潤して帰途に就いたのである。

Ⅱ　深大寺再訪および神代植物公園

神代植物公園付属水生植物園・深大寺城址・深大寺城そば畑

二〇一七年五月上旬に深大寺を再訪したときは、深大寺小学校前のバス停で下車し、**神代植物公園付属水生植物園**に直行した。神代水生植物園は、高台にある神代植物公園から一段下がった所にある深大寺境内から、さらに一段下がった門前町のレベルに入り口がある。深大寺周辺から流れてくる水が集まって湿地帯になっていたところに、木道などを整備して公開したものである。幾筋かの流れが幾つかの小池を作り、様々な水生植物が植えられている。園内には花しょうぶ園・田んぼ・アシ原などがあるが、五月初旬は時期的に少し早過ぎたようだ。ハナショウブやカキツバタは、ごく走りがちらほら咲いているだけであり、青いアヤメと黄色いハナショウブの花が多少賑やかに咲いていた程度であった。そのせいもあってか、訪れる人もまばらであった。

水生植物園の中の小高い丘に登ると、戦国時代の**深大寺城址**（東京都旧跡）である。『北条記』によると、一五三七年、扇谷《おうぎがやつ》上杉朝定が北条氏康の北上を阻止する目的で、この城を修築し家臣に守らせたが、氏康が直接川越城に向かい朝定を破ったので、廃城になったという。頂上の平面は、思ったより広い草原になっており、また、一部はこんもりした森である。

丘に登って、深大寺城址を巡る前にまず目に入ったのは、「**深大寺城そば畑**」と書かれた立て看板である。坂を上り切った一角は、神代植物園・深大寺そば協会・深大寺小学校が共同管理しているそば畑である。深大寺小学校の児童が、地元そば協会の協力のもと、種蒔き・収穫・脱穀・そば打ちを体験し、食べるところまでが授業とされている。この地が江戸時代に深大寺そばの元祖栽培地だったのである。

『江戸名所図会』には、寺の和尚が檀家らしき人物を前に、見晴らしの良い座敷でそばを味わっている構図が見られる。その本文には、深大寺そばは当寺の名産で、その名は知れ渡っているが、正真正銘のそばは、「深大寺裏門前の少し高き畑」で収穫したそばだけであると書かれ、近隣の村里で収穫したものは、同じく深大寺そばと銘打っていても「佳」ではない、と断じている。

また、江戸時代の有名な地誌である『新編武蔵国風土記稿』によれば、江戸時代、深大寺周辺の土地が米の生産に向かないため、小作人はそばを作り、米の代わりにそば粉を寺に納めた。寺ではそばを打って来客をもてなしたのが、深大寺そばの始まりと伝えられている。周辺に湧水が多く、そばをさらす良質な水が豊富だったことが、そばの味を一層引き立てたのであろう。さらに、江戸時代後期の文化文政年間（一八〇四～一八三〇）に、太田南畝（蜀山人）が、幕府の役人として多摩川を巡視した折に深大寺に止宿し、深大寺そばを世に宣伝してからは、武蔵野を散策する文人墨客に愛され、深大寺そばの名声は更に高まったとされている。

深大寺城そば畑の右手の広い草原の一角には、上面をピカピカに磨いたベンチほどの高さの石柱が散在している。これらの石柱は発見された掘立柱建物のうちの二棟の柱穴の位置を示していること、および、建物は武士の屋舎だったと推定されている旨の説明が、近くの少し大きめの石の表面に刻まれている。そば畑の奥はこんもりとした森になっており、空堀と土塁に囲まれている。空堀は一度発掘されたのち、保存のため少し浅めに埋め戻され、また土橋は少し広めに埋められたということだ。土橋を渡って空堀の中の森に入ると、「**都史跡深大寺城址**」と刻まれた石碑があり、その近くには、江戸時代の城の本丸にあたる部分だと説明している案内板がある。さらに、深大寺城は半島状大地の先端に位置しており、当時は南方向が一望できる場所であった旨の記述もある。しかし、何時頃誰が築いたというような記述は何処にもなく、多少のフラストレーションを感じつつその場を後にしたのである。東京都教育委員会はもう少し親切に案内板を記述してほしいと思う。

深大寺境内（なんじゃもんじゃの木・銅造釈迦如来倚像《いぞう》・開山堂）

この日は深大寺に裏門から入った。五月の連休中に深大寺を再訪することにしたのは、前述した、**なんじゃもんじゃの木**の満開の花を、自分の目で見たいと思ったからである。確かに、満開の白い花の集団は、遠目には木の葉の上に雪を置いたように見え、近寄って一つひとつの花を見

花をつけたなんじゃもんじゃの木・遠景と近景

ると、花弁はプロペラのようだ。ここに写真を掲載する。
銅造釈迦如来倚像《いぞう》は、二月に訪問した時に重要文化財として境内釈迦堂に安置されているところを拝見した。その後四月に国宝に指定されたことから、町中で祝賀ムードが漂っていたので今回も立ち寄ってみたのである。ところが、東京国立博物館で開催された「平成二十九年新指定国宝・重要文化財展」に出展していたため、この日釈迦堂に展示されていたのはレプリカであった。見た目は本物と全く変わりがないように思われたが、そうと知ればやはり何となく有難みが薄れるような気がした。
開山堂は本堂の裏手の斜面を登ったところにあり、本尊に薬師如来、脇侍に弥勒菩薩千手観音を安置、開基満功上人他を祀っているお堂である。あまり訪れる人が多いお堂ではないと聞いていたが、神代植物公園の深大寺口に行く途中にあるので立ち寄ってみた。この日は結構かなりの訪問客があった。

神代植物公園

神代植物公園に深大寺門から入り、左手に進んで雑木林を抜けると、サッカーグラウンドほどの広い**ばら園**がある。案内のパンフレットには五月中旬から七月いっぱいと十、十一月が見頃とあるが、広い園内所々に、咲き始めたばかりの大輪の花が、大きくなりかけたつぼみと共に見かけられた。六月にならないと一斉に開花という具合にはならないのだろう。ばら園の北側の縁には、かなり大きな**藤棚**があり、その下のベンチでは多くの人が休憩していた。肝心の藤の花は、所々にたわわな花房がみられたものの、すでに花のピークは過ぎたように思われた。

ばら園の西側にはガラス張りの**大温室**がある。様々な熱帯植物が大部屋に所狭しと植えつけられ、また、数多くの小部屋には鉢植えの洋ラン類やベゴニアなどが棚に並べられていた。ガラス張りの部屋の中には、花を育てることを専門にして、一般観光客は入室できない部屋もある。巨大な、珍しい種類のサボテンの部屋もある。池の中の蓮の花は、そのときは二輪咲いているだけだった。食虫植物もあった。ラッパのような形をした罠に虫が入るとぱたんと蓋が閉まって出られなくなり、やがて溶かして植物の栄養として吸収してしまう、との説明に、小学生の一団がキャッキャと喜んでいた。

温室に隣接して、**ぼたん・しゃくやく園**がある。ちょうど花の見ごろで、赤・白・黄・ピンクなど様々な色のたくさんの花があった。「立てばしゃくやく座ればぼたん」と言われる。草と木の違いがあるようだが花を見る限りでは、そう顕著な違いがあるようには思われなかった。隣接して**ダリア園**があるが、これは秋の花で季節外れである。さらに隣接して**しゃくなげ園**がある。シャクナゲは日本でもかなり自生しているが、神代植物公園に植わっているのは改良された西洋シャクナゲであり、最盛期を迎えかなり大きな花房の花が咲いていた。さらに隣接して**つつじ園**がある。かなり大きな面積を占めるが、ツツジの花の多くは最盛期を過ぎ、サツキの花はまだこれからということで生憎の端境期であった。

北西の隅の植物会館（事務所・各種展示室・休憩室）で小休止の後、公園の北の縁を歩いた。この辺りは、中央に築山や芝生広場があり、縁には桜やその他多くの広葉樹が多い区域である。神代花便りに見ごろと書かれていた**ベニハナトチノキ**の赤い花は、かなり大きな木の一面に咲いていた。その隣には白い花をつけたトチノキがあった。この辺りに立派な**桜並木**がある。

さらに進んで公園の北東の隅の辺りの**はなもも園**の近くに、何本かの**ユリノキ**の一群がある。案内所でもらった花便りに、五月から六月にかけて花の見ごろだとあったので探していたのだが、ユリノキのイメージがつかなかったので探しあぐねていた。そこに、大きな木の比較的低い所にある枝を熱心に見つめていた人が、ガイドさんに教わったと言いつつ教えてくれたので、何とか見落とさないで済んだ。大きさも形もチューリップに似たような花が大きな枝の所々についているのだが、色が薄緑色で容易に若葉に紛れてしまうので、あるはずだと知って探さない限り見落とすのは必定だと思われた。さらにその気になって周囲を見たら、一本のユリノキの大木の近くに、北アメリカ原産の、樹高四〇メートルにもなる木で、現地ではカヌー材として利用されるとの説明がある案内板を見つけた。花の形がユリの花に似ているところからユリノキと呼ばれ、また、チューリップとも似ているところからチューリップツリーとも呼ばれている、と書いてある。花の元の部分がふくれているので、どう見てもユリではなくてチューリップだと思った。さらに植物園の東の縁を進むと、**マグノリア園**・**はなみずき園**・**かえで園**などがあり、植物園の南東部分から遊歩道で隔てられて突起した、いわばアネックスの部分に歩道橋を

渡って行くと、**うめ園**、**竹・笹園**、**さるすべり・ざくろ園**、**つばき・さざんか園**がある。うめ園では小さい梅の実がたくさん落ちていたが、木の葉が密に茂っていたため、木に生っている梅の実は見つけられなかった。さるすべり園では普通に街で見かけることがないような、幹の直径が五〇センチもある大木に驚かされた。ツバキの花はとっくに落ちてしまったものと思っていたが、中に何本か遅咲きの花がまだ咲いているか、或いは落ちたばかりというのがあった。最後に再び植物園の本体部分に戻り、中央の池のほとりで暫時休憩した。以上で神代植物公園をほぼ一周したことになり、深大寺門から再び深大寺の境内を経由して、調布駅行きのバスに乗り、帰宅の途に就いたのである。

大賀蓮

中央部に近い大芝生の片隅に**花蓮園**と呼ばれる蓮園があり、その中に**大賀蓮**が含まれていることを知ったのは、本稿を書き終わり、同人誌に発表した後のことであった。大賀蓮は、二千年前の縄文時代の遺跡から発掘された蓮の種を、大賀一郎博士が府中市の自宅で発芽育成を試み、一九五二年にピンクの花を咲かせたものである。小学校の教科書にも載っていたことを今でも鮮明に覚えている。種が発掘された千葉市や、博士の地元の府中市ではそれぞれ市営の公園で大々的に栽培しているが、その他全国各地で栽培されており、神代植物公園もそのうちの一つだということである。

神代植物公園の大賀蓮の花を見に行くことを思い立ったのは、二〇二〇年七月上旬のことであった。早速管理事務所に問い合わせたら、大賀蓮は他の蓮よりも開花時期が早く、六月中にひとしきり咲いてしまったが、今一つだけつぼみがある、花が咲くのは明日かもしれないし、一週間後かも知れない。一度咲けば三、四日は持つが、早朝に咲いて昼前にしぼんでしまう。大雨や強風で花の茎が折れたり、花弁が飛び散ってしまうこともある、という事であった。その当時は熊本で大雨が降り、何時関東にも暴風雨がやって来るかも知れないという時期だった。そこで毎朝開花状況を確認し、開花を確認したら、初日の午前中なるべく早く到着するよう、直ちに家を出発しなければならな

神代植物公園の大賀蓮

い、と思った。始めに電話をしたのが火曜日だった。水曜日には指定された時間にこちらから電話をしたが、木曜日にはつぼみが少し膨らみかけたと先方から知らせてくれ、金曜日にはまだ咲いていない、そして土曜日に咲いたとの連絡が入ったのである。
　電車の順が良く、思ったより早く神代植物公園に到着し花蓮園に直行した。直径一メートル以上はありそうな、五十個ほどの大きな鉢が大芝生の北よりの縁に二列に並んでいる。その中の一鉢が目指す大賀蓮であった。時折吹く強風の中で身じろぎもせずすっくと立つ、如何にも可憐なピンクの花は、二千年の歴史を生き抜いてきたものであると思うと、観ていて不思議な気持ちになったのである。

神田明神と神田の下町
江戸っ子の街を歩く

2017年11月記・2020年7月追記

　神田の下町というのは、概ね、ＪＲ御茶ノ水駅東口の聖《ひじり》橋から神田橋まで南北に走る、本郷通りの東側の一帯である。本郷通りの西側の駿河台が、武家屋敷中心の山の手なのに対し、この低地は、江戸時代に庶民の下町として発展した。神田川の北側が外神田で神田明神の高台と秋葉原周辺を指し、南側が内神田である。内神田のＪＲ神田駅の西側は主として商業地であった。東側には、鍛冶町・紺屋町などの職人の町がずらりと並んでいた。首都高速1号上野線の東側の岩本町や東神田一帯は、古着市場・繊維街や金物問屋街として賑わっていた。江戸時代にはお玉が池と呼ばれる大池があり、そのほとりに幕末期に千葉周作道場や、東京大学医学部の前身となった種痘所が設置された。本稿は平成二十九年三月に実施された東京シティガイドクラブのツアーを参考に作成したものである。

聖橋・神田明神・滝沢馬琴住居跡・講武稲荷神社・昌平橋

　ＪＲ御茶ノ水駅東口を出ると、本郷通りが神田川に架かる橋が**聖橋**である。聖橋の名前の由来は、北側にある湯島

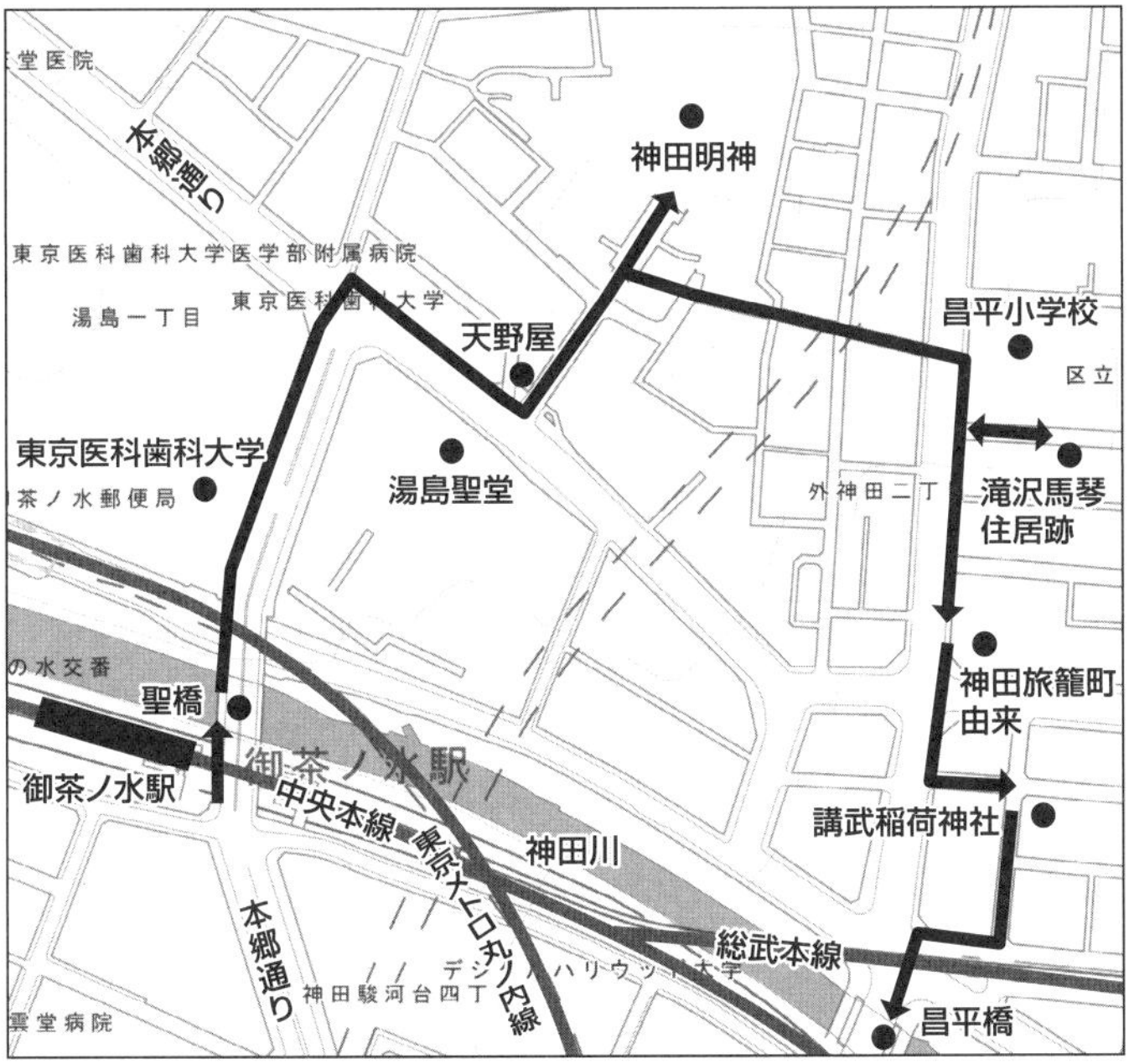

聖堂と南側にあるニコライ聖堂に因む。聖橋から見ると御茶ノ水駅は現在全面的に建て替え中である。現在の御茶ノ水駅は昭和七年に建造されたもので老朽化が甚だしく、また、周辺に多くの病院があるにもかかわらずエレベーターもエスカレーターも無く、バリアフリーへの非対応が問題視されていた。ＪＲ東日本は平成二十二年（二〇一〇）より大規模改良工事に着手しており、バリアフリー化は平成三十年（二〇一八）に、すべての工事は東京オリンピックが開催予定の二〇二〇年に完了の予定であった。しかしその後、当初の予想を超えた難工事のため、完成は二〇二三年度へと三年間延期されることとなった。なお、駅舎とホームを繋ぐエスカレーターとエレベーターは、二〇一九年一月から使用が開始されている。現代都市にふさわしい駅が完成することを期待したい。

　聖橋を渡って北へ進むと、左側に東京医科歯科大学が、本郷通りを挟んで右側に湯島聖堂がある。直進して湯島聖堂前の交差点を右折すると神田明神の大鳥居に出る。参道の入り口には、甘酒の**天野屋**がある。米と糀《こうじ》と水だけで生み出したブドウ糖は自然の甘さで吸収も早く、脳の活性化にも役立つといわれ、受験シーズンには「合格甘酒」も販売されるそうだ。江戸時代から本郷台地は味噌の一大産地で、明治大正期でも東京の味噌の30％を生産したといわれる。今では、六メートル地下を掘り天井や壁に煉瓦を張る、昔ながらの糀室《こうじむろ》は天野屋にしか残っておらず、千代田区指定有形文化財になっている。

　神田明神（正式には神田神社）の祭神は、大国主命（大黒様）、少彦名命（恵比寿様）と平将門である。創建は聖武天皇の時代の天平二年（七三〇）、現在の大手町の将門の首塚の付近と伝えられるが、一六一五年に江戸城の拡張に当たり、現在地に遷座された。現在地は江戸城の鬼門に当たり、徳川幕府により保護されて、江戸総鎮守となった。縁結び・商売繁盛・社運隆昌・除災厄除・病気平癒等に御利益があるとされ、下町の〝明神さま〟として庶民に愛されてきた。近年は、IT情報安全守護のお守りもあるようだ。二年に一度、五月に盛大に行われる神田祭は、山王祭と並んで江戸二大祭りといわれる。正面の随身門《ずいしん》は、関東大震災で崩壊したため昭和五十一年（一九七六）に再建したものである。また、社殿は昭和九年（一九三四）建築の鉄筋コンクリート総漆塗のもので、平成十五年（二〇〇三）に国の登録有形文化財に指定された。境内には、野村胡堂の小説で神田明神下に住んでいたことになっている親分・銭形平次の碑もある。発起人には長谷川一夫・大川橋蔵らの俳優や出版社・映画会社の社長などが名を連ねている。

神田明神男坂門から出て急階段を下り、東京メトロ千代田線が地下を走る大通り（昌平橋通り）を渡ると、昌平小学校の前に**滝沢馬琴住居跡**の案内板がある。滝沢馬琴（一七六七～一八四八）は『南総里見八犬伝』等を書いた戯作者で、一八二四年から三六年までの十二年間この地に住んだ。秋葉原の電気街を左に見ながら少し南に下ると、道路脇に千代田区町名由来の案内板があり、**神田旅籠町**という町名の由来について説明している。昌平橋の北側に当たるこの地は中山道と日光御成街道の交差する地点に近く、かつては多くの旅籠が建ち並んでいたため、旅籠町と呼ばれていたとの説明が書かれている。

通りから辻ひとつ東に入ったところに**講武稲荷神社**がある。幕末の頃この辺りに、幕府が旗本御家人の子弟に武道を教えるために設置した講武所があった。講武所付属土地の払下げを幕府に願い出て認められた大貫伝兵衛が、満願成就のお礼に建てたのがこの神社である。講武所の跡を伝える唯一の名残である。

総武本線のガードを潜ると、神田川に架かる橋が**昌平橋**である。この橋は古く寛永年間（一六二四～四四）には架設されていたようだが、元禄四年（一六九一）五代将軍綱吉が湯島に聖堂を建設したとき、孔子誕生地の昌平郷にちなんで昌平橋と呼ばれるようになったという。橋の上から、上流にはJR中央本線と総武本線の分れ路が見え、下流には万世橋が見える。

マーチエキュート神田万世橋・筋違見附門跡・神田食味新道

中央本線のガードを潜ると、左手の神田川沿いに細長い赤煉瓦の建物がある。壁面の柱と柱の間は上部がアーチのようなデザインが施され、屋根の上には中央本線の線路が走っている。これが**マーチエキュート**（mAAch ecute）**神田万世橋**である。かつて此処にあった**旧万世橋駅**のホー

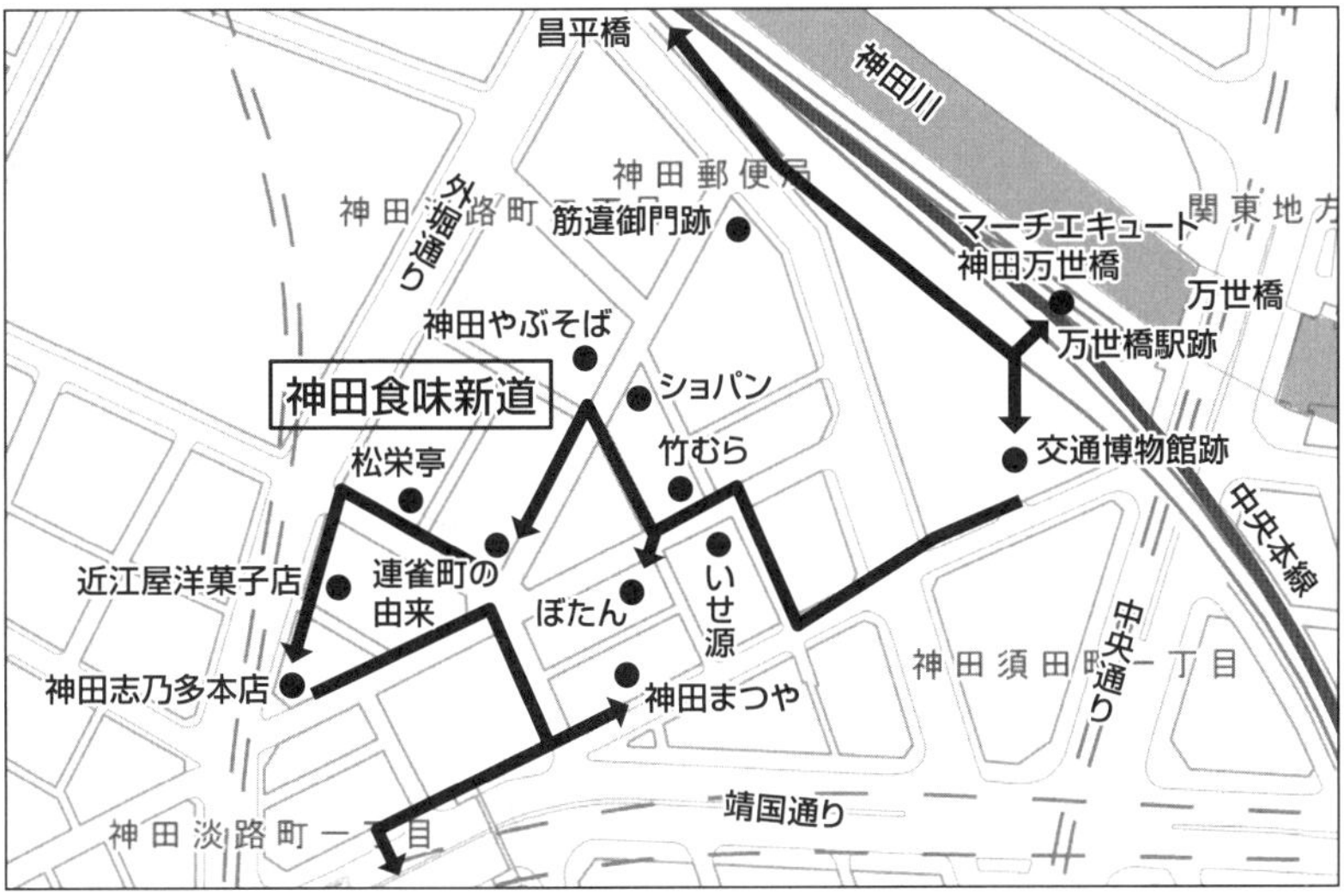

ム・階段構造と一体化した新商業施設である。万世橋駅は、明治二十二年から立川・新宿間の営業を行っていた、私鉄の甲武鉄道が都心への延伸を進めていたが、甲武鉄道は明治三十九年に国有化され、明治四十五年（一九一二）に鉄道院の駅として営業を開始した。大正元年（一九一二）に中央線はここを起点に出発したのである。東京駅と同じ辰野金吾が設計した、赤い煉瓦を使用した西洋風の壮麗な駅舎だったが、大正八年（一九一九）に中央線は東京駅まで乗り入れを果たしたので、万世橋は終着駅としての役目を終えた。さらに大正十二年（一九二三）の関東大震災で焼失したため、簡素な駅舎が建設されたが、その後徒歩圏内に神田駅・秋葉原駅が出来、また市電が通らなくなって市電乗換駅としての役割も終えたため、乗降客は急減した。昭和十一年（一九三六）に鉄道博物館が東京駅から移転して来て、駅舎は縮小解体され、昭和十八年に駅は事実上廃止されたのである。また、交通博物館（昭和四十八年鉄道博物館から改称）は、平成十八年（二〇〇六）にさいたま市大宮区に移転した。

マーチエキュート神田万世橋は、万世橋駅の跡を大幅に改装し、平成二十五年（二〇一三）に商業施設として生まれ変わったものである。中に入ると、先ず土産物屋があるが、その一隅に東京駅を少し小振りにしたような旧万世橋駅とその周辺の賑わいを模したジオラマがある。高架の鉄道線路の下の空間を利用したものなので、細長い建物にレストランや工芸品展が内廊下で繋がれている。神田川に沿って長いデッキが連なっており、昌平橋から万世橋までの眺望は抜群である。旧万世橋駅の遺構として、開業当時の一九一二階段や、鉄道博物館の建設に伴い設置された一九三六階段が遺されている。これらの階段を上ると、旧万世橋駅のプラットホームがデッキとして整備されている。デッキの両側を時折中央本線の快速電車が通り過ぎるのは、迫力十分で、子供でなくてもその場を離れがたい気分になる。そのような人のためにデッキにはガラス張りの喫茶室が設けられている。なかなかの商売上手である。

旧交通博物館の跡地は広場になっており、旧万世橋駅・旧交通博物館・筋違御門などを説明した大型の案内パネルが設置されている。江戸時代には、ここに三十六見附の一つの**筋違見附御門**《すじかえ》があったのである。筋違御門は、寛永十三年（一六三六）加賀百万石の三代藩主・前田利常が築いた。歴代将軍が大手門から神田橋門を通り、上野寛永寺や日光東照宮へ出向く「御成道」に在るので御成門とも呼ばれていた。他方中仙道は日本橋からこの門を通過して濠の外に出ると、神田明神脇を経て本郷通りを進む。この二本の道が筋違《すじか》えで交差することから筋違門と名付けられたのである。江戸城外郭の他の門と同様に桝形門であったが、石垣や土塁で囲まれた桝形の広場はひと際大きかった。旧交通博物館跡地の広場に設置された案内板の絵に拠れば、通行人は広場を横切って自分の行きたい方向に進んで行ったようだ。江戸版のスクランブル交差点ともいえようか。筋違見附の内側の広場は、筋違御門を始め昌平橋・駿河台・小川町・日本橋通りなど八か所の口に通じていたので、「八つ小路」と呼ばれた。江戸屈指の交通の要地だったのである。

旧交通博物館跡地の広場を後に、須田町交叉点近くの、**神田食味新道**と呼ばれる須田町・淡路町の老舗街に入った。この辺りは関東大震災や戦災を免れたので何百年と続いた一群の老舗がかたまっているのである。**いせ源**（あんこう鍋、創業天保元年、建屋・昭和五年築・東京都選定歴史建造物）、**竹むら**（甘味処、創業昭和五年、建屋・昭和五年築・東京都選定歴史建造物）、**ぼたん**（鳥すきやき、創業明治三十年、建屋・昭和十五年築・東京都選定歴史建造物、屋号は当時ハイカラだった洋服のボタンから付けられた）、**神田やぶそば**（蕎麦、創業明治十三年、旧建屋は平成二十五年焼失・二十七年新装開店、十一時の開店直後であったが長い行列ができていた）、**ショパン**（喫茶、昭和八年開店、店内には常にショパンの曲が流れている。新しいビルに入っているが店の中の雰囲気は変わっていないそうだ）、**松栄亭**（洋食レストラン、創業明治四十年、夏目漱石が洋風かきあげを気に入った）、**近江屋洋菓子店**（洋菓子、創業明治十七年、日本で初めてジャムパンを売り出した）、**神田志乃多本店**（稲荷寿司・のり巻き、創業明治三十五年）、**神田まつや**（蕎麦、創業明治十七年、建屋・大正十四年築・東京都選定歴史建造物、池波正太郎が足繁く通った）、などの老舗を巡った。須田町には現在でも洋服生地、裏地、ボタンなどの洋服小物や、繊維関連の問屋が数多く並んでいる。

また、須田町老舗街の一角にある千代田区町名由来板には、**連雀町の由来**が書かれている。交通の要地に近いこの地は、連尺と呼ばれる、物を運ぶのに使う荷籠の需要が多かった。江戸時代初期には連尺づくりの職人が多く住んでいたため連尺町と呼ばれていたが、やがて連雀町という当て字が使われるようになった。ところが明暦の大火（一六五七年・振袖火事）で焼失すると、延焼防止の火除け地にするため、連尺職人は筋違門の南方に追いやられることになった。その際一部の職人は武蔵野に移住し、それが現在の三鷹市上連雀・下連雀の由来となった。旧連雀町は現在の神田須田町・神田淡路町にあたる。

多町《たちょう》大通り界隈・神田西口商店街

靖国通りを渡ると神田多町であり、**多町《たちょう》大通り**の角を南に折れると**神田青果市場発祥之地**の碑がある。江戸幕府開設直後に、この辺りに青果市場が開かれると、道が八方から集まる「八つ小路」や、神田川・日本橋川の運河にはさまれ、荷物の集荷や運搬に至便な土地であることから、市場は瞬く間に発展した。江戸時代から明治・大正にかけて、この近辺の表通りには八百屋が軒を連ね、「ヤッチャ場」と呼ばれて賑わったのである。

多町青果市場は昭和三年に廃止され、秋葉原駅の北側の東京都中央卸売市場に神田青果市場として開設されたが、そこも過密状態になったため、平成元年に大田市場に移転し

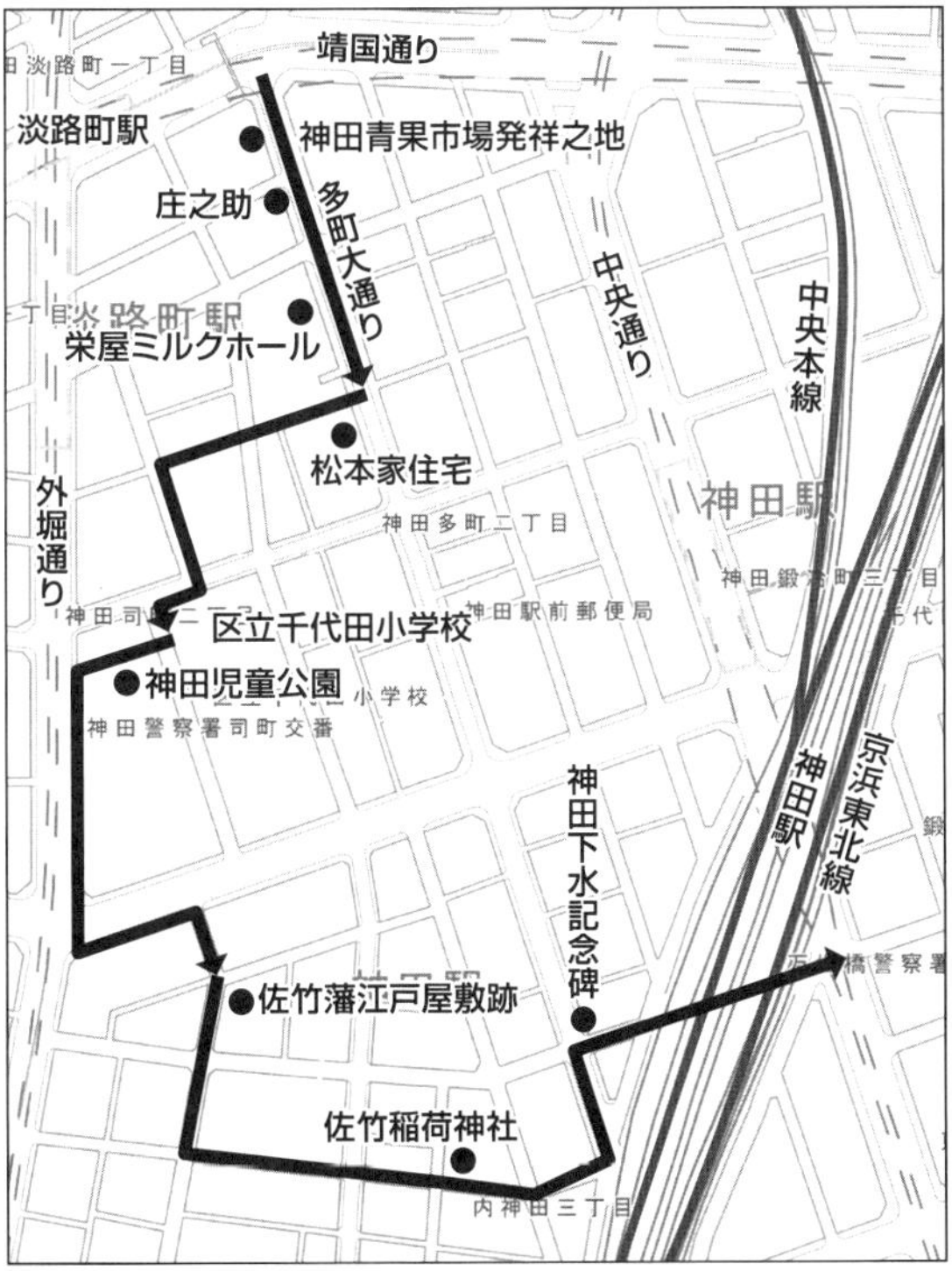

た。
　多町大通り沿いには、まず和菓子の**庄之助**がある。第二十二代木村庄之助（一八九〇～一九九四、栃若時代の名立行司）の子孫が経営している和菓子店で、庄之助最中・軍配しる古などが知られている。次に**栄屋ミルクホール**がある。昭和二十年創業で、建物は耐火性能を高めるためモルタルや銅板で仕上げている。昭和三十年頃までは、牛乳を飲ませる飲食店がいろんな場所にあったのである。**松本家住宅**主屋は、昭和六年に建築された元青果物問屋の店舗兼住宅で、木造三階建て・切妻造、平入（建物で棟と平行する側に出入り口がある）である。正面は出桁《だしけた》造り（軒を深く前面に出した造り、立派な軒が商店の格を示した）の構えをとり、北妻面は窓の少ない防火に配慮した造りになっている。東京の下町における震災復興期の和風町家として貴重なもので、国登録有形文化財になっている。この近辺も戦災に遭わなかったので、他にもいかにも古そうな建物が散見される。

　神田西口商店街の界隈は、江戸時代の初期、一六八二年の大火で焼失するまでの間、秋田藩佐竹家の上屋敷があった所であり、近くのビルの入り口の脇に**佐竹藩江戸屋敷跡**の碑がある。佐竹家は清和源氏の流れを汲む名門で、常陸国に五十四万石を擁する大大名であったが、関ヶ原の合戦で西軍についたため江戸時代は二十六万石に減俸の上秋田に移封されたのである。佐竹家上屋敷が下谷に移転した以後は、この地域は町人地になった。神田駅西口商店街は、神田駅西口から外堀通りまでの三〇〇メートルの間に、約百軒の飲食店がある盛り場である。中程に**佐竹稲荷神社**が鎮座している。正面垂れ幕には、鈴の左右に佐竹家の家紋の赤味がかった満月を描いた軍扇が染め付けられている。これを日輪と見間違えたため、この地域は明治初年に旭町と名付けられたと、神社の横の案内板に書かれている。昭和四十一年の住居表示変更に際して、内神田と改められたが、町会名としては現在も残されているようだ。

　神田駅西口前の道路に、明治十八年（一八八五）以後近代下水道の建設が進んだ。江戸時代末期から明治時代初頭にかけて、毎年のようにコレラが大流行したため、衛生上の観点から整備することとしたものである。お雇い外国人の指導下、造られた煉瓦造りの暗渠はしっかりしたもので、二〇一〇年代の現在も一部が機能している。最初に作られた煉瓦造りの部分約九〇〇メートルは、「神田下水」として東京都指定史跡になっており、当該道路の脇に**神田下水記念碑**が造られ、建設の経緯が詳しく記されている。

神田職人町界隈・金山神社・お玉ヶ池跡・千葉道場玄武館跡・種痘所跡

　ＪＲ神田駅の東側は職人の街であった。**鍛冶町**には金物を扱う流通業者・小売業者や鍛冶職人が江戸・明治の頃集まって来た。**紺屋町**には藍染屋が軒を連ねていた。江戸っ子たちは紺屋町で染められた手拭や浴衣を持てはやした。**北乗物町**には駕籠を造る職人や駕籠を担ぐ人が多く住んでいた。神田祭の際にかつぐ神輿を造る職人も多く住んでいた。戦前まで南乗物町もあったそうだ。

高速1号上野線の東側には**金山神社**がある。御祭神は天照大神の御兄姉にあたる金山彦命・金山姉命で、古来、採鉱・冶金・鋳造・鍛冶等、広く金属関係の始祖として金運招福の神と崇敬されている。鍛冶町・岩本町から東神田にかけた一帯は金物問屋街が集積しているが、金山神社は、その業者の集まりである東京金物同業組合により昭和二十七年に創建されたのである。また、岩本町から東神田にかけては、明治十四年（一八八一）頃から古着市場として賑わい、現在でも服地などの問屋街である。

現在の岩本町の一帯には、江戸時代の前から、上野の不忍池以上に大きな池があったといわれる。この池のほとりに茶屋があり、お玉という美人が働いていた。二人の男から言い寄られたお玉は、どちらとも決めかねて池に身を投げてしまった。そこからこの池を**お玉ヶ池**と呼ぶようになったと伝えられる。しかし、池の範囲は必ずしも明確ではない。江戸時代を通じてお玉ヶ池が次第に埋め立てられてきたからだと思われる。

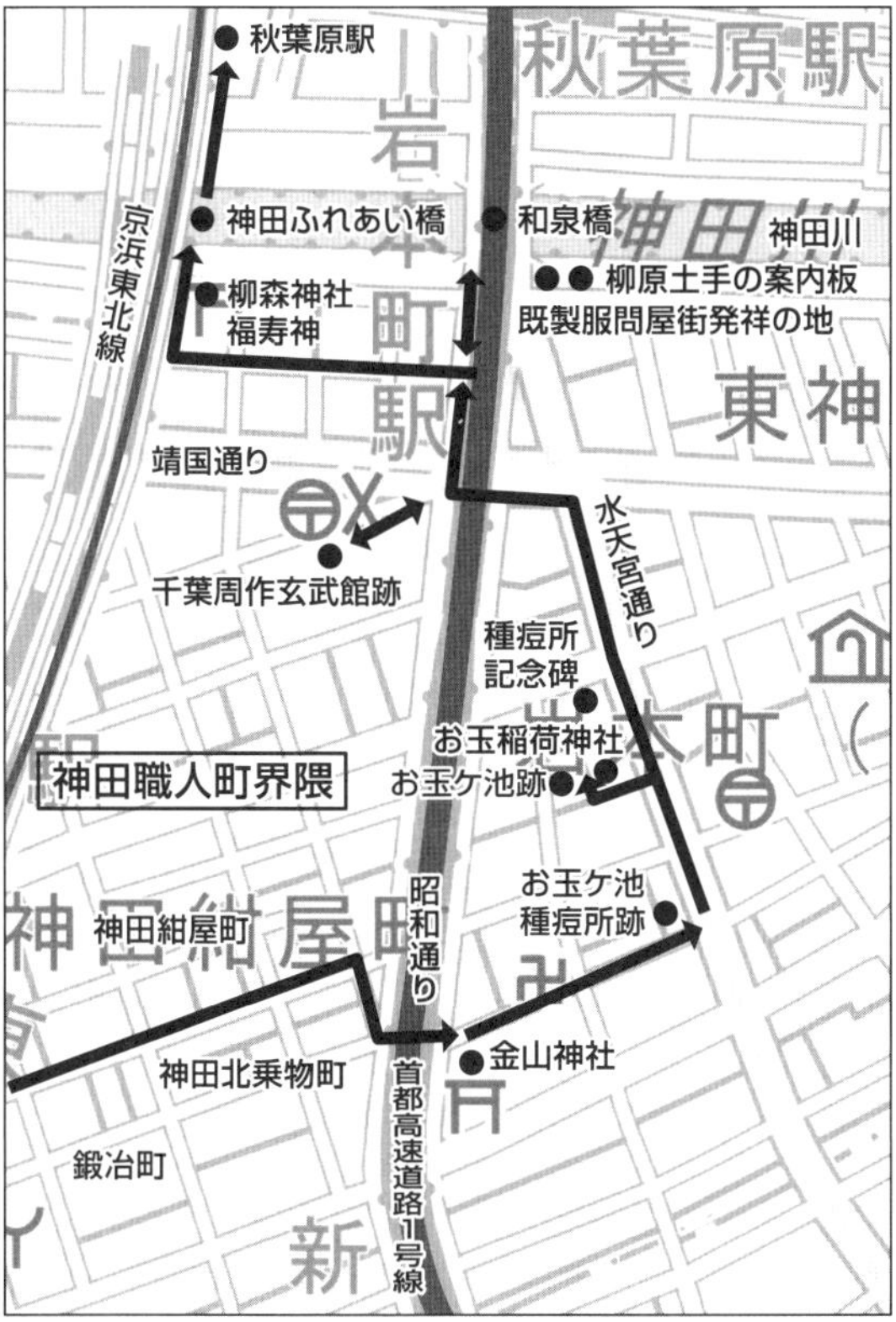

金山神社の前の道を東に進むと、水天宮通りとの交差点の角（岩本町二丁目七番）に**お玉ヶ池種痘所跡**の碑があり、その上のビルの壁に、お玉が池の周辺の状況と種痘所の案内を記したプレートが埋め込まれている。お玉が池の界隈には、江戸時代後期から幕末にか

けて多くの儒学者や漢学者が居を構え、江戸の学問の中心地の一つになっていた。安政五年（一八五八）、伊藤玄朴・大槻俊斎ら漢方医八十数名の出資により、この池の端の勘定奉行川路聖謨《としあきら》の屋敷内に種痘所が設置された。これがその後下谷に移転して西洋医学所となり、東京大学医学部の前身となったのである。

　種痘所跡の碑から人形町通りを二ブロック北に進み左折すると、**お玉稲荷神社**があり、また、近くの児童公園に**お玉ヶ池跡**の記念の杭が立っており、上述のようなお玉が池の由来が書かれた案内板もある。再び人形町通りに戻って北に進むと、岩本町三丁目の交差点の手前にも**種痘所の記念碑**がある。

　人形町通りをさらに北上し、靖国通りを左折して、昭和通りを横切った直後に南西方向に進む脇道に入るとすぐ、小公園の一隅に**千葉周作玄武館跡**の碑がある。千葉周作は南部（岩手県）の出身で、江戸にのぼり北辰一刀流を編み出した。教え方がわかりやすく合理的で、門弟三千人ともいわれ大繁盛し、幕末の江戸の三大道場といわれた。弟子には清河八郎・山岡鉄舟、のちに新選組幹部となった山南敬助・藤堂平助らがいる。

和泉橋・柳原土手跡・既製服問屋街発祥の地・柳森神社・神田ふれあい橋

　昭和通り（首都高速1号線）を北上して神田川に至ると、和泉橋がある。**和泉橋**は万世橋の一つ下流に架かる橋であるが、この名前は、近くに藤堂和泉守高虎の屋敷があったことに由来する。和泉橋南詰東側に岩本町三丁目町会が設置している案内板によれば、この辺りの神田川の土手に、江戸時代にはびっしりと柳が植わっていたので「**柳原土手**」と呼ばれていた。太田道灌が江戸城の鬼門にあたるこの辺りに、鬼門除けに植えたのが始まりといわれる。美しい柳の緑に覆われた柳原土手は、江戸名所図会や安藤広重の浮世絵にも描かれる名所となった。この地域に最初に住み始めたのは大名や旗本であったが、江戸時代の後半になると商人や職人が移り住んで栄え、柳原土手の近辺には古着を扱う露店が集まるようになった。それが明治維新後に引き継がれ、岩本町に一大古着市場が形成された。戦後は紳士服や婦人服の製造を手掛ける繊維メーカーが集まり、全国のデパートなどに出荷されるようになったのである。柳原土手の案内板の横には、千代田区教育委員会が設置した**既製服問屋街発祥の地**の案内板がある。

　和泉橋から神田川の南側の道を西に向かって歩くと、**柳森神社**がある。一四五七年に太田道灌が江戸城の鬼門除けとして創建し、京都伏見稲荷大明神を勧請して祀った。神田川土手一帯に柳の木を植えたことが柳森神社の名の起源となった。この神社に合祀されている**福寿神**は狸を祀っているが、元々は五代将軍綱吉の生母桂昌院が江戸城内に創建したものが、明治になってここに遷座されたのである。京都の八百屋の娘が、春日局に見込まれて三代将軍家光の側室になり、将軍家生母に出世した。大奥の女中たちは、他の側室たちを抜いて（たぬき）玉の輿に乗った幸運にあやかりたいと、こぞって〝おたぬきさん〟を崇拝したという。

ＪＲ京浜東北線に沿って神田川に架かる人道橋は、**神田ふれあい橋**と呼ばれる。元々は新幹線の建設に当たって資材等を運搬するために架けられたのであるが、工事完了後に人道橋として活用しているのである。神田ふれあい橋から神田川の下流方向を見ると、正面に和泉橋が、右側の土手裏に柳森神社が見える。神田ふれあい橋を渡ると秋葉原駅はすぐそばである。

湯島・駿河台・神保町～飯田橋
旗本・御家人の街を歩く

２０１８年 ２月記

今回の散策は、御茶ノ水駅から出発し、湯島から神田駿河台・神田神保町などを経て飯田橋に至る地域である。主として本郷通りの西側の、江戸時代には旗本・御家人といった幕府の役人を中心とした武士の屋敷町だった山の手地域である。

湯島には、孔子廟と幕府直轄の昌平坂学問所があった。

駿河台は、最晩年を駿府で過ごした大御所徳川家康が一六一六年に亡くなった後、駿府詰めだった旗本たちが、職を求めて江戸に戻ってきたときに、当時、神田川の掘削のために開発されつつあったこのあたりの土地を与えられて住んだ地域である。駿河帰りの旗本たちが住んだ高台ということから、駿河台と呼ばれるようになった。駿河台から坂を下った辺りが神保町である。神保町界隈を一巡したのち、水道橋の近辺を経てさらに飯田橋まで歩いたのである。幕末の頃の江戸古地図を見ると、今回散策した全行程は武家屋敷でびっしり埋まっている。この地区は江戸時代から現代に至るまで文教の地であり、特に明治時代以後多くの大学や専門学校が設立された。学生街・古本屋街・老舗の本屋や出版社が軒を連ねる地区である。

明治以後の戦中までの東京市においては、日本橋川の東側は神田区に、西側は麹町区に属していた。昭和二十二年地方自治法施行にあたり、両区が合併して千代田区になった。その際、旧神田区に属していた町は、町名の前に神田駿河台・神田神保町といったように「神田」の文字をつけるようになったのである。

本稿は、湯島から神保町界隈までは二〇一七年九月に実施された東京シティガイドクラブのツアーを参考にし、水道橋付近から飯田橋に至るまでを後日歩いて追加したものである。

ニコライ聖堂・聖橋・昌平坂学問所跡（近代教育発祥の地）・湯島聖堂

ＪＲ御茶ノ水駅の南側を東西に走る通りは**茗渓《めいけい》通り**と呼ばれる。「茗」というのは茶の意であり、「茗渓」というのはこの付近の神田川の雅称である。お茶をたてるのに良い水が出たという故事に由来する。ＪＲ御茶ノ水駅聖橋口から茗渓通りを一ブロック西に向かってから南に下ると**ニコライ聖堂**が見えてくる。正式名称は「日本ハリストス正教会復活大聖堂」といい、日本で初めてにして最大のビザンチン様式の大教会である。ロシア正教のニコライ大主教が明治十七年（一八八四）に建設した。施工管理したのは英国人ジョサイア・コンドルである。高さ三五メートルほどのドーム屋根が特徴である。駿河台の高台に位置したため、御茶ノ水界隈の景観に重要な位置を占め、明治期東京では文明の威容といったふうに受け取られたようだ。現在の建物は、関東大震災後に建て直されたものであり、国の

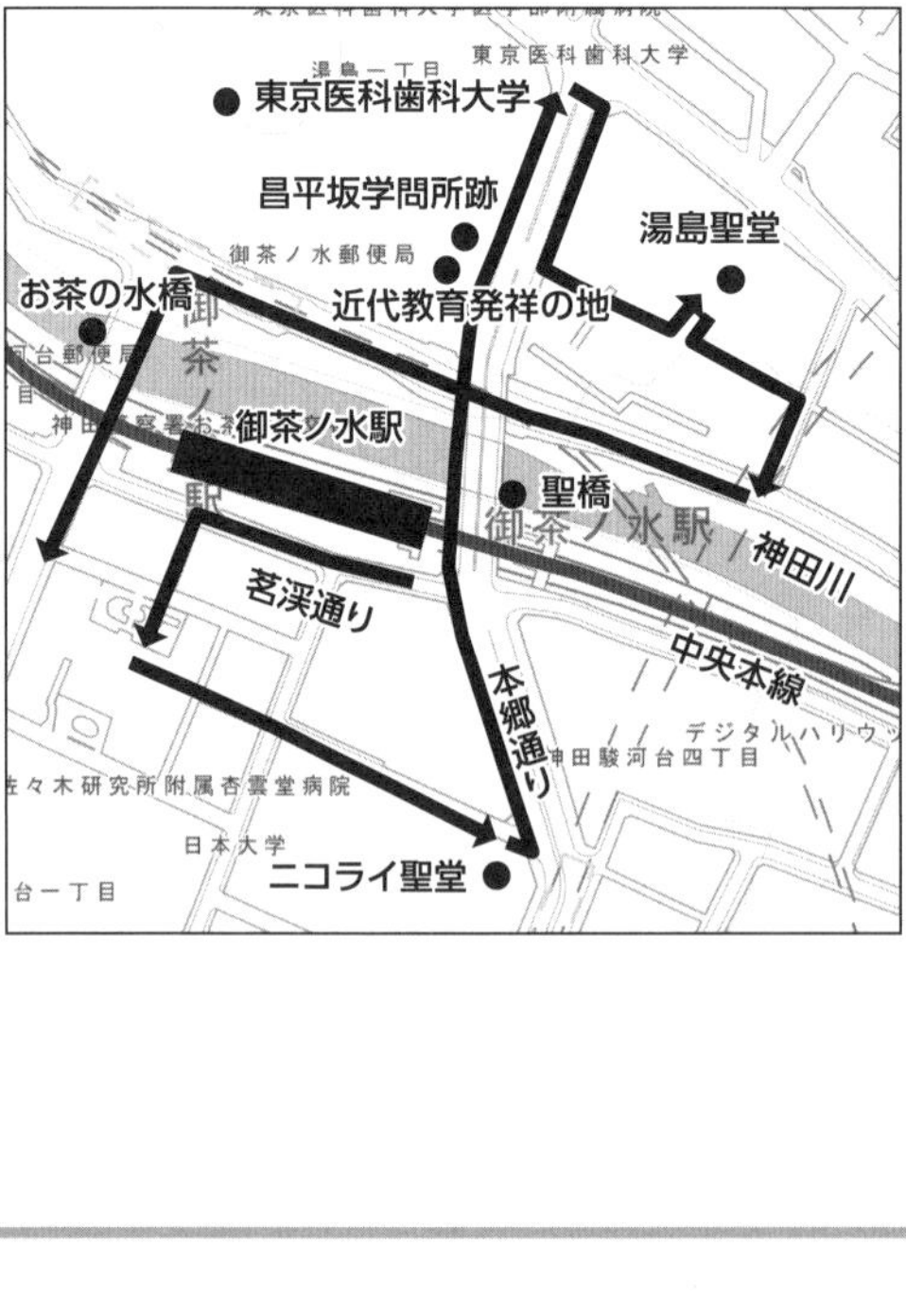

重要文化財に指定されている。ドーム等の屋根の上にある十字架は、スラブ系の正教会で使われている、八端十字《はったんじゅうじ》（十字の上部に罪状札を表す横棒があって「土」の字のような形になっており、下部には足台を表す斜めの横棒がある。十字の下端を合わせて八端になる）と呼ばれるものである。聖堂の中にあるイコン（icon）にはハリストスをはじめ、神の母マリヤや聖人、聖書の中の場面などが描かれている。正教会ではイコンを「天国の窓」と呼んで大切にし、イコンを通じて神、そして聖人に祈るのである。

　ニコライ聖堂を出て、門前の紅梅坂を下り、本郷通りを左折して井上眼科の前を進むと**聖《ひじり》橋**に出る。聖橋は昭和二年に関東大震災の復興事業で神田川に架橋されたのであるが、橋の名は公募により、北にある湯島聖堂と南にあるニコライ聖堂から聖橋と付けられたのである。聖橋のたもとに名前の由来を記した案内板がある。太宰治の小説『斜陽』には、没落華族の娘・かず子が、女学生時代に「ニコライ堂の見える橋の上」で、友達に借りていたレーニンの本を読まずに返し、離れて行ったというシーンが描かれている。

　聖橋を渡った所は湯島である。左側には東京医科歯科大学が、本郷通りを隔てて右側には湯島聖堂（孔子廟）がある。今では道路（本郷通り）で分断されているが、江戸時代には、この地域に一帯として孔子廟とともに儒学の学問所として昌平黌《しょうへいこう》が置かれたのである。昌平黌は、中国の孔子の教えを中心とした儒学の幕府直轄の学問所として、学問好きの五代将軍綱吉が元禄四年（一六九一）に建設した。儒学者林羅山を大学頭《だいがくのかみ》に任じ、朱子学の講義を行わせたのである。しかしその後、長い泰平の世が続く中で儒学教育は下火になってきた。寛政の改革を行った松平定信は、質素倹約を旨とし、朱子学を振興するため、寛政九年（一七九七）、名前を昌平坂学問所と改め、学寮・宿舎を建てて、旗本・藩士の子弟を対象に教育を施し、陽明学などの異学は禁止された。昌平坂学問所は、明治維新後新政府に引き継がれ、昌平学校、大学校、東京大学へと発展した。また明治五年にはこの地に師範学校（翌年東京高等師範学校）が開校し、その後東京女子高等師範学校が置かれ、それぞれ東京教育大学（現筑波大学）・お茶の水女子大学へと発展した。東京医科歯科大学の敷地の角に**近代教育発祥の地**の案内板がある。

　次に、本郷通りを渡って**湯島聖堂**に入った。入徳門（一七〇四年建造、関東大震災で焼けなかったので聖堂に残る唯一の木造建造物）を入ると奥に大成殿（孔子廟の正殿）があり、中央に孔子像、左右に孟子・顔子ら四賢像が祀られている。現在の大成殿は、関東大震災で焼失後、昭和十年に、寛政時代の建物を模して、鉄筋コンクリート造りで再建されたものである。入徳門を出て左に進むと、大きな孔子像がある。孔子像の前には大きな楷樹《かいのき》がある。葉や枝のつき方が整然としているのが特徴で、そのことから漢字の「楷書」の由来となったとの説明を記した案内板がある。仰高門（湯島聖堂の正門）を出ると神田川の淵に出る。聖堂の東側に沿った狭い坂道が昌平坂であり、坂の入り口に小さな石碑が置かれている。孔子が生まれた昌平郷に因む名前である。ここから神田川に沿って聖橋の下を潜る、急な坂道（相生坂）を上った。江戸時代には聖橋は無く、坂下から見た湯島聖堂の階段状の白い塀と、緑の神田川の崖に挟まれた細い道は、名所江戸百景にも描かれた所だった。左折してお茶の水橋を渡ると、橋の南詰西の交番の脇に、二代将軍秀忠に毎日この地のお茶の水を献上したという由来を記した**御茶の水の碑**がある。

大久保彦左衛門屋敷跡・小栗上野介生誕地・太田姫稲荷神社・明治大学リバティタワー・山の上ホテル・夏目漱石記念碑

お茶の水橋から南に向かう明大通りの両側は楽器店が軒を連ねている。二ブロックほど歩くと、右手に明治大学アカデミーコモン棟の大きなビルが見える。左手の杏雲堂病院の植え込みの一隅に、**大久保彦左衛門屋敷跡**と大きく彫られた石碑がある。大久保彦左衛門忠教（一五六〇～一六三九）は小田原攻略・関ケ原の合戦・大坂冬の陣などに従軍した武闘派の旗本であったが、太平の世の中になって、徳川家のために戦った旗本がないがしろにされるのに憤慨して『三河物語』を書いた。俗に「天下のご意見番」として講談や講釈で名高いが、「大久保彦左衛門と一心太助」など数々のエピソードは、河竹黙阿弥が書いた歌舞伎芝居に由来するものが多いと言われている。

次の角を左折すると、**小栗上野介忠順《ただまさ》生誕地**（一八二七～一八六八）がある。幕末に外国奉行・軍艦奉行・勘定奉行などを歴任した英才であり、一八五八年に調印された日米修好通商条約批准のため、一八六〇年に米国海軍ポーハタン号で渡米し、条約批准の後世界一周旅行を行った開明派の幕臣であった。（因みにこの時サンフランシスコまで同行したのが、勝海舟が艦長を務めた咸臨丸である）しかし戊辰戦争では薩長に対し主戦論を唱えたため、維新後逮捕・斬首された。

次の角を右折すると**太田姫稲荷神社**がある。室町時代の末頃、関東一帯で天然痘が流行し、太田道灌の娘もその病を患ってしまった。京都に宇迦之御魂神《うかのみたまのかみ》（通称お稲荷さん）を祭神として一口《いもあらい》稲荷神社があり、五穀の神・穢れも洗い清めてくれる神として信仰を集めていた。道灌はこの噂を聞き一口稲荷神社に娘の平癒を祈願したところ、全快したと伝えられている。後に道灌は江戸城を築くとき、一口神社を城内に祀った。家康が江戸城を拡張した際に、駿河台（御茶ノ水駅東側の土手の位置）に遷座したが、昭和六年ＪＲ鉄道路線開通工事のため、現在地に移転したのである。再び明大通りに戻り、**明治大学リバティタワー**に入る。明治大学駿河台キャンパスの中心となる建物で、平成十年（一九九八）に竣工した二十三階建てのビルである。明治大学は明治十四年（一八八一）に設立された明治法律学校を母体とし、設立五年後にこの地に移ってきた。この場所は武家屋敷地だったので、江戸時代の武家の生活道具が土中から数多く出て来た。これら出土品は、隣接するアカデミーコモン棟地下一階にある明治大学博物館に陳列されている。リバティタワー十七階の食堂や喫茶室からは建物の四周が見渡せる。また、最上階の中央には、建学の功労者・岸本辰雄を記念した、天井が大きなドームになっているホールがある。数年前、私の高校時代の同級生のＳ教授が退職した際、記念講義に続くパーティがこのホールで催された。ふと天井を見上げると、ドームが白々とほのかに照らされ、幽玄な雰囲気を醸していた。

リバティタワーの北側に接する坂道を上ると、**山の上ホテル**がある。明治大学ＯＢの石炭商・佐藤慶太郎が昭和十二年に設立した・佐藤新興生活館が基になった。アールデコ調のクラシカルなホテルで、昭和二十九年に開業した。出版社の多い神田に近いので作家の宿泊が多く、文人宿となった。川端康成・三島由紀夫・池波正太郎・山口瞳・伊集院静らが定宿にしていたそうだ。檀一雄は舞台女優・入江杏子と愛人関係になり山の上ホテルで同棲し、入江との生活そして破局を描いたのが代表作『火宅の人』である。常盤新平は『山の上ホテル物語』でホテルの歴史や数々のエピソードを紹介している。池波正太郎がこよなく愛した天ぷら屋は今でも営業しており、また、喫茶室の壁には山口瞳の描いた絵がさりげなく掛けられている。

山の上ホテルを出て一ブロック西に進んでから坂を下ると錦華公園がある。大名屋敷の庭園であった歴史のある公園のようだ。隣にあるお茶の水小学校は、以前は錦華小学校といって夏目漱石の出身校であった。正門の脇には「吾輩は猫である　名前はまだ無い　明治十一年　夏目漱石錦華に学ぶ」と彫られた大きな**夏目漱石記念碑**が設置されている。漱石が錦華小学校に在籍していたのは、卒業前のわずか六か月であった。当時一橋にあった府立一中に進学するために、市谷小学校から転校して来たようだ。

護持院ヶ原跡・新島襄生誕地・学士会館とその周辺・神保町古本屋街

漱石の記念碑のある道をそのまま進むと、程なくして靖国通りに合流し、すぐに明大通りと交わる駿河台下交差点に達する。明大通りはこの交差点から南は千代田通りと名前が変わる。交差点の南西の角に**三省堂書店**神保町本店がある。千代田通りを南下して五、六分歩くと、**護持院ヶ原跡**がある。神田橋・神田錦町から一ツ橋までの広い土地に、五代将軍綱吉の庇護を受けて、江戸城の鬼門を鎮めるための寺として、護持院が造られた。しかし一七一七年に火事で焼失した後は、この地は火除け地となり、人気のない広大な荒れ野原となった。現在は小公園の片隅に「ごじいんがはら跡」と彫られた石柱が立っているだけである。福沢諭吉は、築地鉄砲洲から小石川水道町まで護持院ヶ原を通り英語を習っていたが、辻斬り・追剥が出るといわれる此処を、夜の十二時頃通るのが怖かったと、『福翁自伝』で語っている。また、森鷗外は、幕末期にこの地を舞台に行われた仇討ちを題材とした小説『護持院原の敵討』を書いている。

千代田通りを一ブロック北に戻ると、交差点の北西の角に小公園があり、そこに「**錦三《きんさん》・七五三太《しめた》公園《こうえん》**」という文字と、その下に詳細な説明が書かれた石板が設置されている。説明書きによれば「七五三太《しめた》」というのは新島襄の幼名である。江戸時代、この場所には安中《あんなか》藩板倉伊予守の江戸藩邸があった。同志社大学を創設した新島襄（一八四三～一八九〇）は、この藩邸内で生まれ二十一歳までの青春期をこの地で過ごしていた。なお「錦三」はこの記念碑を設立した神田錦町三丁目町会をさす。この公園の前の道を西に向かって歩くと学士会館の南面に出るが、そこにも**「新島襄先生生誕地記念の碑」**と刻まれた石碑と大型の業績を記したパネルが設置されている。

学士会館は東京大学発祥の地に建っている。白山通りに面した玄関脇に**東京大学発祥の地**の碑がある。東京大学の発祥とその後の変遷の経緯については、隣に建てられた金属製のパネルに詳しく記されている。明治十年（一八七七）、神田錦町にあった東京開成学校と、神田和泉町から本郷に移転した東京医学校が合併し、東京大学が設立された。その後学部ごとに順次本郷に移転し、明治十八年までに、東京大学は現在地への移転を完了したのである。学士会館の北側の縁には、野球のボールを握った手のモニュメントがある。**日本野球発祥の地**の碑である。明治五年（一八七二）学制が敷かれ、この地に第一大学区第一中学校が置かれたころ、アメリカ人の教師が生徒たちに野球を教えたことに由来する、との説明が記されている。正岡子規もこの地で熱心に野球の練習をしたと伝えられている。

白山通りを渡ると、学士会館の対面には共立女子大学がある。その南側のブロックには、かつては一橋大学があったが、大学が国立《くにたち》に移転した後は、同大学関連の**如水会館**（同窓会館）や学術総合情報センターとして活用されている。白山通りを北上すると、左手には**共立女子大学**や、**小学館・集英社・岩波書店**などの出版社があり、程なくして靖国通りと交わる神保町の交差点に達する。

交差点の南西の角に**岩波ホール**がある。靖国通りの南側には古書店が数軒ずつ入っている中小ビルが立ち並ぶ。**古書店街**は明治十年（一八七七）頃より、神田地区の多くの法律学校・専門学校・外語学校の学生を当て込んで、書店が次々出来てきたのが始まりである。多くの古本屋が北向きになっているのは、日差しで本を傷めないためである。

周恩来ゆかりの地・講武所跡・三崎稲荷神社・三崎三座跡

古書店街から靖国通りの北側に渡り、白山通りに平行している道を北に向かって二ブロック進むと、神保町愛全公園という小公園がある。その公園の一隅に**「周恩来ここに学ぶ　東亜高等予備学校」**と刻まれた石碑がある。石碑の横にある案内板に、周恩来総理（一八九八～一九七六）は一九一七年から一九年まで日本に留学し、この地に在った東亜高等予備学校で日本語を学んだ、この碑は周総理生誕百年および日中平和友好条約締結二十周年にあたって、日中友好の気持ちを込めて建設されたものである、との旨が記されている。

さらに北に進むと、日本大学法学部の建物の前に**講武所跡**の案内板がある。講武所は、ペリー来航後の政情を反映し、旗本・御家人に剣術・槍術・砲術などを学ばせる必要から、幕府が設けた施設である。当時はこの案内板のある所から神田川に至るまでの広大な土地を占めていた。昔の講武所だった地域には、現在は**日本大学**や**大原簿記学校**などの関連施設が点在している。そこを北上していくと、**日本歯科大学**と水道橋駅に挟まれる形で**三崎稲荷神社**がある。鎌倉時代に創建された古い神社である。

講武所跡も含め、この辺り一帯は明治以後三崎町と名付けられ、明治二十三年（一八九〇）に三菱会社に払い下げられると、三菱は中心地区を商業と娯楽の街として開発した。一時は三つの芝居小屋が競い合い、賑わったのであるが、必ずしも永く続いたわけではない。**三崎座**は明治二十三年に開演し、一番永く昭和初期まで存続した。**川上座**は「オッペケペー節」で有名な新派俳優の川上音二郎が明治二十九年（一八九六）に創立し、主に社会を風刺した壮士芝居・書生芝居を上演したが、客の入りはよくなく、わずか七年で閉演した。**東京座**は明治三十年（一八九七）に開演し、市川猿之助などの歌舞伎や新派などを上演し、客席は二千席を超えるなど三座の中では一番規模が大きかったが、大正四年には廃座となった。扶桑リースビルの前の植込みに**東京座跡**の案内板がある。この区域をさらに南下し西神田に入ると、**専修大学**の施設が点在しているが、ここで日本橋川のほとりに出る。

堀留橋・滝沢馬琴硯の井戸・蕃書調所《ばんしょしらべしょ》跡・昭和館・築土神社・研友社跡

日本橋川に**堀留橋**という橋が架かっている。江戸時代にはここで外堀は途切れていて、この北には高松藩松平家（水戸藩徳川家の支藩）の広大な敷地などがあった。明治に入って水運のため再び掘削され、日本橋川と神田川が繋がれたのである。堀留橋を渡って飯田橋側に入ると、小公園の前に**東京理科大学発祥の地**の記念碑が建っている。

日本橋川に沿って二ブロック程南下すると、東建ニューハイツ九段ビルの玄関脇に**滝沢馬琴**が使ったという**硯の井戸**の石桁が復元されていて、東京都指定旧跡になっている。滝沢馬琴は、『南総里見八犬伝』・『椿説弓張月』などを書いた江戸中期の読本作家である。そのまま直進し、目白通りに出ると、道路際に硯の井戸の案内とともに、馬琴が二十七歳から五十八歳までの三十一年間この元飯田町に住んだ旨を記した記念碑が建っている。

目白通りを一ブロック南下すると靖国通りとの交差点（九段下）である。対角線上の交番の脇に**蕃書調所《ばんしょしらべしょ》跡**の碑がある。一八五六年幕府の洋学の研究所として設立されたが、その後現在の学士会館の位置に移転し、開成所と改称された。明治になって大学南校、開成学校を経て東京大学となったのである。

隣接している七階建てのモダンなビルが**昭和館**である。昭和十年頃から三十年頃までに国民が経験した戦中・戦後の生活に係る歴史的資料・情報を収集・保存・展示し、当時の国民の労苦を次世代に伝える国立の施設である。学童疎開・勤労動員・空襲・バラック生活・闇市などにかかわる写真・生活用品・衣類・手紙類・防空壕の復元など、生々しい資料や模型が展示されている。終戦の年に生まれた私にとって、生活必需品などは子供のころ見慣れたもので、むしろ懐かしく感じた。灯火管制の様子や防空壕の模型は、実体験がないので興味深かったが、もう少しリアルさが欲しいと思った。

この辺りの靖国通りの坂が有名な**九段坂**である。江戸時代には、それは急峻な坂であった。大八車の後押しやブレーキになる、「立ちん坊」といわれる強力仕事で稼ぐ人が待機

していたそうだ。関東大震災後に坂を削り緩やかな坂になったため、今では全く急な坂という印象はない。

靖国通りを北側に渡り、ビルの谷間のようなところの高い階段の上にあるのが**築土神社**《つくど》である。起源は古く九四〇年に平将門を祀ったのが始まりといわれているが、将門が賊徒にされてからは祭神が変更され、起源も太田道灌に結び付けられてしまった。入ってきたのは裏口で、正面に出ると中坂という坂の中腹であった。この坂は、道幅もあまり広くなく、昔日の九段坂の面影を残していると思われるような、長い急な坂である。この坂を左に折れて坂の頂上まで行くと、和洋学園女子大付属高校の校舎の角地に**硯友社跡**の碑が建っている。硯友社は尾崎紅葉らによって明治十八年（一八八五）に結成された文学グループである。明治二十年代の文壇に大きな影響を与えたが、三十年代には衰退し、明治三十六年尾崎の死と共に消滅した。

硯友社跡の角を右折するとすぐフィリピン大使館が見えてくるので、その手前を右折すると、今度は長い急な下り坂になる。坂の下り始めのところに案内柱が建っていて、**冬青木坂**《もちのきさか》という名前であることがわかる。案内柱の側面には、一六九七年の大火後この坂の北側には武家屋敷が広がり、南側には元飯田町があった、坂の途中の武家屋敷にモチノキの古木があったところから冬青木坂と名付けられたとの記述がある。

目白通り沿いにある数多くの記念碑・東京大神宮

長い坂を下り切ると再び目白通りに出る。左折して飯田橋の方向に向かうと、歩道の車道側にまずあるのは、**北辰社牧場跡**の碑である。この辺りに、明治の初期に榎本武揚らによってつくられた酪農グループ北辰社があった。榎本らは旧幕臣子弟のため、牧畜業を始めたのである。当時の明治政府は、大名や旗本が放置した武家屋敷跡地の再利用と、外国人の飲料牛乳の確保に迫られていたので、酪農も殖産興業政策の一つとして奨励していたのである。

次にあるのは**新徴組屯所跡**の碑である。幕末、清川八郎の発案で幕府が組織した浪士組は、将軍家茂の警護のため京都に上ったが、清川が尊王攘夷に傾いたため、江戸に戻った新徴組と、京都に残った新選組とに分裂した。新徴組は飯田町を屯所として、江戸市中の治安維持にあたったのである。

次に、**日本赤十字社跡**の碑がある。明治十年（一八七七）西南戦争のときに、元老院議員佐野常民らは人道的立場から、敵味方なく傷病兵の手当てをする博愛社を設立した。明治十九年（一八八六）日本赤十字社とし、国際赤十字に加盟し、飯田町貨物駅の辺りに病院を設置したのである。明治二十七年目白通りに移転し、芝に移るまで二十年間この場所にあった。

ここで目白通りを北側に渡って少し東に戻ると、**甲武鉄道飯田町駅跡**の碑がある。甲武鉄道は八王子方面で生産される生糸や織物などを運ぶため、明治二十二年に立川〜新宿間がまず開通した。次いで外濠沿いに線路を敷いて、飯田町駅ができた（記念碑から二ブロック奥、現在のホテル・メトロポリタンエドモントの辺り）。その後甲武鉄道は国有化され、中央線が開通すると、現在の飯田橋駅が鉄道の通過駅となって栄え、飯田町駅はさびれた。それに伴い、周辺の地名も飯田町から飯田橋になったのである。近くの東京区政会館前の植え込みに建っている千代田区町名由来板に**飯田町の由来**が記されている。徳川家康が、一五九〇年に江戸に入府してこの辺りを視察した際、案内をした飯田喜兵衛という住人の懇切丁寧な説明が気に入って、彼を名主に任命するとともに、この辺りを飯田町とするよう命じたのである。

目白通りの北側を飯田橋駅に向かって歩くと、次々に大学等の開校ないし発祥の地の碑が建っている。順に、**國學院大學開校の地**（明治二十三年）、**東京府立第四中学校発祥の地**（明治三十四年、現在は東京都立戸山高等学校）、**日本大学開校の地**（明治二十二年）、**日本医科大学付属第一病院記念碑**（大正十三年開院・平成九年閉院）、**日本法律学校**（明治二十二年、のちの日本大学）**および國學院**（明治二十三年、のちの國學院大學）**合同の発祥記念碑**（共通の創設者である吉田松陰門下の山田顕義司法大臣を顕彰するもの）が並んでいる。さらに、駅前で目白通りを再度南側に渡ると、角に**東京農業大学開校の地**（明治二十四年）の碑がある。このように明治時代に多くの学校や大学病院がこの地に創設されたのは、文教の地・神田に至近であるうえ、この辺りに空き地が多く、学校用地としてまとまった土地が得られやすかったからであろうと推測される。

このあと**東京大神宮**を参拝した。東京における伊勢神宮の遥拝殿として、明治十三年（一八八〇）に当初日比谷に創建されて日比谷大神宮と呼ばれ、関東大震災後の昭和三年（一九二八）現在地に移転してきた。明治三十三年（一九〇〇）に皇太子（のちの大正天皇）の婚儀が挙行され、宮中三殿の儀式が行われた。これを参考に神前結婚式の形式を整え実施したところ好評で、以後その形式が世間に広まったのである。縁結びに御利益のある神社として人気が高く、私が訪れた日にも特に若い女性の姿が目立って多いように思われた。

以上でこの日の散策を終了し、飯田橋駅から帰宅の途に就いたのである。

日本橋界隈①

中央通りの周辺および小伝馬町から馬喰町まで

2018年 5月記

はじめに

本稿で日本橋界隈と呼んでいるのは、現在の地図で言えば中央区の北の半分である。明治十一年（一八七八）に郡区町村制が敷かれ、現在の東京都の中心部に十五区が置かれた。明治二十二年（一八八九）にはこの十五区の範囲に基礎的自治団体としての東京市が設置された。二十世紀に入り、急速な都市化を反映し、昭和七年（一九三二）に、周辺の郡町村を編入し、新たに二十区を設け、ほぼ現在の特別区に近い区域に三十五区からなる「大東京市」が成立した。昭和二十二年（一九四七）の地方自治法の成立・施行とともに、三十五区が整理統合されて二十三の特別区を持つ現在の東京都が成立したのである。明治十一年に定められた日本橋区は、昭和二十二年に京橋区と統合されて中央区となった。統合後において、旧日本橋区の町名は、日本橋室町《むろまち》・日本橋人形町・日本橋兜町というように、頭に

日本橋の名を付けることとして現在に至っている。この旧日本橋区が本稿でいう日本橋界隈なのである。

旧日本橋区の南側は旧京橋区であった。境界は概ね八重洲通りであるが、東寄りのほうは亀島川に沿って北上し、日本橋川に沿って、東側の境界である隅田川に至っている。西側の境界は日本橋川のうちの、常盤橋などを含む旧外濠部で、いずれも千代田区大手町および丸の内に接している。旧日本橋区の北側は旧神田区・現千代田区神田である。その境界には江戸時代から竜閑川という運河があった。竜閑川は、日本橋川より発し、神田と日本橋の境界に沿って北東に向かい、東神田付近で南北を流れる浜町川につながっていた。戦後の瓦礫処理のため埋め立てられ、水路としては完全に消滅し、今では幅二メートルほどの真っ直ぐの道が残っているだけであるが、今でも千代田区神田と中央区日本橋の境界になっている。浜町川は、北の神田川と南東の隅田川とを結ぶ運河であったが、浜町川の東側は神田川までが日本橋区であった。神田川の対岸は、台東区浅草橋である。日本橋区の東側は、隅田川を隔てて対岸は墨田区である。

旧日本橋区の南部を横切っているのが日本橋川である。日本橋川からは、現在の江戸橋の付近から、北に向かって東堀留川・西堀留川という二本の水路が掘削され、日本橋地区の商業地の発展に大層貢献した。いずれも、昭和二十年代に埋め立てられて、現在は跡形も残っておらず、真っ直ぐの道がかつての水路の跡だと知れるのみである。

以上に述べた日本橋界隈のうち、日本橋川沿い及び日本橋川の南側の兜町や茅場町については、既に「日本橋川・八丁堀」の項で触れたので、本稿の対象はそれ以外の地域ということになる。なお、本稿においては、町名の頭についている「日本橋」は原則として省略することとしたい。

また本稿は、東京シティガイドクラブの、様々なテーマによるツアーに参加して何回も歩いた結果をまとめたものである。以下二回に分けて記すこととしたい。

日本橋駅の周辺および日本橋

東京メトロ日本橋駅を出て、日本橋交差点から永代通りの北側を西に向かって歩くと、みずほ信託銀行ビルの片隅に**宵待草の歌碑**がある。竹久夢二が一九一四年（大正三年）、自分のデザインした版画・絵葉書・手拭等を販売する「港屋絵草子店」を、最初の女性・たまきと開いた場所である。可愛いものを売る店として人気を呼んだようだ。同時に、東郷青児・島村抱月・有島生馬・谷崎潤一郎・北原白秋・若山牧水などの文人・画家などが集うサロンでもあった。しかし夢二は港屋を訪れた二番目の女性・彦乃と恋に落ちたため、たまきとは破綻、翌年には店は閉められた。

外堀通りの手前の植込みの一角を回って、一本北の道を日本橋の方向に向かって歩くと**西河岸地蔵尊**がある。奈良時代元正天皇の御世、行基菩薩が自ら刻んだ二尺八寸の地蔵菩薩が本尊と伝えられる、格式高い寺であった。延命地蔵・縁結び地蔵として、日本橋芸者衆や地元の人の厚い信仰を集めてきたといわれる。

中央通りに戻り**コレド日本橋**に向かう。CORE EDOを縮めてコレドと命名したそうだ。百貨店白木屋の跡である。近江商人が一六六二年に開店し、江戸時代は江戸城大奥に出入りする呉服店として繁盛していた。明治以後百貨店となったが震災や昭和六年の火災で打撃を受けた。戦後は横井英樹の株買い占めに遭い、東急百貨店日本

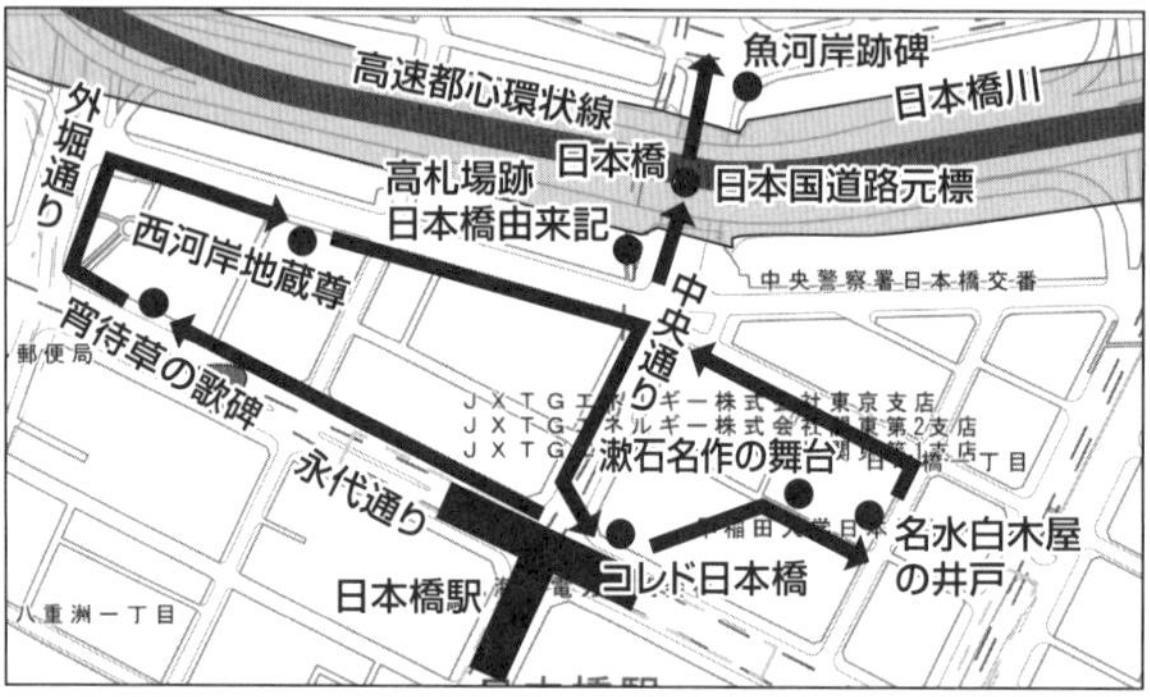

橋店となったが、平成十一年に閉店した。一七〇〇年代の初期に二代目が井戸を掘ったところ名水が湧きだしたとされ、白木屋の正面玄関に「白木名水の井戸」として残っていた。現在はコレド日本橋の裏に都旧跡・**名水白木屋の井戸**の碑が建っている。白木屋の北には、寄席の木原亭があった。漱石の『三四郎』・『こころ』にも登場するところから、名水の井戸の碑に隣接して**漱石名作の舞台**の碑が建っている。

日本橋に戻る。現在、上に高速道路が走っていることは周知のとおりである。日本橋が初めて架けられたのは、江戸幕府が開かれた一六〇三年と伝えられている。東海道をはじめとする五街道の起点であり、また、重要な水路である日本橋川との交点で、江戸の中心であった。現在の日本橋は、東京市が明治四十四年に建造した石造二連のアーチの道路橋であり、国指定重要文化財になっている。橋銘は十五代将軍徳川慶喜の筆による。橋の中央にある**日本国道路元標**（街道の一里塚の起点）は、昭和四十二年の都電廃止を契機としてプレートに付け替えられ、時の総理大臣佐藤栄作の筆による。日本橋南詰東は晒し場跡（主殺し・女犯僧・心中未遂者などを晒した）である。南詰西は高札場跡であり、また昭和十一年に日本橋区が作成した**日本橋由来記**の碑文がある。北詰西には以前橋の中央にあった日本国道路元標が置かれている。北詰東には**魚河岸跡碑**があ

る。江戸時代から関東大震災後に築地に移転するまで、日本橋川北側の一帯に魚河岸があったのである。

日本橋から中央通りに沿って中央区と千代田区との区界まで

日本橋北詰東から二本目の、按針通りと呼ばれる道を右折すると、程なくして北側の宝石店の店先に**史跡三浦按針屋敷跡**の碑がある。三浦按針（本名ウィリアム・アダムズ）はオランダ船リーフデ号の航海士で、一六〇〇年に日本に漂着した英国人である。徳川家康に招かれ、幾何学・数学・造船術・航海術等西洋文明を教授し、また外交・通商顧問として日英貿易にも貢献した。この功績で家康から三浦の知行地と三浦按針の名とともに、日本橋のこの地に邸宅を賜ったのである。江戸時代の古地図を見ると、近くの一区画はアンジン丁と呼ばれていたようだ。

日本橋川の北側は江戸時代から一大商業地であった。中央通りを挟んで西側が三越・三井ビルなどの大きな区画であるのに対し、東側は、最近まで中小のビルが建ち並んでいた。今では表通りに面して三井不動産により再開発が進められ、江戸桜通りを挟んで**コレド室町1・2・3**という三棟の一大商業施設に生まれ変わっている。この辺りには江戸時代から伝わる、いずれ劣らぬ老舗が軒を連ねていた。そのうちの何軒かは三越の正面にあるコレド室町3の周辺に、今でも残っている。弁当の**弁松**・練物の**神茂**《かんも》・佃煮屋の**鮒佐**・**山本海苔店**などである。鮒佐の玄関先には、**芭蕉句碑**「発句也松尾桃青宿の春」がある。二十九歳の時に芭蕉が故郷の伊賀上野から江戸に来て、家族とともにこの地に八年間住んで俳諧の修行を重ねた。桃青を名乗って

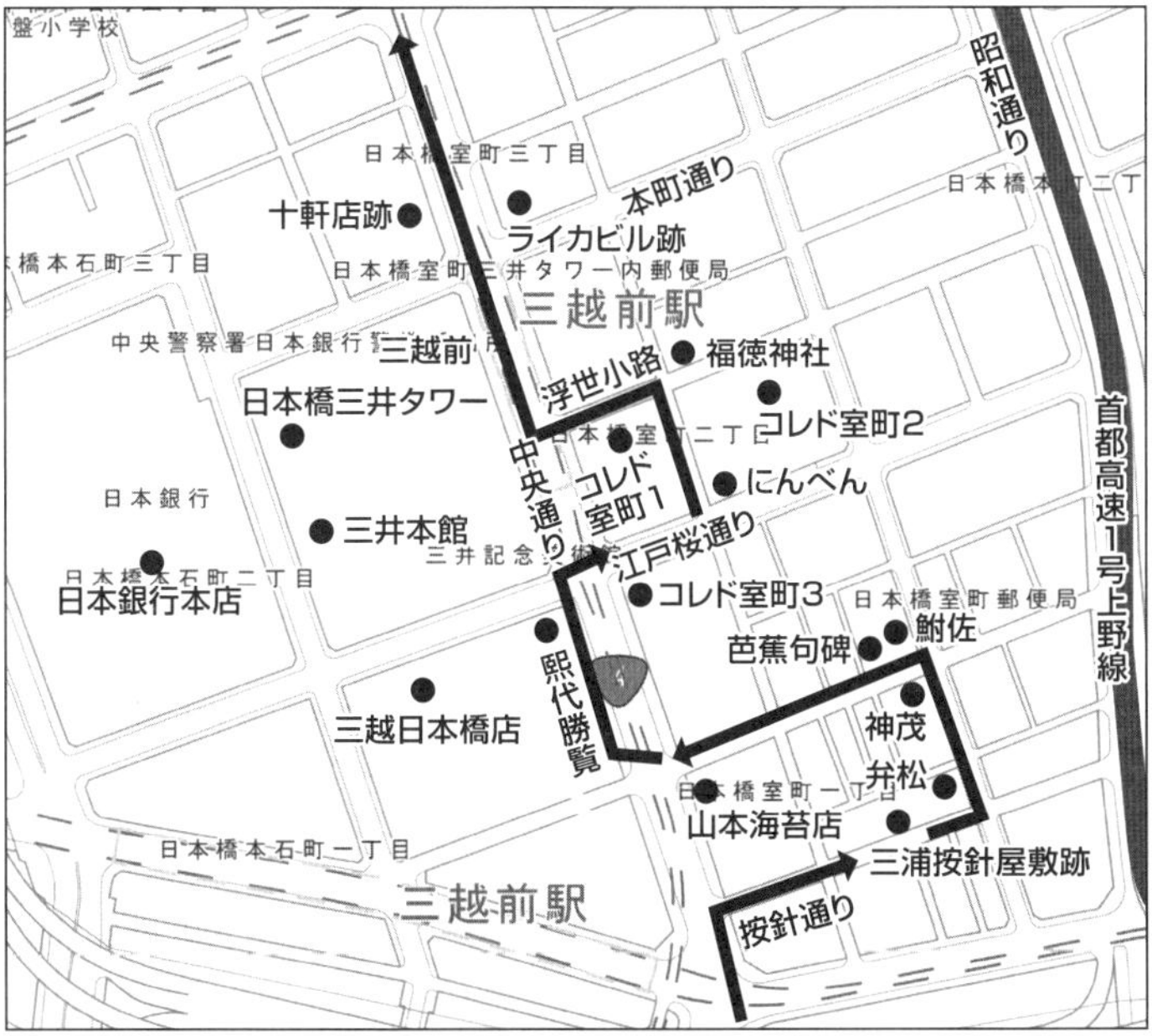

俳諧の宗匠として独立するに当たり、迎春の心意気を詠み上げたものである。

ここで中央通り地下道に入ると、**三越日本橋店**前の壁面に、**『熙代勝覧《きだいしょうらん》』絵巻**が展示されている。文化二年（一八〇五）の江戸の、日本橋から神田今川橋までの南北約七町（七六四メートル）の大通り（現在の中央通り）を東側から俯瞰描写した作品で、縦四三・七センチメートル、横一二三二・二センチメートルの長大な絵巻である。作品には三井越後屋などの大店を始め八十八軒の問屋や店、一六七一人の身分も職も様々な人々や、犬二十四、馬十三頭、牛四頭、猿一匹、鷹二羽などが生き生きと描かれている。様々なシーンが次々展開され、シーンごとに、枠外に解説が施されていて、興味が尽きることがない。絵巻のタイトル『熙代勝覧』は、「熙《かがや》ける御代の勝れたる大江戸の景観」という意味であろうとパンフレットには書かれているが、残念ながら絵師は不明である。原画はベルリン国立アジア美術館に所蔵されている。

次に、地下からコレド室町1に入る。老舗の飲食店・食料品店などの間を通り抜け、コレド室町1と3の間の江戸桜通りに出ると、コレド室町2の角に、かつては中央通りに面していた鰹節の**にんべん**がある。創業三百年の老舗であり、「現金掛け値なし」（最も優れた商品を正価で提供する）の信条を貫いた。また、天保年間（一八三〇年代）には、銀の薄板による商品券を発行したが、これは世界最古の商品券といわれている。

コレド室町1と2の間の道を北に進むと、**福徳神社**が見えてくる。貞観年間（九世紀後半・清和天皇の時代）には既に存在し、源義家が崇敬していたと伝えられる。現在は三井不動産が周囲の開発に併せて整備した。平安時代にはここには田圃に囲まれた川が流れていたという大きな絵馬があるが、江戸時代は日本橋川につながる西堀留川という掘割があり、塩問屋が並ぶ塩河岸と呼ばれ繁栄した地域であった。福徳神社の前の道は、**浮世小路**と呼ばれ、高級な食べ物屋などが並んでいたが、その多くは現在コレド室町1に吸収されている。

再び中央通りに戻ると、通りの向こう側には**三井本館**と、その隣に**日本橋三井タワー**がそびえており、三井ビルの西側に**日本銀行本店**がある。中央通りを北に一ブロック進むと**本町通り**がある。この辺りは、江戸時代には江戸の町割りで最初に手を付けられた土地として、本町と名付けられ江戸の中でも最も格式の高い土地であった。本町通りは、江戸時代は奥州街道・水戸街道に通じ、将軍の御成り道として栄え、また近くに東西二本の堀留川があったところから、水運の便がよく、大きな薬問屋や木綿問屋が軒を連ね、栄えた道でもあった。伊勢や近江の商人にとって、ここで店を開けば江戸でも一番の商人と認められたといわれた。三井越後屋も最初はこの地で「現金・正札・掛け値無し・切り売り」の商売を始め（一六七三年）、江戸じゅうの評判になったのである。明治以後も大手薬品会社が立地していたが、東・西堀留川が埋め立てられたうえ、昭和通りで分断されたため今ではすっかり寂れてしまった。

本町通りの北側の角の近くにライカビルがあった。米国の諜報機関の日本側窓口になっていた亜細亜産業が入っていた。昭和二十四年七月、下山国鉄総裁が近くの三越で消息を絶ったので関係が疑われたが、真相は不明。松本清張著『日本の黒い霧』は、周辺の地図を掲げて足取りを推理し、ＧＨＱの関与を示唆している。

本町通りの北側・中央通りの西側のブロック（室町三丁目）の南東の角の付近に、**十軒店《じっけんだな》跡**の案内板が設置されている。江戸時代には、桃の節句・端午の節句・歳暮市など季節に応じた人形や玩具を売る店が軒を並べていた。五代将軍綱吉が京都から雛人形師を招き、十軒の長屋を与えたことからこの名がついたといわれる。前述の『熙代勝覧』にも雛人形を売る店が描かれている。

次の江戸通りとの交差点は、中央通りを直進する中山道と、右折する日光街道との街道追分になっていた。江戸通りを渡ると、ＪＲ総武本線新日本橋駅の入り口の脇に**長崎屋跡**の案内板がある。江戸時代、ここに長崎屋という薬種屋があり、長崎に駐在した商館長の江戸出府時の定宿であった。幕府の鎖国政策のため外国貿易を独占していたオランダは、幕府に謝意を表するため、定期的に江戸へ参府して将軍に謁見し、海外事情の報告を行うとともに献上品を贈ったのである。随行したオランダ人の中には、シーボルトなどの医者がいたため、蘭学に興味を持つ青木昆陽・杉田玄白・中川順庵・桂川甫周・平賀源内を始めとした日本人の医師や蘭学者が訪問し、江戸における外国文化の交流の場として、また、先進的な外国文化の吸収の場として、貴重な役割を果たしたのである。

長崎屋跡の一本北の道には**石町《こくちょう》時の鐘・鐘撞堂《かねつきどう》跡**の案内板がある。石町という町の名は、この地に米穀商が多く集まったことから、穀類を数える単位の「石」に由来するものであった。江戸に九か所あったという時の鐘のなかでも、本石町の時の鐘は、江戸で最も人出が多かったことから

最初に作られたのである。この地に在った時の鐘は、現在はこの少し東にある十思公園内に移設された。中央通の角から十思公園に至るまでの道は、平成十四年に**時の鐘通り**と命名された。石町時の鐘の案内板の並びに**夜半亭（与謝蕪村居住地跡）**の案内板がある。石町時の鐘のほとりに俳諧師早野巴人《はじん》が夜半亭と号する庵を結び、多くの門人が出入りしていた。その中で内弟子として若き日の与謝蕪村（一七一六～一七八三）が俳諧の修行に励んでいた。やがて俳諧師として名声を高め、画業においても池大雅と並び称されるほどになったのである。

時の鐘通りからさらに中央通りを北上すると、程なくして**今川橋跡**に達する。今川橋は、京・大坂や信州・越後などから中山道経由で江戸に入るときに渡る、**竜閑川**にかかる小さな橋であった。竜閑川は、明暦の大火（一六五七）以後延焼防止のため堤防が築かれ、周囲の火除け地として空いていた土地を、元禄年間に、近くの商人や職人が物資運搬用の水路として掘削したのである。江戸時代初期の元和年間（一六一五～一六二四）に既に掘削されていた浜町堀（後の浜町川）と繋がれて、江戸時代から明治時代にかけて物流の大動脈として、神田や日本橋の職人・商業街の繁栄に大いに寄与したのである。その後幕末期に一旦は埋め立てられたものの、明治時代に再び掘削され、戦前まで東京の水運として利用されていた。第二次大戦後、ガレキ処理のため再び埋め立てが始まり、昭和二十五年には水路としての竜閑川は完全に消滅した。水路の消滅と共に架かっていた橋も廃止に至ったのである。水路としては幅六間（一〇メートル）以上あったはずだが、今では竜閑川跡は幅二メートルほどの路地に過ぎない。しかしどこまでも続く一本道で、今でもその真ん中が千代田区と中央区の区境になっている。今川橋の由来を記した案内板は、かつて中央通りと竜閑川が交わっていた北西の角付近にある。

十思公園・伝馬町牢屋敷跡・耕書堂跡・浜町川跡

今川橋跡から竜閑川跡の路地を七、八分歩いて、人形町通りを右に折れると程なくして**十思公園**に着く。

伝馬町牢屋敷の敷地は、十思公園と、隣接する元日本橋小学校（現在は中央区の複合施設）の敷地を合わせた一角であった。この牢屋敷は、江戸初期の一六七七年から一八七五年（明治八年）に市谷監獄ができるまで約二百年続いた。総面積二六一八坪（八六三九平方メートル）、周囲は土手に囲まれていた。現在の刑務所と違って、未決囚や有罪判決を受けた者を刑の執行まで拘禁する施設であり、懲役刑はなかった。伝馬町牢屋敷に収監された有名人としては、吉田松陰・橋本佐内・頼三樹三郎・渡辺崋山・高野長英などの政治犯や、八百屋お七・鼠小僧次郎吉・平賀源内などがいた。平成二十四年、区の複合施設建設に先立ち発掘調査が行われ、複数の石垣の連なりが発掘された。牢屋敷は高さ七尺八寸（約二・四メートル）の高い塀で囲まれていたことは前から判っていたが、外縁だけでなく内部も石垣で幾つかに仕切られていたことがこの時判ったのである。発掘された石の一部は、公園の縁に陳列されている。また、区の複合施設のうち、十思スクエアと呼ばれる公園に隣接している建物の中には、牢屋敷の模型と平面見取図が展示されており、さらに牢屋敷の井戸が、地下を覗き込むような形で保存されている。

園内の一角には、**松陰先生終焉之地**の碑や、「身はたとひ 武蔵の野辺に 朽ぬとも 留置《とどめおか》まし 大和魂」という辞世の歌を刻んだ石碑など、吉田松陰を祀った一隅がある。一八五九年（安政六年）十月二十七日、松陰はこの刑場で処刑された。安政の大獄である。処刑されることが決まって、両親をはじめ身内に宛てた遺書を書いたのち、松下村塾で松陰に学んだ門下生に宛てて、『留魂録』を書いた。薄葉半紙を四つ折りにしたもので、縦十二センチ・横十七センチ・十九面に細書きしてコヨリで綴じた冊子に作ってあった。文字数は約五千字で、松陰は二十五日から執筆にとりかかり、書き終わったのは処刑の前日二十六日の夕刻だったと伝えられている。留魂録は松陰の門下生に宛てた決別の言葉であり、また激励の言葉でもある。本稿執筆にあたり改めて読み返してみた。自分の死については、穀物が花咲き実りの秋の収穫期を迎えたことなのだから、少しも悲しむことではないと、死を目前にした人とも思えない冷静な語り口が印象的であるが、逆に悲壮感も伝わってくる。前述の辞世の歌は、この『留魂録』の冒頭にやや大きめの字で記されていたのである。留魂録は江戸在勤中の門下生を通じて萩にいた高杉晋作に送られ、塾生の間でひそかに回覧して読み継がれ、松下村塾グループのその後の果敢な活動の原動力になったといわれている。『留魂録』

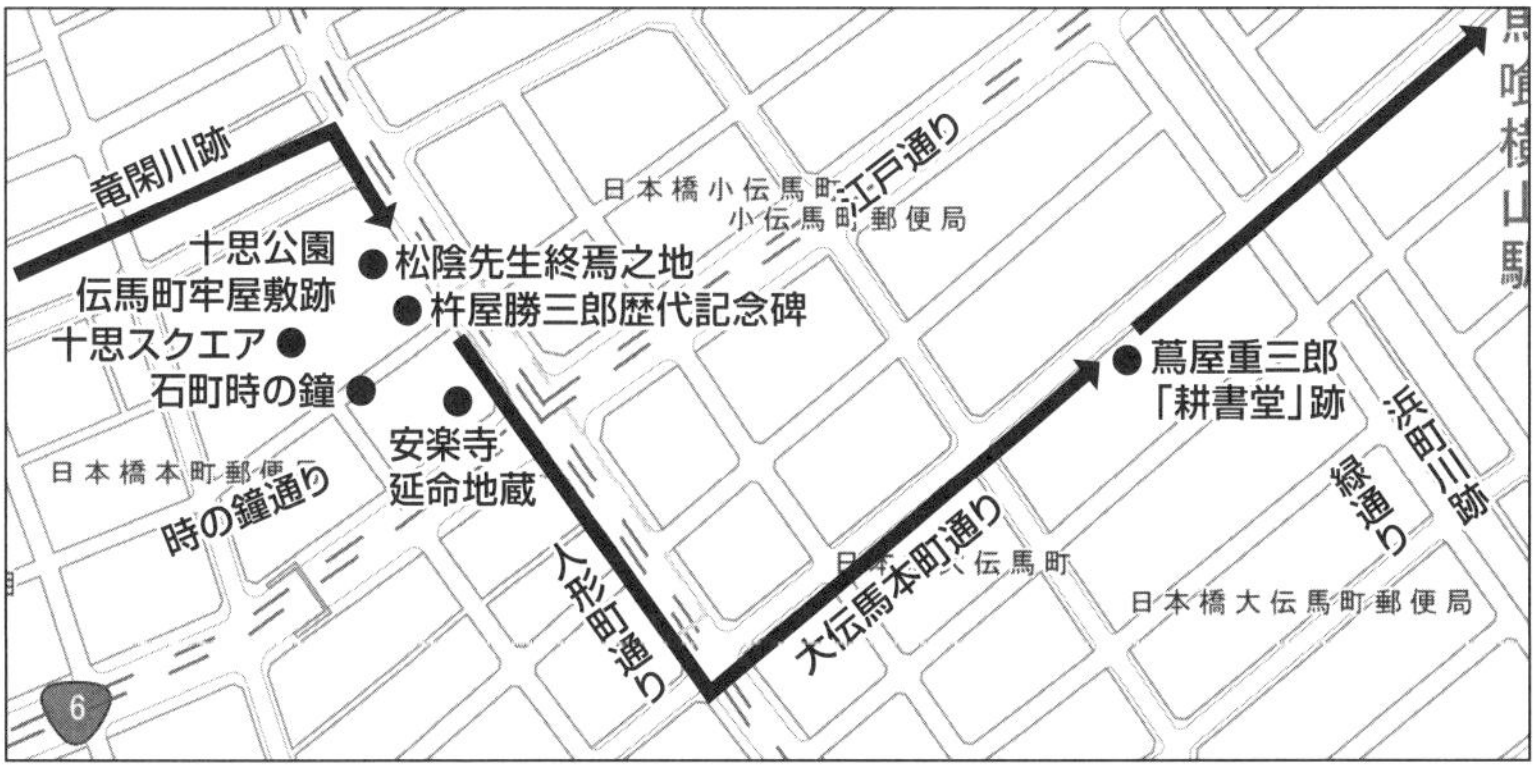

は、解説・訳注とともに講談社学術文庫に収録されている。

十思公園には吉田松陰関係以外にも多数の碑があるが、中でも特に立派なのは**杵屋勝三郎歴代記念碑**である。杵屋は江戸長唄三味線の家名であるが、幕末期に活躍した二代目が最も著名で、『船弁慶』『連獅子』『時雨西行』『安達ケ原』などの名曲を残した。この二代目が十思公園に近い馬喰町に住んでいた縁故でここに碑が建てられたのである。また公園の中央左寄りには**石町時の鐘**がある。江戸時代には本石町にあったが、昭和五年（一九三〇）、十思公園内に鉄筋コンクリート造りの鐘楼が完成し移転して来たのである。

十思公園の南側の道（時の鐘通り）を隔てた対面に、**安楽寺**があり、また**延命地蔵**がある。かつて刑場が在った辺りである。牢屋敷で処刑または獄死した者の数は毎年百名を下らなかったといわれるが、その菩提を弔うために設けられたのである。石垣の間に**江戸伝馬町処刑場跡**と朱書きした石碑がある。また、牢屋敷の内部の様子は、藤沢周平著『獄医立花登手控え』四部作に詳しい。

十思公園を出て人形町通りを南下し、大伝馬本町通りを左折して三ブロック程進むと、**蔦屋重三郎「耕書堂」跡**の案内板がある。蔦屋重三郎は新吉原に生まれ、茶屋の蔦屋の養子になって吉原の案内書『吉原細見』の版元として成功した。その後一流版元の並ぶここ日本橋に進出して、黄表紙・洒落本・狂歌本・錦絵などを刊行して、有力な版元になった。太田南畝・山東京伝などの作品を次々に刊行、また、浮世絵師の喜多川歌麿・東洲斎写楽などを世に出したことでも知られる。しかし寛政の改革（一七九二）の出版統制による弾圧を受け衰退した。耕書堂跡からさらに東に進むと、大伝馬本町通りは程なくして緑通りと交差する。緑通りを渡るとすぐにこれと並行してあるのが浜町川跡である。

横山町問屋街・両国橋・両国広小路記念碑・浅草橋・馬喰町・郡代屋敷跡・浜町川跡

浜町川跡を横切って、神田川及び隅田川に面した日本橋地区の北東の地域を歩いた。大伝馬本町通りは、浜町川跡の町境を過ぎると横山町大通りと名前が変わる。横山町は江戸時代から呉服問屋・小間物問屋などの問屋街であり、便利な水運を利用して多種多様な物資が全国各地から集まってきた。現在でも衣料品問屋や小売店が軒を連ねて活況を呈しており、通りの両側何か所かに**横山町問屋街**と記した柱が立っている。

横山町大通りを直進するとやがて靖国通りに至り、右折すると隅田川と両国橋である。**両国橋**は明暦の大火を機に、逃げ道を確保するために架設されたのであるが、武蔵と下総の両国に架かることから両国橋と命名された。

また類焼を防止するために橋に向かう沿道一帯を火除け地に指定し、空地とした。やがて広小路と呼ばれるようになり、小屋掛けの小芝居・寄席・飲食店などができ、軽業・講談・落語・女義太夫なども出て江戸の代表的な盛り場となった。上野・浅草と並び江戸三大広小路といわれた。**両国広小路**の碑は昭和四十四年（一九六九）に建てられたもので、一八五〇年の江戸切絵図の部分の複製が嵌め込まれている。

次に神田川に沿って先ず柳橋、次いで浅草橋を訪れた。この辺りの神田川の両岸には釣り船がびっしりと係留されていた。柳橋と浅草橋の中間の神田川に沿った小さなビルの二階に**初音森神社**がある。馬喰町・横山町・東日本橋の鎮守である。鎌倉時代末に創建され、太田道灌により社殿が建設されたという由緒のある神社であったが、後述する浅草橋御門と郡代屋敷の建設のため神社地の大半を失い、隅田川の対岸の墨田区に移転を余儀なくされた。昭和二十五年に三百年ぶりに、この地に摂社として返り咲いたのである。

浅草橋の台東区側のたもとに**浅草見附跡**の石碑がある。江戸の警護のために設けられた三十六か所の見附の一つである浅草見附には神田川の南側に枡形門が設置され、**浅草御門**と呼ばれた。この門は、浅草寺に通じ、さらに奥州・水戸・千葉につながる街道と江戸市街を結ぶ重要な道筋の警護に当たったのである。浅草御門の西南の一帯が馬喰町である。徳川家康は、この地にあった江戸最古の**初音の馬場**において、関ケ原の戦い（一六〇〇）の前に、関東の馬の産地から集めた数百頭の軍馬の優劣を、馬の鑑定人である博労に検分させ、また、初音森神社において戦勝を祈願する馬揃えを行った。その後多くの博労がこの地に住み、牛馬の売買や病気の治療を行うようになった。これが馬喰町の名前の由来である。なお初音の馬場の位置は現在の江戸通りの北方に、通りに平行して細長くあったようだが、以下に述べる郡代屋敷の建設のために大幅に縮小され、幕末までは火除け地を兼ねて存在していたようだが、現在はその痕跡は全く残っていない。

浅草橋南詰西の小公園に**郡代屋敷跡**の案内板がある。明暦の大火（一六五七）以後、この辺りに江戸幕府の直轄地（天領）の年貢の徴収・治水・領民紛争の処理などを管理した、代官の筆頭ともいうべき関東郡代の役宅が設置された。馬喰町は前述のように重要な道筋に当たることから、江戸時代、馬喰町界隈の表通り（現江戸通り）には、通称旅人宿《たびにんやど》といったおよそ百軒の旅籠屋が軒を接していた。郡代屋敷に近いところから、公事《くじ》訴訟ごとで地方からやってくる者も少なくなかったが、公事訴訟の約束事は、きのうきょう在からやってくる田舎者の手におえないことであった。そこで宿によっては片手間で公事訴訟の相談に乗り、世話を焼くようになった。このような宿は公事宿《くじやど》と呼ばれた。公事宿の主人や下代《しただい》（訴訟関係を補佐する専門の手代）などは、訴訟行為を円滑に補佐することが公認されており、現代の職業的弁護士に類似する役割を果たしたのである。公事人が役所に出頭するときには、宿の主人が付き添い、あるいは惣代と称して代わりに出庁することもあった。佐藤雅美著『恵比寿屋喜兵衛手控え』（第110回直木賞受賞作）は、そんな公事宿の一つを扱い、訴訟の様子をリアルに描いた作品である。公事訴訟は訴訟特有の経費のほか、宿代や生活費が掛かり、半年から一年、モノによっては一年以上にも及ぶ。公事宿は宿代を取りはぐれることの無いよう目を配りつつ、公事訴訟の手助けを行ったのである。そんな旅人宿に思いを馳せつつ、江戸通りを浜町川跡まで歩いた。現在の馬喰町は南に隣接する横山町同様、衣料品問屋が軒を接する街である。

江戸通りから、**浜町川跡**を左折して南に向かった。といってもこの辺りの浜町川跡は、幅一メートルあるかないかで、エアコン室外機やごみのポリバケツがむき出しの、ビルとビルの間の隙間でしかない。浜町川跡の看板が立っているわけでもないので、それを知っている人に教えてもらわないと、とても判るものではない。それでも道はほぼ真っ直ぐ続いているし、昔日の名残なのか、中央区内の町の境界線になっている。そこでこの道を南方向に進むと、やがて人形町に至る。（以下次稿に続く）

日本橋界隈②
人形町とその周辺から日本橋まで

２０１８年　８月記

人形町の歴史

一五九〇年の徳川家康の江戸入府の頃は、日本橋の中央通りより東側の一帯は広大な湿地（塩入の干潟）であった。日本橋川の掘削とともにこの地域は急速に埋め立てられ、大商業地域となった中央通り周辺の後背地として、人形町は急速に発展した。当初は葦の生い茂る湿地だった土地に、一六一七年に建設された元吉原の遊郭は、一六五七年の明暦の大火を機に、周辺が市街地化してきたことから、浅草の奥の山谷に移転した。その跡地は商業地として発展したのである。

人形町の名前の由来は、江戸時代、歌舞伎を興行した中村座・市村座、人形浄瑠璃・人形操り芝居・その他の芝居小屋や見世物小屋が軒を並べ、それに伴ってこの界隈に多くの人形師・人形作りの職人・人形を商う商人が暮らすようになったことによる。江戸時代には俗に「人形丁通り」と呼ばれていたようだ。正式に「人形町」という町名がついたのは、昭和八年に関東大震災後の区画整理が行われたときのことである。

天保の改革により芝居小屋が転出したため、町は一時活気を失ったが、明治以後隅田川や日本橋川に橋が建設され、また、市電の開通により交通の便が良くなった。さらに、明治五年にそれまで三田にあった有馬屋敷の移転に伴い、水天宮が近くに移って来たことにより、人形町商店街は再び蘇り、活況を呈するようになったのである。

この人形町の界隈は、筆者が一時兜町に勤務していた時に、昼休みなどにしばしば散策し、あとで紹介する幾つかのレストラン等には何度か入ったことがあるが、なかなか全体像が摑めないでいた。その後東京シティガイドクラブによる様々なテーマのツアーに何度か参加して、ようやく全体を把握し、重要なスポットをほぼ網羅するルートを開拓できるようになった。本稿はこれらのツアーを参考にしつつ、改めて今年（二〇一八）三月初旬に自分で歩きなおし、その記録を取りまとめたものである。なお、人形町周辺のレストランなどについては、一部に約十年前の情報が含まれていることをあらかじめお断りしておく。

元吉原跡・玄冶店《げんやだな》跡・席亭末広跡・浜町川跡・賀茂真淵縣居《あがたい》跡・明治座・浜町公園・日本漢方医学復興の地

東京メトロ人形町駅を出て、人形町交差点（人形町通り×金座通り）の北東の角から人形町通りを少し北に進む。人形町通りは、両側に歩道がある幅の広い大通りで、ずらりと商店が並び、人形町商店街と呼ばれる一大繁華街である。交差点から程なくして、道路際に**元吉原**の案内板がある。一六一七年に当時の葦原を造成し、この背後に二十丁四方・約一万四千坪の遊郭を築いた。現在の人形町通りの位置に元吉原の南西縁の堀があったものと推定される。一六五七年の明暦の大火の後、周辺が市街地化したことを理由に遊郭は山谷に移転し、以後跡地は商業地として発展したのである。元吉原についてはここに記述があるだけで、他には痕跡は殆ど残されていない。

すぐ近くの歩道の脇に**史跡玄冶店**《げんやだな》の碑と**玄冶店跡**の案内板がある。江戸初期、この付近に幕府の医官であった岡本玄冶の拝領町家があった。玄冶は二代将軍秀忠に招かれて幕府の御用医師となり、三代将軍家光の疱瘡を治したことで名を高め、その功によってこの地を与えられた。この拝領町家の周辺は時代と共に商業が盛んな土地となり、ここに多くの店《たな》（貸家）ができ、玄冶店《げんやだな》と呼ばれた。芝居関係者や愛人宅などが多い土地柄で、歌舞伎『与話情浮名横櫛《よはなさけうきなのよこぐし》』のお富と切られ与三郎の舞台になって一躍名を高めた。昭和前半生まれの世代の人には、春日八郎の歌った『お富さん』の方がピンとくるかもしれない。さらに

北へ進むと株式会社読売ISの玄関脇に、**席亭人形町末広跡**と彫られた石が石畳に埋め込まれている。さらに数軒先には、「やけぶう」と書かれた看板が掛かっている木造のいかにも古びた小さな店舗がある。「**うぶけや**」という名の老舗の毛抜き屋で、今でも営業を続けているようだ。

野村ISの脇の道を入ると二ブロック目に、城郭のように見える料亭・**濱田家**がある。明治時代に芳町芸者置屋として始まるが、明治末に閉店。日本一の芸者と言われた芳町芸者の川上貞奴から「濱田家」の名を譲り受けて、大正元年に玄冶店跡地に開業したものが今も続いているのである。数寄屋造りの座敷・庭・器などに関西料理を中心に提供し、日本文化を感じさせる料亭だそうである。濱田屋のブロックを抜けると大門《おおもん》通りである。この通りが元吉原の中心だった通りであり、この名前が元吉原の唯一の名残といえるかもしれない。この大門通りを北に三ブロック進んだ通りが元吉原の北西の縁の堀の跡で、大門通りとの交差点の辺りに大門があったはずであるが、特に案内板は立っていない。元吉原の北の縁だった道路を東に進むと、元吉原の北東の縁でもあった**浜町川跡**に出る。この辺りの浜町川跡は、これより北の方が一～二メートルだったのに対し、もっと広く、久松児童公園として整備されている。児童公園を南に下ると先の金座通りに出るので、左折して清洲橋通りとの交差点を左折すると、ジョナサンが一階にあるビルの壁面に、**賀茂真淵県居《あがたい》の跡**の案内板が貼り付けられている。始めにそのブロックを二周してもどうしても見つからなかったので、近隣の久松警察署で訊いてようやく判ったのである。賀茂真淵は、現在の浜松市で神主の家に生まれ、京都で和学を修めた江戸中期の国文学者・歌人で、万葉集などの古典研究を通じて古代日本人の精神を研究した。江戸に出て徳川御三卿の田安宗武に仕えた。晩年県居の翁と称してこの近辺に住んだのである。

賀茂真淵県居の跡を出て清洲橋通りを南下すると、左に**明治座**がありその角を左折すると正面に**浜町公園**がある。浜町公園に入って先に進めば**隅田川**である。これで日本橋地区の最東端に来たことになる。頭上に首都高速向島線があって鬱陶しいが、右手には新大橋が見え、左手には隅田川を渡る高速道路向島線とその先に両国橋が見える。対岸は墨田区である。

再び浜町川跡に戻るとその辺りは遊歩道として整備されており、そこは甘酒横丁の出口でもある。遊歩道の入口にある案内板によれば、江戸時代は人形町が賑やかな商店街・歓楽街であったのに対し、浜町は閑静な武家地だったようだ。両町の境である浜町川跡の遊歩道を北上すると、右側に**漢方医学復興の地**の碑がある。明治の末年ごろ、自分の衣食を削ってまでして得た資金で研究書を自費出版し、絶滅寸前にあった漢方医学の復興を図った和田啓十郎を顕彰するために、昭和五十三年に東洋医学の関係者により建てられたものである。遊歩道の出口に面した道はかつての元吉原の南東の縁だったところで、江戸時代には竈堀《へっついぼり》と呼ばれた堀があったのである。しかし現在は、かつての堀の名残は全くない。

以上において、現在の人形町には、江戸時代初期にあった元吉原の名残は殆どないことを見てきた。しかし、ここで浅草の奥にある新吉原のことを想起してみよう。新吉原の遊郭跡は、四辺が東西南北には向かずに斜めになっていて、敷地の四辺形の四つの頂点が東西南北にある。部屋の間取りをどのようにしても、北枕になることがないようにとの配慮によるものである。台東区の街並みが概ね東西南北を向いているのに対し、新吉原の跡地とその狭い範囲の周辺だけが斜めになっていて、特異な様相を呈している。元吉原も同様の配慮から東西南北を向かないように建設されたのであろう。新吉原周辺と違って、元吉原の周辺は、人形町やその周辺全体が元吉原に合わせて斜めの街並みになっている。元吉原の名残は、今日でも人形町とその周辺の街並みとして、色濃く残っているということが出来るのではないか。

人形町二丁目（老舗商店街・甘酒横丁・人形町通り商店街）

先ずは、旧竈堀より一本南の細い路地を西に向かって歩いた。この路地はいかにも昔からの路地裏の飲み屋街らしく、午前中は、灯かりの点いていない提灯や店の案内灯がずらりと並んでいる。そのあと、金座通り・大門通り・人形町通り・甘酒横丁に囲まれたブロックに散在する、老舗の食べ物屋を中心に巡って歩いた。道順に、喜寿司（隣の多和田歯科は木造で一部モルタル造りのいかにも古そうな建物であった）・金座通りに面した洋食キラク（ビーフカツ・トンカツ等の揚げ物中心）・芳味亭（創業昭和八年、昔ながらの洋食店で、ビーフシチューやコロッケが人気。向田邦子が人形町散策の折によく立ち寄ったそうだ）・今半（創業明治二十八年のすき焼きの店で、この地には昭和三十一年に暖簾分けした）などを巡って、甘酒横丁に出た。

甘酒横丁は、人形町通りから浜町川跡までの間の約二五〇メートルの商店街で明治・大正の雰囲気を色濃く残す落着いた商店街として人気が高い。明治から震災前まで、尾張屋という評判の甘酒屋があったことがこの名の起こりである。下町情緒あふれる道筋には、豆腐の「双葉」・鯛焼の「柳屋」・「志乃多寿司総本店」・せんべいの「亀井堂」「草加屋」などの食料品店のほか、漆塗りのつづらの「岩井つづら店」・三味線の「ばち英楽器店」など、昔気質の職人による老舗が多く並ぶ。呉服屋や古着屋もある。

ここで時分時になったので、洋食の芳味亭に戻ってみたら、時すでに遅し、店の前には長蛇の列があった。仕方がないので金座通りの洋食キラクまで戻ったらようやく一つの空席に滑り込むことが出来た。しかし十席程度のカウンターだけの小さな店で、かなり年配の料理人と夫婦らしい注文取り配膳会計係がそれぞれ一人いるだけで、しかも注文された品を一種類ずつしか料理しない。丁度客が入れ替わったばかりだったらしく、結局はずいぶん待たされてしまったが、目当てのビーフカツは美味しかった。

次は人形町通りを歩いて一路水天宮に向かった。人形町の表通りに並んでいる数々の店も、いずれ劣らぬ名店ばかりとは思うが、ここは割愛して先を急いだ。ただ一つ触れようと思うのは新大橋通りとの交差点の手前の角にある、人形焼きの重盛永信堂である。七福神の顔型をした薄い皮の中にこくのある甘味の餡が包まれている。前回行ったときはこの人形焼きを買って帰ったが、今回は生憎の日曜定休日であった。また、この沿道には**からくり時計櫓**がある。一定の時刻が来ると扉が開き、時報の後いろいろなからくり人形が出てきて様々な動作をするのである。テーマは江戸落語で、創作小話「人形町の由来」が流れる。

水天宮

新大橋通りの交差点を越えると蛎殻町であり、人形町通りは水天宮通りと名前を変える。角の交番の次のブロックが**水天宮**である。平成二十八年に社殿の建て替えが完了したが、周囲は建物と一体化した外壁でおおわれているため、近くに来ると神社らしい建物は全く見えず、低層で立派なかつ斬新なデザインの建物にしか見えない。どこから入るのだろうと不審に思いながら南端の角まで来ると、ようやく正門の階段に到達した。階段脇の石の壁面に御由緒と書かれた案内板が掛かっている。水天宮は平家の落人が筑後川のほとりに、安徳天皇・建礼門院らの霊を祀るために建立したのが始まりで、本来は水難除けの神として船乗りの守護神であった。ある時鈴に着ける鈴紐をもらい受けた妊婦がこれを腹帯にしたところ安産だったことから、江戸時代には安産・子授けの神として厚い信仰を集めるようになった。総本社は福岡県久留米市にある。

江戸の水天宮は、一八一八年、久留米藩有馬家が三田の江戸屋敷に分霊を勧請したことに始まる。毎月五日の縁日に一般開放されると、江戸住民に大人気で「情け有馬の水天宮」という洒落言葉が流行るほど参詣人が多く、また、賽銭や奉納物、お札の売り上げなどで久留米藩の財政にとって、貴重な副収入となった。明治五年に明治新政府により藩邸が接収されたことに伴い、水天宮はこの地に遷座して来て、それ以来人形町の商店街の発展に大いに寄与したのである。

階段を上り、途中から左に折れてもう一層階段を上ると、神社の建っている面に出る。参道の奥の正面に本殿があり、回廊を経て右手に社務所や札所があり、振り返ってみると階段部分の上は三層ほどのビルになっている。境内は存外狭い。参道には参拝客が列をなしていたが、戌の日にはこんなものではないのであろう。子授けを祈っているのであろう若いカップル、お礼参りの赤ちゃんを抱いたカップル、妊婦と思われる若い女性とその母親らしい二人連れなど様々なグループがいた。スーツを着た若いお父さんが赤ちゃんを抱き、若いお母さんがよりそい、お祖父さんお祖母さんも横にいて、互いに写真を撮り合っている微笑ましい姿も見られた。近くには子宝いぬというオブジェもある。安産の犬にあやかろうというわけであろう。帰りには真っ直ぐの階段を下りた。こちらの門の門柱の脇に、この建物が全体として免震建築物である旨の記述があった。

人形町一丁目（蛎殻銀座跡・谷崎潤一郎生誕地・西郷隆盛屋敷跡・芸者新道・大観音寺）

水天宮を出て新大橋通りの交差点を対角線の方向に渡り、人形町通りを下った時とは反対側を北上する。途中で、甘味処の初音に立ち寄り名物の白玉あんみつを食べた。男性も好きなあんみつ、という宣伝文句につられたのだが、入ってみると本当に男性の二人連れがいた。両親を連れて親孝行をしている風情のサラリーマン風の男性もいた。

程なくして甘酒横丁入口の対面に出る。この交差点の北側の角に**蛎殻銀座跡**の碑がある。銀座とは、江戸時代の銀貨の製造所と銀貨の検査や銀地金の購入などを扱う銀座役所の総称である。江戸の銀座は、一六一二年に現在の銀座二丁目に御用達町人に経営を委託する形で設置されたが、寛政改革の一環としていったん廃止され、一八〇〇年幕府直営の度合いを強めてこの地に再発足した。当時この辺りの地名が蛎殻町だったため「蛎殻銀座」と呼ばれたのである。明治二年（一八六九）に新政府の造幣局が設置されるまで存続した。

この角を左に曲がると右側に、快生軒（レトロな雰囲気が残る喫茶店）・玉ひで（軍鶏料理、親子丼発祥の地として知られる）・小春軒（洋食）などが軒を連ねる。特に玉ひでは土蔵のような外観で、昼の前後は長蛇の列が絶えない。さらに進むと、やや奥まったビルの壁の前に、**谷崎潤一郎生誕の地**の碑がある。松子夫人が揮毫したものである。谷崎潤一郎（一八八六〜一九六五）の生家は、母方の祖父の家で、蛎殻町にあった米穀取引所の情報を刷る印刷所などを経営する裕福な家であった。婿養子の父は祖父の事業を引き継いだが失敗し、一家は近くを転々としつつも、谷崎は坂本小学校に通学した。進学をあきらめなければならない境遇だったが、彼の才能を惜しんだ周囲の人々の好意で一高から東大に進んだ。関東大震災後は関西に移り住み、『蓼喰ふ虫』『細雪』『痴人の愛』『春琴抄』などの名作を残したのである。

次の角を右折すると程なくして、日本橋小学校の正門わきに**西郷隆盛屋敷跡**の碑がある。西郷は維新後郷里鹿児島にいたが、明治四年岩倉具視・大久保利通・木戸孝允らの米欧使節団の派遣に伴い、政府から請われて上京し参議・留守政府首班に就任した。学制・徴兵制度・地租改正などの重要政策を実現したが、明治六年になって朝鮮との国交問題が緊迫し、武力出兵を主張するいわゆる征韓論が高まった。西郷は自ら朝鮮に渡って交渉することとし閣議決定したが、海外視察から帰国した大久保らの反対にあって、朝鮮への使節派遣は中止となり、西郷は参議を辞して下野した。この二年間に住んでいたのがこの地だったのである。暮らしぶりは質素だったが、十数匹の犬がいたと伝えられる（この地は人形町と道を隔てて現在も蛎殻町）。

この道の右側に、**芸者新道**と呼ばれる、京都を思わせるような路地があり、両側に粋で古風な料亭が建ち並んでいる。最初に右側にある建物には、玄関の扉に「よし梅芳町亭」という木の看板が掛かっている。昭和二年建築の元待合で、昭和初期の面影を残す建物として登録有形文化財に指定されている。その隣に料亭「いわ瀬」・「きく家」と続くが、いかにも古く由緒ありそうな建物である。いわ瀬の平日の昼の定食はなかなか充実していた。人形町通り近くの左側には、これも古風な「よし梅」がある。元芸者置屋であったが、現在は料亭として営業しており、特に平日の昼は各種雑炊を提供して人気が高い。兜町勤務の時に何回か通ったが、ある時旧友を案内したところ、「下足番の爺さんがいかにも食わしてやっていると言わんばっかりで態度がでかい」とえらく評判が悪かった（芸者新道の料亭は、外観は十年前と変わっていないが、中の様子は、今回は確認していない）。

　芸者新道の人形町通りへの出口にあるのが**大観音寺**である。本尊の鋳鉄製の菩薩頭は、鎌倉時代製作の優秀な作品であるとして東京都の有形文化財に指定されている。人形町通りのこの近くにも**からくり時計櫓**がある。この櫓では、町火消しがテーマで「木やり」が流れる。

人形町三丁目（旧芝居町跡）

　人形町交差点で金座通りを渡ると人形町三丁目である。交差点から人形町通りを北上すると、程なくして**堺町《さかいちょう》・葺屋町《ふきやちょう》・芝居町《しばいまち》跡**の案内板がある。江戸歌舞伎は、一六二四年頃京都から移り住んだ猿若勘三郎が、中橋（現在の京橋一丁目付近）に猿若座を創設したのが始まりだといわれている。その後一六三二年頃、江戸城に近く、櫓で打つ人寄せ太鼓が、旗本に知らせる登城太鼓と紛らわしいということで中橋の地を撤退した。この堺町には一六五一年に移転して来て座の名前を中村座と改称したのである。この間、一六三四年に葺屋町に村山座（後の市村座）が創設された。一六五一年以後この界隈には、人形浄瑠璃を始め数多くの人形操り芝居や見世物小屋が集まってきた。それに伴いこの一帯には芝居茶屋を始め、役者・人形師・人形作りの職人・人形を扱う商人などが集まり一大芝居町が形成された。さらに、当時の代表的な娯楽であった芝居見物が、安く短時間で楽しめるとあって、大名から庶民に至るまで多くの人が集まり、また、季節ごとに様々な人形市が立って、現在の人形町交差点の北側の一帯は、江戸有数の繁華街・歓楽街だったのである。

　しかし、天保の改革により、一八四二年から四三年にかけて、芝居小屋が猿若町（現台東区浅草六丁目）に転出するとこの近辺は急速に衰えた。今では、裏通りに入ると中小のビルが立ち並んでいるだけで、人通りもあまりない。人形町交差点から二本目の道を左折し、右側の二つ目のブロックに中村座と市村座があったはずだが、付近に案内板もないので場所を特定することは出来なかった。

東堀留川跡（思案橋・親父橋）・小網神社・西堀留川跡〜日本橋

この後は、金座通りを西に進み、中央通りへと向かって歩いた。右側に、突き当りに公園の緑の木々が見える真っ直ぐの細い道がある。これが**東堀留川跡**であり、ここに架かっていた橋は思案橋ないし親父橋と呼ばれた。思案橋については、「昔遊客が、吉原に遊ばんか、堺町に往かんかと思案せし處なればこの名あり」（日本橋区史）と書かれ、親父橋については、橋を架けたのが元吉原を開いた庄司某という人で、〝親父〟と呼ばれ親しまれたからだといわれる。ここにも元吉原の名残があったのである。ここで道の反対側（南方面）を見ると、往時の東堀留川が、日本橋川に湾曲して繋がっていたことが見て取れるように、道はビルの谷間で曲がっている。そこで金座通りを横切ってビルの谷間の細い道を辿り、昔の東堀留川を実感しつつ日本橋川のほとりに出た。

日本橋川のほとりから一ブロック入ったところに**小網神社**がある。創建は五百年以上前の室町時代であるが、厄除けに霊験があらたかな神として現在も厚く信仰されているという。この日もかなりの参拝客や観光客が引きも切らずに訪れていた。日本橋川に沿って金座通りに戻り、道路を渡ると北に向かう真っ直ぐの道があり、角に**西堀留川跡**の案内板が立っている。日本橋地域の中心に位置するこの船入堀には、全国各地から米穀・鰹節や塩乾魚・塩などの物資が運ばれ、荷揚げされたと記載されている。

東堀留川と西堀留川の間の通りは、江戸時代には俗に「てりふり丁」と呼ばれていた。家数にしたら何軒もなかったのだが、下駄屋と雪駄屋が軒を並べていたので、照る日に使うものと雨の日に使うものとを売っていたところから照降町と呼ばれたとのことである。

ここからさらに西に向かい、高速道路上野線の下を潜り、江戸橋のたもとで昭和通りを渡ると、程なくして中央通りに到達する。中央通りの角にあるスルガ銀行東京支店の建物の壁面には二つの大きなパネルが貼り付けられている。一つは「**両**

替商の街　駿河町」というものである。今の三越日本橋店がある辺りは江戸時代駿河町と呼ばれていたが、そこに信用のおける両替商があって、江戸じゅうの人がその両替商を利用していたという。もう一つは「**日本橋　魚河岸**」というものである。江戸幕府が開かれたころ、摂津の国佃村の名主・森孫右衛門が一族と配下の漁師を引き連れて来て、日本橋付近で魚を販売したのが、日本橋魚問屋の始まりとされている旨が記載されている。

以上、前稿に於いて日本橋の周辺から始めて中央通りを北上し、次に小伝馬町などの日本橋地区の北の縁を辿って両国橋などの最北東端に至ったのち浜町川跡を南下して人形町の入口に達した。本稿に於いて人形町とその周辺を巡り、最後に振り出しに近い日本橋付近まで到達した。これで旧日本橋区の主なところをほぼ一周したことになる。

田端・本駒込・向丘

田端文士村から本駒込・向丘の寺町へ

2018年 11月記

田端文士村記念館

JR田端駅北口を出ると、道路を隔ててすぐ目の前に**田端文士村記念館**がある。記念館の常設展では、文士村の年表や芥川龍之介の住居の模型、その他文士村の様々なゆかりの品々が展示されている。訪問した時（二〇一八年五月）の企画展は、記念館開館二十五周年記念展として、「田端に集まる理由《わけ》がある」という副題で、大正時代の文士村に焦点を当てたものであった。入館してすぐのホールには、田端文士村の成り立ちと、陶芸家板谷波山・小説家芥川龍之介・詩人小説家室生犀星の三人の中心人物を紹介する、四つのオンデマンド・ビデオがある。受付で「田端文士芸術家村しおり」と「田端散策マップ」をもらい、さらに近藤富枝著『田端文士村』（中公文庫）を購入した。この本は、田端において作家たちがどう生きたかを、多くの資料を駆使し、さらに関係者への取材によって取りまとめたものである。幼少期から成人するまでの四半世紀を田端で過ごした著者の思い出も随所に盛り込まれている。

これらの説明によれば、明治末ごろの田端は一面の畑であり、何の変哲もない田舎町に過ぎなかった。他方、明治の田端は上野の東京美術学校（現東京芸術大学）に近く、田端駅開業により交通の便が整ったこともあり、明治三十六年（一九〇三）に板谷波山がこの地に住むようになると、若い芸術家たちが集まりだした。さらに画家たちの社交場「ポプラ倶楽部」ができるなど、さながら芸術家村のようであった。そこに大正三年（一九一四）に芥川龍之介が、大正五年に室生犀星が転入してくると、田端は徐々にその姿を変えてきた。次いで犀星の親友・萩原朔太郎や、堀辰雄・中野重治・佐多稲子などの若手作家が集い始め、田端文士村が形成されてきたのである。芥川は、『羅生門』などで文壇の地位を確立するとともに、たぐいまれな才気と世話好きの気質で多くの文士たちを惹きつけ、昭和二年に自殺するまで、文士村の中心的な役割を果たした。犀星は芥川を「文士村の王様」と呼んだ。犀星は『愛の詩集』などを発表して芥川とともに文士村の中心人物になり、途中、郷里金沢への転居期間もあったが、田端の中で転居を繰り返した。しかし、芥川の死後、田端文士村は急速に衰えた。そして戦災で街の大半が焼失し、文士村は完全に失われたのである。

以上のような予備知識を得たのち、受付でもらった散策マップのモデルコースを参考に散策を開始した。

童橋《わらべばし》公園・芥川龍之介住居跡・与楽寺・田端八幡神社・東覚寺

田端文士村記念館を出て江戸坂を上り、田端高台通りを左折して、次の角を右折すると北区立**童橋《わらべばし》公園**がある。園内には室生犀星の庭石が残されている。公園を出て駅前から続く大通りの切り通しに架かる童橋を渡って、狭い道を道なりに進むと、程なくして**芥川龍之介旧居跡**の案内板がある。芥川は大正三年から昭和二年に亡くなるまでの十三年間にわたってこの地に住み、『羅生門』・『鼻』・『河童』・『歯車』などの名作を書いた。同時に田端文士村の中心的役割を果たしたのである。

今では小さい家が何軒か建ち並んでいて、どこまでが芥川の家の敷地だったのかはよくわからないが、記念館に陳列されている「芥川龍之介　田端の家復元模型」の解説によれば、土地の面積は約一九三坪であり、そこに龍之介・妻文・長男比呂志（俳優）・二男多加志（戦死）・三男也寸志（作曲家）・養父・養母・叔母の八人の家族が住んでいたのである。二階の書斎には、多くの友人・知人が集まり、さながら文学サロンのようだった。夏目漱石の「木曜会」にならい日曜日を面会日と定め、面会日以外の芥川家の玄関には断りの貼り紙がされていたという。漱石との出

会いは、大正四年（一九一五）、龍之介が漱石山房の木曜会に出席したことから始まった。二人の交流は漱石が亡くなるまでの一年余りに過ぎないが、大正五年に発表した『鼻』を漱石から激賞されたことを切っ掛けとして、龍之介は文壇へと華々しいデビューを果たすことが出来たのである。

芥川龍之介旧居跡から細い道を進み、与楽寺坂を下ると左に、江戸の六阿弥陀詣の第四番札所とされていた**与楽寺**がある。真言宗豊山派の寺で、本尊の地蔵菩薩像は弘法大師作といわれる。門前の巡拝塔には、正面に「右ハ江戸駒込道　左ハ王子道灌山道」、左面に「右ハ六阿弥陀三番目道　左ハ六阿弥陀四番目道」、他の面には「明和四年武州豊嶋郡下田端村」と刻されている。豊島・足立・西ヶ原など近隣の六阿弥陀巡りは、文化・文政期（一八〇四～一八三〇）に盛んになり、春秋の彼岸の時期は家族連れの人出で賑わったそうだ。与楽寺を出て、一ブロック戻って左折すると、右側にある立派な門構えの邸宅が**天然自笑軒跡**である。会席料理屋で、渋沢栄一を始め財界人のひいきも多かったが、芥川がここで結婚披露宴を行うなど、文人も多く集まった。天然自笑軒の対面には、芥川の主治医だった下島勲の**楽天堂医院**があった。芥川だけでなく多くの文士たちが出入りしていたようだ。

駅前から続く大通りを渡ると**田端八幡神社**がある。祭神は品陀別命《ほんだわけのみこと》（応神天皇）であり、田端村の総鎮守として崇拝されてきた。長い参道の横には多くの町内会の神輿蔵がずらりと並んでおり壮観だ。参道は階段手前で左の男坂と右の女坂に分かれるが、女坂右側に富士塚がある。この富士塚は地元田端富士三峰講によって祀られており、富士講信仰を今に留めている。

八幡神社に隣接して、**東覚寺**がある。真言宗豊山派の寺である。本尊は不動明王像であるが、不動堂前に一対の仁王石像があり、自分の身体の病がある所と同じ個所に赤紙を貼ると病が治る、と言い伝えられ、**赤紙仁王**と俗称されている。二体とも全身赤い紙で覆われ、仁王石像は全く見えなかった。

田端八幡神社および東覚寺の裏の辺りに、平塚らいてう・中野重治・林芙美子らが住んでいた。

小杉放菴旧居跡・谷田川通り・ポプラ坂・ポプラ倶楽部跡・板谷波山旧居跡・田端西台通遺跡発掘現場・室生犀星旧居跡・サトウハチロー旧居跡

最近できつつある広い通り（田端西台通り）で分断されているが、東覚寺の前の道である赤紙仁王通りを進み、さらに一本南の谷田川通りに進むと田端区民センターがある。区民センターの前面に、**小杉放菴旧居跡**の案内板がある。小杉放菴（一八八一〜一九六四、画家・歌人）は、明治三十三年にこの地に移り住んで来た田端芸術家村の草分け的存在で、テニスを中心とする社交場「ポプラ倶楽部」を創設したほか、本業の美術活動だけでなく、随筆集や歌集を刊行し、芥川龍之介らの文士たちとも幅広く交流した。

谷田川通りは西ヶ原から流れ、不忍池に注いでいた谷田川が暗渠になって出来た通りであるが、この川の近辺に岡倉天心・直木三十五・萩原朔太郎・田川水泡・小林秀雄・竹久夢二・佐多稲子・堀辰雄・室生犀星①などが住んでいた。いずれも今では普通の民家であるため、それぞれの住居跡に案内板は設置されていない。

いったん赤紙仁王通りに戻り、さらにポプラ坂を上ると、左側に北区立田端保育園がある。ここが**ポプラ倶楽部跡**であり、ここに小杉放菴が作ったテニスコートがあって、田端に住む洋画家の社交場となったのである。放菴の好みで、周囲にポプラの樹が植わっていたそうだ。

次いで、田端西台通りを右折すると、右側に**板谷波山旧居跡**の案内板がある。板谷波山（一八七二〜一九六三、陶芸家）は明治三十六年当時、人家が少なく故郷の筑波山を望むことが出来るこの地に居を定めた。生活費にも窮していた波山と妻まるは、一年三か月の歳月をかけて窯を築き、数多くの名作を生みだしたのである。夫婦で苦労して築いたことから、この窯は「夫婦窯」と称された。波山は昭和二十八年、陶芸界初の文化勲章を受章した。

田端西台通りは拡幅工事中であったが、その過程で遺跡が発見された。遺跡の発掘現場は青いシートで覆われ、周りを囲んでいる金網には、**田端西台通遺跡**で発掘された遺構について説明したパネルが掛けられていた。

田端西台通りから細い道を北に進むと、**室生犀星旧居跡地**③⑥の案内板がある。室生犀星（一八八九〜一九六二、詩人・小説家・金沢出身）は、明治四十三年に上京し、大正二年に発表した詩『小景異情』に感動した萩原朔太郎との交流を深め、大正五年田端に居を構えて詩壇での地位を築いた。小説家としても新境地を開き、堀辰雄や中野重治らの若手育成にも功績を残した。芥川龍之介とともに田端文士村の中心人物であった。郷里金沢への転居も挟んで田端の中を六回転居したが、案内板によれば、三回目と六回目に住んだこの地が特に気に入り、居住期間は最も長かったそうである。この地には一時菊池寛も住んでいた。

細い道をさらに進み、田端高台通りに出ると、その角に**サトウハチロー・福士幸次郎旧居跡地**の案内板がある。サトウハチロー（一九〇三〜一九七三、詩人・作家）は、父佐藤紅緑（小説家・俳人）への反発から落第・転校・勘当を繰り返す悪童だった。福士幸次郎（一八八九〜一九四六、詩人・民俗学者、青森県出身）は大正八年、妻の実家であるこの地に転入した。郷土の先輩・佐藤紅緑に師事していた関係から、悪童のハチローを預かったのである。

この近辺には二葉亭四迷（小説家・翻訳家）、岩田専太郎（挿絵画家）、川口松太郎（小説家・劇作家）らが住んでいた。

田端上八幡神社・大龍寺・紅葉館跡・田端銀座

田端高台通りを西に進み、次の角を左折するとやがて田端西台通りの四辻に出る。この付近に室生犀星④がある。さらに直進し、八幡坂を下ると**田端上八幡神社**がある。江戸時代の田端村は、上田端と下田端の二つの地区に分かれていたが、こちらは上田端地区の鎮守である。源頼朝が奥州征伐の帰路鎌倉八幡を勧請したと伝えられる。隣接して**大龍寺**がある。真言宗霊雲寺派の寺である。本堂の左脇の通路から墓地に出ると、すぐ正面に板谷波山夫妻の墓がある。その左方奥に、竹林を背にして**正岡子規の墓**がある。「子規居士の墓」と刻されており、その右側には母・八重の墓が並び、今も子規ファンが頻繁に訪れているそうだ。近くには堀辰雄が下宿していた**紅葉館跡**がある。八幡坂通りをさらに下っていくと、両側に**田端銀座商店街**がある。いかにも狭い路地みたいな商店街だ。今でも栄えているようであるが、駒込や田端の駅からは遠く、地理的にどうしてこんなところに繁華な商店街があるのだろうかと、いぶかしく思われるような立地である。後で調べたら、そこはかつて水運の盛んであった谷田川のほとりの集落の一つであるということだった。この田端銀座商店街の並びのレストランで遅めの昼食をとったのち、田端文士村を後にした。

本駒込（東洋文庫・富士神社・駒込名主屋敷・天祖神社・吉祥寺・養昌寺・目赤不動・駒込土物店《つちものだな》跡・南天堂書店）

田端銀座の付近で、北区田端・豊島区駒込・文京区本駒込の境界は、道路とは関係なく微妙に入り組んでいるが、不忍通りに出ればそこは文京区本駒込である。江戸時代にこの辺り一帯は駒込村と呼ばれていた。本駒込の名前は、昭和の住居表示の改正時に、豊島区の駒込と区別するため、「本郷の駒込」すなわち「本駒込」と命名されたのである。本駒込の中央を本郷通りが通っている。この日の散策は、ほぼこの本郷通りに沿って南方向に向かって歩いた。

江戸時代、本郷通りは、岩槻に通じている道であることから「岩槻街道」といわれた。また、将軍が日光東照宮にお参りするときに通る道であることから「日光御成《おなり》街道」ともいわれた。日光街道は日本橋から宇都宮まで奥州街道と重複していたが、大名行列などで混みあうので、将軍は裏街道に当たる岩槻街道を使用したのである。将軍は江戸城を発ち、岩槻・古河・宇都宮に泊まって日光に入ったといわれている。

先ず訪れたのは**東洋文庫**である。岩崎久弥（弥之助の長男・三菱財閥三代目総帥）が大正十二年（一九二三）に開設した、世界でも指折りの東洋関係の資料館である。現在でも世界的なアジア研究センターのひとつであるが、この北にある六義園との共通入場券があり、どちらも少し時間をかけてじっくり見る価値のある所なので、この日は、入り口でパンフレットなどを入手するだけに留めた。

次に訪れたのは**富士神社**である。江戸時代には富士山信仰が盛んで、富士の浅間神社にお参りに行く「富士講」が数多くでき、模造の富士山も造られた。これもその一つであり、「駒込のお富士さん」として地元の人に親しまれてきた。石段の脇には富士の溶岩でできた登山道がある。富士神社は元々本郷にあったが、加賀藩前田家が上屋敷を建造するにあたりこの地に移ってきた。東京大学構内一帯が、住居表示改正まで元富士町といったのは、この神社に由来するのである。富士神社の裏の一帯は、なすの生産が盛んであった。さらに、その奥には鷹匠屋敷もあったところから、古川柳に「駒込は一富士、二鷹、三なすび」と詠まれた。

富士神社の南東の方向に**駒込名主屋敷**がある。一七一七年に建築されたもので、表門・玄関・母屋など、江戸期の名主屋敷のありさまがよく残っているとされる。見学客は通用門から敷地には自由に入れるが、外観を見るだけで建物の中は公開されていない。近くに**天祖神社**がある。神社の縁起によれば、源頼朝が奥州の藤原泰衡征討のため、この辺りに差し掛かったところ、夢のお告げの通り、松の大木の枝に伊勢神宮のお札を発見した。頼朝は、この地に神明（天照大神）を祀り、この松を神木とした。天祖神社から本郷通りまで真っすぐの道がある。この辺りは昭和四十一年まで、駒込神明町と呼ばれていた。本郷通りの角には駒込総社天祖神社入口と刻まれた石柱があり、その横に天祖神社御祭禮と染め抜かれた幟がはためいていた。

本郷通りを南下すると程なくして**吉祥寺**がある。曹洞宗の寺である。元は水道橋付近にあったが、明暦の大火（一六五七）後にこの地に移ってきた。その際、近辺に住んでいた人々が立ち退かされ、武蔵野の地に移住しその開拓に従事した。これが現在の武蔵野市吉祥寺の始まりとなったのである。吉祥寺には立派な山門があり、門の上には「栴檀林《せんだんりん》」と書かれた扁額が掲げられている。栴檀林とは曹洞宗の学問所のことであり、千人余りの学僧が厳しい修行を行い学問に励んだ。幕府の昌平坂学問所と並び称されるほどの名声を誇り、後に駒澤大学や世田谷学園へと発展した。昭和二十年の空襲で殆どの伽藍を焼失し、焼け残ったのは山門と経蔵だけである。経蔵は栴檀林の図書収蔵庫である。一八〇四年に再建されたもので、いかにも歴史を感じさせる佇まいである。江戸時代に建てられた経蔵が都内に残っている例は珍しく、貴重なものである。

吉祥寺の墓域には多くの著名人の墓がある。本堂左側手

前には幕末の農政家、二宮尊徳（金次郎）の墓がある。本堂に向かって左側中ほどに鳥居耀蔵《ようぞう》の墓がある。鳥居耀蔵は、一八三七年渡辺崋山ら蘭学者を弾圧する「蛮社の獄」を起こし、また、のちに、江戸南町奉行として、水野忠邦の下で天保の改革を推進したが、あまりに厳しい取り締まりに反発も強く、失脚した人である。本堂右側の経蔵手前奥に榎本武揚の墓がある。榎本は幕末の海軍奉行で、幕府海軍を率いて函館の五稜郭に立てこもって、最後まで官軍と戦ったのだが、維新後は明治政府にあってロシア特命全権公使・海軍卿・外務大臣になった。さらに、山門の脇には、井原西鶴が『好色五人女』の中で、八百屋お七と吉三の出会いの場を吉祥寺としたことから、ここにお七と吉三の比翼塚がある。これは西鶴の創作で、実際は白山の円乗寺が本当らしい。

　吉祥寺を出て本郷通りを西側に渡ると程なくして**養昌寺**がある。ここには明治時代、新聞記者で小説家であった半井《なからい》桃水《とうすい》の墓がある。当時は新聞小説家として有名であったが、今では樋口一葉の小説書きの師として知られている。当時、萩《はぎ》の舎《や》（上・中流階級の子女を多く集め、和歌と書を教えていた私塾）にいた樋口一葉は、生活のため作家として立つことを考え、桃水に師事し、桃水が主宰する雑誌「武蔵野」に最初の短編『闇桜』を載せた。しかし、桃水への思いが萩の舎で問題にされるようになり、一葉は身を引いたのである。

　養昌寺のすぐ南にあるのが**南谷寺**《なんこくじ》である。目の赤い不動尊が祀られているので、目赤不動ともいわれる。江戸の五色不動（目赤・目黄・目黒・目青・目白）の一つである。さらに南下すると、**天栄寺**の門の脇に**駒込土物店**《つちものだな》**跡**の石碑と案内板がある。天栄寺の境内を始めとして岩槻街道筋には、神田・千住と共に江戸三大市場の一つである野菜市場があり、幕府の御用市場であった。土地の人々は、〝駒込辻のやっちゃ場〟と呼んで親しんだ。富士神社一帯で生産された駒込なすのほか、大根・人参・ごぼうなど、土のついたままの野菜である〝土物〟が取引されたところから、土物店といわれたのである。

　さらに南下し、向丘交差点を右折すると**南天堂書店**がある。大正時代から昭和の初期にかけて二階に**レバノン**というカフェがあり、アナーキストやプロレタリア作家たちがたむろして、芸術論をたたかわせた。大杉栄・壺井繁治（アナーキスト詩人）・高見順（プロレタリア作家）などのほか、女流作家の林芙美子・平林たい子、その他今東光・菊田一男などが、このカフェの常連だった。

向丘（大圓寺・西善寺・追分一里塚）

　向丘交差点を突っ切って本郷通りを南下すると、通りの西側と東側はそれぞれ向丘一丁目と二丁目である。右折して一丁目の方に入ると、都立向丘高校の裏に**大圓寺**があり、幕末期の西洋砲術家高島秋帆《しゅうはん》の墓がある。秋帆は長崎の町年寄りの子に生まれ、場所がら西洋の書物や鉄砲に親しみ、日本初の西洋砲術高島流を創始した。江戸に出て幕府の命令で、現在の高島平で砲術演習を行い、幕府軍の近代化に努めた。弟子に江川太郎左衛門がいる。大圓寺から一旦旧白山通りに出て再び本郷通りの方向に入ると**西善寺**がある。江戸時代の末期、蝦夷地の調査に参加し、国後《くなしり》・択捉《えとろふ》の探検を行うなど、辺境の警備・開拓に尽くした近藤重蔵の墓がある。

　本郷通りをさらに南下し、東京メトロ南北線東大前駅を過ぎると、東京大学農学部の正門前の近くで、本郷通りから西に分岐する三差路がある。ここが**本郷追分**で、日本橋から発した中山道（今の旧白山通り）が西に曲がり、北に向かう岩槻街道（今の本郷通り）と別れた分岐点なのである。この追分の角地に高崎屋（酒屋）がある。この店は宝暦年間（一七五一～六四）創業の老舗であり、現在の建物は明治七年（一八七四）の建築である。この地点は日本橋から丁度一里（約四キロメートル）で、高崎屋の脇に、**追分一里塚跡**（区指定史跡）の案内板がある。

　この後、東京大学正門・赤門の前など、本郷通りをぶらぶら歩き本郷三丁目駅から帰途についた。

西新宿〜百人町・大久保〜余丁町・富久町

新宿駅西側の「水のまち」跡から東側の文学散歩

２０１９年 ２月記

本稿の前段は、新宿駅西口からスタートし、淀橋浄水場跡に造られた新宿副都心を始めとする西新宿一帯の、かつての「水のまち」ともいうべき地域を歩いた後、北新宿を経由して、ＪＲ新大久保駅の周辺の、江戸時代に鉄砲百人組の屋敷が置かれた地域で、現在は一大エスニック街となっている百人町を歩いたものである。何年か前に参加した東京シティガイドクラブのツアーを参考にした。後段は、山手線の内側の、大久保の小泉八雲終焉の地から始めて、歌舞伎町・余丁町《よちょうまち》などの何人かの作家の旧居跡を経て、富久町の小泉八雲旧居跡で締めくくり、曙橋の駅に至るという文学散歩を中心とするものになった。

西新宿（**淀橋浄水場跡・策《むち》の井跡・東京水道発祥の地・新宿中央公園・十二社《じゅうにそう》池跡・熊野神社・神田上水助水堀跡・淀橋・成子天神社**）

新宿副都心といわれる西新宿二丁目の高層ビル群は、淀橋浄水場跡を再開発してできた。淀橋浄水場は、明治十九年（一八八六）の東京でのコレラ大流行に端を発し、近代浄水設備を持った浄水場の建設が進められ、明治三十二年に竣工した。戦後西口の発展とともに、開発に差しさわりがあるため、昭和四十年（一九六五）に東村山へ移転した。高層ビル群の北東の端にあたる新宿エルタワー西側の植込みに、**淀橋浄水場跡**の碑がある。赤い大きなみかげ石に「この地は明治三十一年東京水道の創設時から昭和四十年までの六十七年間首都給水施設の中心であった淀橋浄水場の正門のあとです　浄水場の総面積は三四万五〇〇平方メートルでいまは新宿中央公園と十一の近代的街区に生まれかわっています　昭和四十五年三月　東京都水道局」と刻まれている。

同じエルタワーの植込みに**策《むち》の井跡**の記念碑がある。この付近に江戸時代に策の井といわれた名水があり、徳川家康が狩りの帰りに策を洗ったのでこの名前がついたという。

住友ビルの敷地の地下部分に、**東京水道発祥の地**の記念モニュメントとして、蝶型バルブが設置されている。直径一メートルはあろうかと思われる二つの短く切断された水道管が、バルブでつながれているというものである。東京水道発祥の地の記念モニュメントが、住友ビルの敷地の地下の面にあるということに若干の違和感があったので、新宿区役所文化観光課に問い合わせてみた。住友ビルは淀橋浄水場の沈殿槽の西の端に近く、その地下の面が水槽の底をイメージするのに最適な場所である、との説明に納得したのである（なお本稿を書いた二〇一九年二月時点では、住友ビルの敷地は工事のためモニュメントに近づけないようになっている。工事はあと二、三年かかるということであった）。

次に**新宿中央公園**に入った。新宿中央公園は、かつての淀橋浄水場の西の端に位置し、高層ビル群に隣接する南北に細長い長方形の都市公園である。新宿副都心建設事業の一環として計画され、昭和四十三年に都立公園として開園した。現在は新宿区に移管されている。総面積約八万八千平方メートルの公園は、大きく北と南のエリアに分かれる。北東の門から入ると、豊富な緑の中に芝生の広場が広がり、中央の幅広いナイアガラの滝の前には水の広場があって、様々なイベントに使われている。南寄りの林の中に**写真工業発祥の地**の碑が建っている。明治三十五年（一九〇二）、小西本店（後のコニカ）がこの付近に研究所と工場を造り、苦心の末、カメラ製造やフィルムの国産化にはじめて成功した（コニカはその後ミノルタと合併しミノルタコニカとなったが、今ではこの事業からは撤退している）。

北のエリアの南端近くに**富士見台**という築山があり、その頂上には**六角堂**という洋風四阿《あずまや》がある。明治の末から大正時代に建てられたものと思われているが、淀橋浄水場時代の施設が殆んど失われてしまったなかで残っている貴重な施設であり、新宿区の「地域文化財」に認定されている。当時の淀橋浄水場を見学に来た人は、ここから場内を眺めながら説明を受けたり、休憩したりしていたようだ。六角堂の足元にはレンガの飛び石があるが、これは浄水場で使われていたレンガを再利用したものである。

富士見台を下りて、新宿中央公園を南北に分けている、ふれあい通りに架かっている公園大橋を渡り、総合運動公園・ジャブジャブ池・ちびっこ広場などを横目で見ながら、公園の西の縁を南北に走る十二社《じゅうにそう》通りに出た。

十二社通りを南に進み、公園の南の縁の南通りとの交差点を右折すると、十二社通りの一ブロック西を並行している道は、長い下り坂になっている。この坂を下まで下りると、右手の上り坂の上には十二社通りが見えるが、左側も上り坂になっている。そこはかつて**十二社池**《じゅうにそういけ》と呼ばれた池の底だったのである。十二社池は、江戸時代にはかなり大きな池だったようで、滝もいくつかあって名勝地の評判が高く、まわりには料亭が建ち並んで、江戸有数の行楽地として、文人墨客も多数訪れたのである。明治になって淀橋浄水場の建設にあたって、そのかなりの部分が埋め立てられたため一時寂れたが、第一次大戦後の好況時には、行楽地というより花柳街として再び活気を取り戻した。しかし第二次大戦後は、周辺の開発に伴って池は次第に狭められ、昭和四十三年（一九六八）に完全に姿を消した。しばらく池の底だった道を北に向かって歩いた。沿道は普通の民家のほか、企業の寮・小さな料亭風の建物・小規模のレストランなどが建ち並んでいる。池の底の道が行き止まりになったところで十二社通りに戻ると、目の前の小高い丘の上に熊野神社がある。

熊野神社は新宿中央公園の西北のコーナーに近い位置にある。熊野神社は、室町時代に中野長者と呼ばれた鈴木九郎が、故郷である紀州の熊野三山より十二の社神を勧請して、この地に祀った。そこからこの地は十二社というようになったのである。江戸時代には、熊野十二所権現社と呼ばれ、幕府による社殿の整備や修復も行われた。境内に入るとすぐに**十二社の碑**がある。一八五一年に建てられたこの碑は、高さ二メートルを超える大きな石碑で、十二社の地が池や滝を擁した江戸西郊の景勝地である旨が刻まれている。十二社池は、当時は熊野神社の御手洗池と呼ばれていたのである。本堂には歌舞伎役者の絵馬や奉納額がある。本堂の脇には太田南畝（蜀山人）の書による銘文が刻まれた手洗いの水鉢がある。

熊野神社から公園の側に出て北に進むと公園の北西の出口までの間に急坂がある。十二社池の周りにあった最大の滝の跡で、高さ三丈・幅一丈と伝えられている。この滝は一六六七年に、神田上水の水量を補うため、玉川上水から神田上水に向けて造られた**神田上水助水堀**が、熊野神社東端の崖から落ちるところに出来たものである。公園から北通りに出て十二社通りとの交差点で北通りを渡って少し戻り、公園の出口に対応するあたりの細い道を左折すると、程なくして助水堀の跡地の入口が見つかる。東京都水道局が管理している堀跡は、暗渠になっているが、遊歩道として整備されている訳ではなく、道とは言えないただの細長い、途切れ途切れの空き地に過ぎないので極めて歩きにくい。神田上水の方向を目指して歩いて行くと、十分ほどで、青梅街道が神田川を渡る橋である淀橋の近くで**神田川**に辿り着いた。

淀橋は古くからある橋だが、不吉な話が伝わる。金持ちの中野長者は財産を隠そうと、橋を渡り下男を使って熊野神社付近で大金を埋めた。帰り道、橋の近くでこの秘密を知る下男を殺して神田川に投げ込んだ。帰りには下男の姿が見えなかったことから、この橋は「姿見ず橋」と呼ばれるようになった。将軍家光がこの話を聞き、「不吉だ、淀川に似ているから淀橋とせよ」と命じたので淀橋に改名されたという。やがてこの名前が付近一帯の地名になったのである。神田川はこの辺りでは南から北の方向を流れていて、新宿区と中野区の境界になっている。

青梅街道を新宿駅の方向に向かって、緩やかな坂を十分ほど上っていくと、左側に**成子天神社**がある。長い参道を進んでいくと、鳥居の奥に**成子うりの碑**がある。幕府は江戸時代の初期、この地が柏木村鳴子といわれていた頃、美濃の真桑村から農民を呼び、鳴子と府中でマクワウリの栽培をさせた。後にこのウリは内藤新宿が開設されてから広まり、「四谷ウリ」・「鳴子ウリ」の名でこの地の特産品となった。成子うりの碑の隣に成子天神社の由緒を書いた案内板がある。祭神は菅原道真である。古くは道真の家臣がこの地で道真の像を戴いて祀ったのが始めであるが、三代将軍家光の時代に春日局が勧請して天満天神社として社殿を造営し、昭和三年に至って成子天神社と改称したのである。社殿のすぐ脇に七個の力石がある。近郷の若者が、この石を持ち上げて力を競い合ったものである。本堂の左には富士塚がある。もともとあった小山に富士山の溶岩を配して築いたもので、高さ一二メートルあり、区内で最大のものである。造営されたのは大正時代で比較的新しいものであるが、現在は活動していないという。山は開放されていて誰でも登ることが出来るが、八合目くらいから急に険しくなり、鎖を伝わって登るようになっている。しかも頂上は狭くて掴まる物も無さそうだったので、自分の年齢を考え、そこで引き返した。

北新宿（大杉栄旧居跡）・百人町（鉄砲百人組屋敷跡・皆中《かいちゅう》稲荷神社）

成子天神社を裏門から出ると、坂下に税務署通りが見える。この道の北側は北新宿である。新宿駅の方向に歩いて新宿税務署を過ぎた所で左折し、複雑な道を北に向かって歩くと、ＮＴＴの大きなビルの裏に出る。このあたりに**大杉栄の旧居**があった。現在は民間のマンション風の建物が建っているので、もとより旧居跡の案内板なども設置されていない。無政府主義者の大杉栄は、妻の伊藤野枝とここにあった家に住んでいたが、折しも関東大震災の直後で、朝鮮人の暴動などが噂されていた。外出先から帰ってきた大杉・伊藤と、偶々一緒にいた当時六歳の甥の三人は、張り込んでいた憲兵隊員によって拉致され、憲兵大尉甘粕正彦らによって殺害された。

ＮＴＴの大きなビルの表門の前に回ると、小滝橋通りの東側は百人町である。百人町には江戸時代、内藤新宿の内藤家が率いる**伊賀組鉄**

砲百人組の組屋敷があった。江戸の治安を守っていたのである。このため百人町の街並みは、今でも南北に細長い短冊のような土地が細い道路で仕切られているが、東西をつなぐ道路は極めて限定的なものになっている。西からの攻撃に備えて、南北に長い街の造りになったそうだ。小滝橋通りを北に進み、すぐに右折して昔ながらの短冊の道の雰囲気を味わいつつ北の方向に進むとJR大久保駅の近くで大久保通りに出る。大久保通りを右折し、大久保駅を過ぎて四ブロック進むと、**皆中稲荷神社**《かいちゅう》がある。鉄砲隊の面々が百発百中を祈願した稲荷である。

現在は、百人町は韓国人のほか中国人・タイ人・ミャンマー人なども住む一大エスニックの街である。特に新大久保駅の近辺の大久保通りには、軒並み韓国風のレストラン・百貨店・雑貨店などが並んでいる。何軒かの焼肉店などに入るのを躊躇して進んだ後、意を決してあるレストランに入ったところ、若いウエイトレスに、「この店には二人以上の席しかないから、アンタはこの店に入れないヨ」と言われた。一時を少し回っていて、二人用の席にかなり空席があったのに、である。そこで次に裏通りのレストランに入ったら、そこそこに混んでいて、「四人用の席しか空いていないので少し広すぎるけどそれでもいいか」と聞かれて、ようやく昼食にありつけることになった。

大久保（小泉八雲記念公園・小泉八雲終焉の地）・歌舞伎町（鬼王《きおう》神社・島崎藤村旧居跡）

新大久保駅から数えて五、六番目の角を右折して、地図の道の形を頼りに左折して二ブロックほど東に向かって歩くと、**小泉八雲記念公園**に到達した。『怪談』などで知られる明治時代の文人小泉八雲（一八五〇〜一九〇四、本名ラフカディオ・ハーン）はギリシャのレフカダ町で生まれ、新宿区大久保で亡くなった。このご縁から、新宿区は平成元年（一九八九）レフカダ町と友好都市になり、その記念としてこの地にギリシャ風の公園を整備したのである。平成五年（一九九三）に完成した。ギリシャの雰囲気を出すため、古代の柱や集会場（アゴラ）をイメージした広場、中世風の建物、近代のイメージとしての白い壁などを設け、また、左右対称の西欧風庭園の奥には小泉八雲の胸像が据えられている。八雲は十六歳のときに怪我で左眼を失明し白濁していたため、写真を撮られるときには顔の右側のみをカメラに向けるか、あるいはうつむくかして、決して失明した左眼が映らないポーズをとっていた。しかしこの像は正面を向いてしかも両眼を見開いたポーズをとっているが、左眼の傷はそうとは気づかないようにできている。

記念公園から一ブロック東にある、大久保小学校の生垣の前に**小泉八雲旧居跡**の石碑と案内板がある。八雲は明治三十五年（一九〇二）市谷富久町からこの地に転居、二年後にこの地で病没した。

小泉八雲終焉の地から南に進むと、すぐ職安通りに出る。職安通りの南側は歌舞伎町である。信号を渡って区役所通りに入ると、すぐ左に**鬼王《きおう》神社**がある。天保二年（一八三一）大久保村の氏神であった稲荷神と、熊野から勧請されていた鬼王権現を合祀し、鬼王稲荷神社となった。全国唯一の鬼の福授けの社として信仰を集めた。平将門を祀った神社であって、将門の幼名「外都鬼王《げづおにおう》」から名前をとったという伝承もある。入口の左に、高さ一メートルほどの、鬼が手洗鉢を担いでいる珍しい形状の置物がある。大久保のさる武家屋敷にあったが、不吉だということでこの神社に奉納されたものだという。境内の裏には江戸時代の富士山信仰の富士塚がある。

職安通りを少し東に進むと**島崎藤村旧居跡**の石碑と案内板がある。島崎藤村（一八七二～一九四三、詩人・小説家）は明治三十八年五月から一年余りこの地に住み、ここで長編社会小説『破戒』を完成して、作家としての名声を不動のものとしたのである。

新宿（西向天神社）・若松町（大久保戌御用屋敷跡）

職安通りは、明治通りの東側では抜弁天《ぬけべんてん》通りと名前が変わる。これをさらに東に進み、程なくして鋭角に右折して、南西に向かう坂道を下る。次の角を左折して南に向かうと、東側にあるのが**西向天神社**である。菅原道真を祀った京都の北野天満宮を勧請したものである。鳥居の奥の急階段を上った丘の上にある社殿が、西の大宰府の方を向いているところから、西向天神社といわれている。かつては境内からの眺めがよく、大正四年（一九一五）に出版された永井荷風の東京散策記『日和下駄』には、夕日の名所であると記されている。ただし荷風は続けて、これはもとより江戸時代のことであって、今日わざわざこのような辺鄙の丘にまで来て、夕陽を見るがごとき愚を成すものはあるまい、と書いている。日本近代文学大系『永井荷風集』の頭注によれば、風流心を失い、すべて実用本位に走っている世相を自嘲し皮肉っているものだとのことである。

西向天神社の裏の高台を東に、次いで北に進むと、余丁町《よちょうまち》通りが抜弁天通りから分岐する交差点付近に出る。そこで抜弁天通りを渡り、北側の歩道を東に進むと、若松町区民センター前の植込みに**大久保戌御用屋敷跡**の案内板がある。五代将軍綱吉は「生類憐みの令」を発し、特に犬の保護を命じた。これに伴い野犬を収容するため、四谷・大久保・中野の三か所に戌御用屋敷を設置した。大久保の犬屋敷は元禄八年（一六九五）に落成し十万匹の犬を収容したが、次第に手狭になったため、順次中野の犬屋敷にその役割を移し、二年後の元禄十年に閉鎖されて、跡地は武家屋敷になった。

余丁町《よちょうまち》通り（厳島神社・抜弁天《ぬけべんてん》、坪内逍遥旧居跡、東京監獄・市谷刑務所跡、永井荷風断腸亭跡・市谷監獄跡）・富久町（自證院・小泉八雲旧居跡）

抜弁天通りの南側の歩道を西に戻ると、余丁町《よちょうまち》通りとの交差点にあるのは**厳島神社**・通称**抜弁天《ぬけべんてん》**である。源義家が後三年の役で奥州征討に行く際に、夢に安芸の厳島神社の神が現れ、白羽の矢と軍扇を与えたという。勝利を得て帰った義家は、お礼にこの神社を建てたといわれる。苦難を切り抜けることが出来るとして人気が出たが、さらに境内が南北に通り抜けられるところから「抜弁天」の名前がついた。この通称の抜弁天の名前の方が有名である。

余丁町通りを南東方向に進むと、**坪内逍遥旧居跡**の案内板がある。坪内逍遥（一八五九～一九三五）は明治二十二年（一八八九）から三十年間にわたってこの地に住み、早稲田大学で教鞭をとる傍ら、『早稲田文学』の発行、シェークスピア作品の研究・翻訳等を行った。また、ここで文芸協会を設立し、自宅の半分を演劇研究所として提供し、演劇の研究・指導を行った。第一期生に松井須磨子がいた。この地は日本近代文学及び演劇史上重要な場所なのである。

余丁町通りを暫く進み、道路の反対側の富久児童遊園がある辺りの富久町の一帯には、**東京監獄・市谷刑務所**があった。明治三十六年（一九〇三）に東京駅建設のため鍛冶橋から移転してきて東京監獄と呼ばれ、大正十一年（一九二二）に市谷刑務所と改称された。当初は未決囚を拘置し、裁判所へ送致することが主な業務であったが、そ

の後既決囚を収容するに至り、死刑囚の収監と処刑も行うようになった。市谷刑務所は昭和十二年（一九三七）に巣鴨に移転し、その際東京拘置所と改称されたのである。富久児童遊園の片隅に、日本弁護士連合会による石製の**刑死者慰霊塔**が建っている。この辺りに処刑場があったようだ。

再び余丁町通りを渡って南東の方向に進むと、程なくして永井荷風旧居跡の案内板があるが、本稿では後で触れることにして先へ進む。通りがZ字形に大きく曲がる辺りで町は市谷台町に入り、二度目に曲がる所に観音ビルというビルがある。この辺りを中心とする現在の市谷台町の一帯にあったのが**市谷監獄**である。市谷監獄は、伝馬町牢屋敷をルーツとし、明治八年（一八七五）に日本橋小伝馬町から市谷に移転してきて、明治四十三年（一九一〇）に中野に移転した（後の中野刑務所）。従って、明治三十六年（一九〇三）から四十三年（一九一〇）までは、東京監獄は現在の富久町のかなり広い部分に、市谷監獄は現在の市谷台町に、相互に隣接して併存していたので、両者はしばしば混同されるが、別物なのである。

市谷監獄が移転した跡地一帯の土地は、大正の初めに箱根土地会社（現国土開発）が払下げを受け、町の名前を市谷台町と改めて土地のイメージを高めた上で、宅地に整地し分譲したのである。その際、処刑場の跡には、高村光雲が制作した等身大の観音菩薩像が建てられた。しかし太平洋戦争の局面悪化に伴い像は献納され、また空襲のため辺り一帯は焦土と化した。その後四寸ほどの観音像を元の場所に設置したが、道路拡幅に伴い、道路に面した観音ビルの敷地の一隅に**観音堂**が建てられたのである。このような由来を記した紙が観音堂の脇のボードに張り付けてあり、同じ文面のコピーが何部か傍らに置いてあったので一部いただいて来た。

市ヶ谷の監獄で処刑されたのは、合計約三百人といわれているが、市谷監獄と東京監獄との内訳は必ずしも明確ではない。しかし、大久保利通を暗殺した島田一郎（明治十一年）・毒婦高橋お伝（明治十二年）・盗賊稲妻小僧（明治三十三年）は明らかに市谷監獄である。このうち島田一郎と高橋お伝は斬首刑で、刑の執行者は首切り浅右衛門であった。明治十三年に制定された刑法において斬首刑は廃止され、以後は絞首刑とされたので、高橋お伝は明治時代最後の斬首刑だったといわれる。このため、明治の末から戦前にかけて、巷間に「泣く子も黙る市谷監獄」と言われたのである。これに対し、大逆事件の幸徳秋水ら十二名（明治四十四年）は明らかに東京監獄である。

ここで市谷監獄跡の前に立ち寄った**永井荷風旧居跡**の案内板の話に戻る。小説家永井荷風（一八七九～一九五九）は、明治三十六年（一九〇三）から五年間、高級官僚だった父親の命に従い、実業家を目指して欧米（アメリカ及びフランス）に留学した。明治四十一年（一九〇八）に帰国後、大正七年（一九一八）まで、この地の父の邸宅の一隅に書斎を建てて住んでいたのである。帰国の翌年、友人に宛てた手紙の形式で発表した作品『監獄署の裏』の中で、「処は市ヶ谷監獄署の裏手」にあり、「散歩に出ると監獄署の土手や塀がそびえ、その下には貧しい場末の街と生活がある」と書いている。これは明らかに市谷監獄の描写である。

荷風は明治四十二年に『歓楽』・『冷笑』・『すみだ川』などを発表した。前掲の「永井荷風集」の解説では、「新進作家の地歩を確保させた決定的な時期であった」とされている。翌明治四十三年には森鷗外の推薦を受けた慶應義塾大学から招聘されて、慶應義塾大学教授に就任した。それ以来「三田文学」にも寄稿するようになった。随筆集『日和下駄』初稿は、「三田文学」で発表されたのである。また、当時腸を病みがちだった荷風は、自分の書斎を「断腸亭」と命名した。荷風が長く綴った日記『断腸亭日乗』はこの家でスタートしたのである、と旧居跡の案内板に書かれている。腸を患っていたから断腸亭、というのには、私は若干の違和感があった。これに対し、その後出会った川本三郎著『荷風と東京（上）』（岩波現代文庫）は、余丁町の父の家の庭に植わっていた秋海棠《しゅうかいどう》（別名「断腸花」といい夏に小さな赤い花をつける多年草）を愛でて、自分の書斎を「断腸亭」と名付けた、としている。さらに川本は、荷風は大正九年に麻布に「偏奇館」と名付けた自宅を新築したが、大正十五年に、その庭に知人から入手して秋海棠を植えた、とのエピソードを紹介している。荷風の断腸花への愛着が窺われる。

観音ビルを離れ、再び余丁町通りを渡って富久町に入り、**自證院**《じしょういん》の前を通って右側に成女学園の校舎・校庭を見ながら靖国通りに出た。その角に成女学園の立派なお屋敷風の門があり、その脇に**小泉八雲旧居跡**の石碑と案内板がある。小泉八雲（一八五〇〜一九〇四）は、明治二十三年（一八九〇）に来日、島根県の松江中学で英語を教え、やがて小泉セツと結婚して日本に帰化し、小泉八雲と改名した。熊本五高の英語教師を経て、明治二十九年（一八九六）に帝国大学の講師に招かれて上京し、この地に居を構えた。八雲は近隣の自證院の風致をこよなく愛し、緑深い境内をよく散歩していたが、開発により次第に自然が失われていくのに心を痛め、明治三十五年に前述の大久保の地に転居し、二年後にそこで亡くなったのである。

この後、都営地下鉄曙橋駅から帰宅の途についた。

国分寺市と国分寺崖線①

東山道武蔵路跡・武蔵国分寺跡・お鷹の道・殿ヶ谷戸庭園

2019年 5月記

国分寺崖線は、古代多摩川が十万年以上にわたって、南へと流れを変えていく過程で武蔵野台地を削り取ってできた、河岸段丘の連なりである。立川市の北部から始まり、野川の北側に沿いながら、国分寺市・小金井市を経て、調布市の深大寺付近を通り、世田谷区の成城・大蔵へと進み、東急線二子玉川駅付近で野川が多摩川に合流した後は、多摩川に沿って大田区田園調布付近に至っており、その延長は約三〇キロメートルに達する。野川は国分寺市内の日立製作所中央研究所に端を発しているので、国分寺市内の国分寺崖線は、とりわけ複雑な様相を呈している。

何回かにわたる国分寺市内の散策は、台地上にあるＪＲ中央線国分寺駅や西国分寺駅を出発点ないし終着点として、崖線の上と下にある古代遺跡や崖線の下の湧水群を訪ね、台地と崖線を利用して造られた庭園で崖を下りてまた上り、或いは、崖の上や下に建てられたユニークな建物を

訪ね、さらに、崖の上や下にある村上春樹の国分寺における足跡を辿るものであった。そのため、国分寺崖線を何度も上り下りすることになった。こうした国分寺市内の散策を、二回に分けて記すこととしたい。

本稿においてはＪＲ西国分寺駅から出発し、東山道武蔵路跡を経て国分寺崖線を下り武蔵国分寺跡などの史跡を巡った後、国分寺崖線の麓に流れ出る数多くの湧水を訪ねるとともに、湧き水を集めて流れる小川に沿って整備された、お鷹の道と呼ばれる遊歩道を歩いて、その小川の水が野川に流れ込んでいく様子を確認し、最後に、台地と崖線の斜面を利用して造られた殿ヶ谷戸庭園を散策した後、国分寺駅に至るというコースを取りまとめた、最もオーソドックスなコースである。

国分寺市内の散策は、二、三年前から何回かにわたって参加した、東京シティガイドクラブの様々なテーマによるツアーに全面的に依拠している。いずれのツアーも十一月下旬の紅葉の盛りの中を歩いたことが印象的であった。さらに、本年（二〇一九）五月のゴールデンウィークの良く晴れた一日、何点か確認のため、東山道武蔵路跡を中心に再訪した。

東山道武蔵路跡

ＪＲ西国分寺駅南口を出て新宿方向に進み、武蔵野線と府中街道を横切って更に暫く歩くと、南北方向に帯状に舗装された空き地が道路と並んでいる。これが**東山道武蔵路跡**である。東山道は、大化の改新後、律令制度による中央集権的な国家体制を全国に及ぼすために整備された、官製の幹線道路である。当時は全国を五畿七道に分けて支配していた。東山道はその一つで、近江国を起点に、美濃・信濃・上野・下野を経て陸奥へと広がっていた。東山道等の七道は、道路の意味と地域の意味の両方に使われていた。武蔵国は当初東山道に属しており、上野国から武蔵国へ伸びた支道が東山道武蔵路だったのである。しかし都から一度上野国まで行った後に武蔵国まで往復することが不便で

あったことから、武蔵国は七七一年に東山道から東海道に変更になった。

この道路が整備されたのは七世紀後半といわれ、幅一二メートルの直線道路であった。平成七年に、都営住宅の団地建設の過程で発掘され、長さ三〇〇メートルにわたって埋め戻し保存されているのである。その埋め戻された北端に近いところで、一部埋め戻しをせずに、当時の道路を露出させて展示している所がある。以前に行った時にはこの部分は完全に露天にあったが、今回（二〇一九年五月）行ってみたら、きちんと金属製の柵で囲まれ、その全体を覆う屋根が設置され、**東山道武蔵路遺構再生展示施設**という看板が掲げられている。

埋め残されて展示されている部分の道路を見ると、両脇には溝があり、真ん中の通行したはずの部分が大きく陥没していて、これでは車が通行することはできなかったのではないかとの疑問が湧いた。この点を確かめるために今回再訪したのである。埋め戻されたほぼ中央に近い所の団地側の脇にある**史跡東山道の碑**の案内板の説明をよく読むと、この地は、当時は湿地帯であったため、道路はしばしば陥没その他で傷んだので何度も修復されたが、武蔵国が東海道に編入されたため使われなくなってからは、陥没しても修復されないまま埋没してしまったという事のようだ。

東山道武蔵路跡が埋め戻されて保存され、地上が道路状の空地になっているのは中央本線の近くから多喜窪通りまでの三〇〇メートルであるが、その少し南側の民家の先の市立第四小学校の跡地が、東山道武蔵路跡が発見される端緒となった所である。今回の確認にあたり、そこにも足を延ばした。現在は民有地であるが、国分寺市は使用貸借契約を結び、**国分寺市立歴史公園**として整備・開園している。地下には道路にまつわる祭祀の跡など様々な遺構もあり、地表の舗装部分に平面的に復元されている。隣接するマンション住民の、格好の憩いの場になっているようだ。

武蔵台遺跡公園・伝鎌倉街道

東山道武蔵路跡の見学の後、多喜窪通りを西方向に進み、再び武蔵野線を横切ってから左折して暫らく南下すると、**武蔵台遺跡公園**がある。周囲を取り囲む都営アパートの建設の際の調査で、縄文時代の竪穴住居跡が八十軒ほどと、土器・石器が多数発掘されたので、この辺りは武蔵台遺跡と名付けられた。そのうちの一つ、約四千年前（縄文時代中期）の、柄の付いた鏡のような形をした柄鏡形敷石住居跡がこの公園の一角に移設され、保存されている。

さらに南に進むと、木々が茂る真っ直ぐの切り通しの道があり、車両通行止めになっている。これが**伝鎌倉街道**（市重要史跡）である。在所の武者たちが「いざ鎌倉」というときに馳せ参じたという、軍事街道の性格の強い道路であったといわれているが、逆に一三三三年に新田義貞が鎌倉に攻め入った道でもあった。当時の街道幅は、馬二頭が並んでやっと通れる二メートル程だったが、それは今も変わらない。鎌倉街道は諸国へ通じる道で、上の道・中の道・下の道があったが、ここは上の道の一部で、鎌倉から町田・府中を経てここを通り、上野・信濃に向かっていた。

武蔵国分寺跡（武蔵国分尼寺跡・武蔵国分僧寺跡）

　奈良時代の中頃（七四一年）、聖武天皇は仏の力で国を安定させるために、詔を出して奈良には東大寺（盧舎那仏）を、諸国には国分寺の建立を命じた。武蔵国では、東山道武蔵路沿いの西に国分尼寺が、東に国分僧寺が計画的に配置された。

　伝鎌倉街道の林が途切れて開けた平地が**武蔵国分尼寺跡**（国史跡）である。発掘調査は終わっており、中門・金堂・尼坊跡も判明し、それらの礎石もきれいに復元・整備され、国分寺市立歴史公園として、開放されている。

　国分尼寺を出て道なりに東の方向に進むと**武蔵国分（僧）寺跡**がある。武蔵国分（僧）寺跡は、敷地は東西八町（八七三メートル）・南北五町半（六〇〇メートル）と推測されており、最大の東大寺（東西南北と

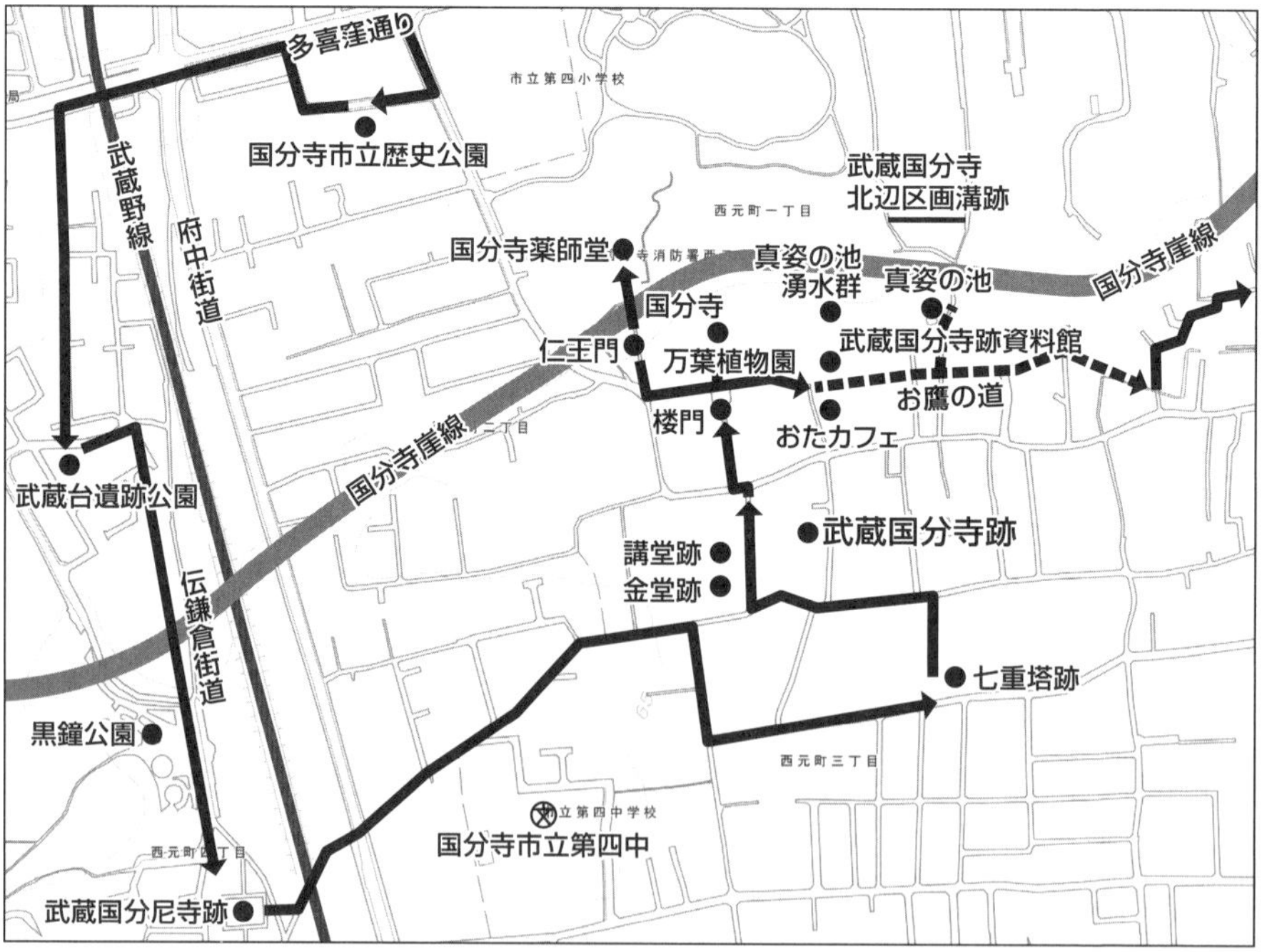

も八町）に次ぐ規模であった。当時の敷地は周囲が溝で囲まれていたが、現状は、周囲の溝は残っておらず、概ね平坦な原っぱに樹木が点在し、一部は畑地になっている。金堂や講堂の跡地の基壇は、土俵のように土が盛り上げられている。

［金堂跡］　金堂は本尊仏を安置する建物である。桁行《けたゆき》約三六メートル×梁行《はりゆき》約一七メートルで、諸国国分寺中最大級の規模である。

［講堂跡］　講堂は経典の講義などが行われる建物であり、金堂の後ろに似たような基壇の上に建っていた。桁行約二九メートル×梁行約一七メートルの礎石建物として創建され、後に金堂と同規模の桁行約三六メートル×梁行約一七メートルに増設して再建されたことが明らかになっている。

［七重塔跡］　塔は「金字金光明最勝王経」を安置する国分寺の重要な施設であった。金堂・講堂跡から東方二〇〇メートルの所に位置する。約一〇メートル四方の礎石建物で、高さは約六〇メートルであったと推定される。現在、中央にほぞ穴（心柱を受ける穴）がある心礎を含め七個の礎石が残っている。

国分寺（楼門・万葉植物園・仁王門・薬師堂）

武蔵国分寺跡の後ろは崖地になっている。崖のふもとから中腹にかけてあるのが**国分寺**である。国分寺は、正式名を医王山最勝院国分寺といい、真言宗豊山派の寺院である。この国分寺は古代の武蔵国分寺とは関係がない別物であるが、同じ名称を用いているので紛らわしい。分倍河原の合戦（一三三三）の際に、新田義貞は奈良時代建立の武蔵国分寺の伽藍や塔を焼き払ってしまった。それを悔いて義貞は鎌倉幕府滅亡後の一三三五年に、**薬師堂**を再建し寄進した。このことから医王山国分寺の縁起では武蔵国分寺の後継寺院にあたるとしているのである。江戸時代には幕府から保護されていた。

国分寺境内に入る入口にあるのが**楼門**である。参道から近寄りながら見ると、門の上に二階があって、高床式の建物のように見える。明治二十八年に前沢村（現東久留米市内）の米津寺（米津出羽守の菩提寺）から移築したものである。板金葺の屋根で、江戸時代の建築様式をよくとどめた風格ある建物である。二階には十六羅漢像（現在は十三体のみ）を安置しているそうだ。市重要有形文化財である。

楼門をくぐって進むと、本堂の敷地は白壁に囲まれており、正面にある門の右の柱には「武蔵国」、左の柱には「国分寺」と刻まれている。門を入ると正面にある本堂は、昭和六十二年に改築されたものである。境内には本堂をぐるりと取り巻くような形で**万葉植物園**がある。万葉の歌人たちが好んだ多種多様な植物を集め、それぞれに和歌を配したもので、植物とそれぞれに代表的な和歌を記した看板が林立している。本堂に向かって右の小道の入り口付近の「あかね」の看板に、「茜さす紫野行き標野行き　野守は見ずや君が袖振る」という額田王《ぬかたのおおきみ》の歌が書き記されているのがひときわ目を引いた。武蔵国国分寺創建の頃の生活・文化・思想を知る一助としようとして、当時の住職が十三年かけて昭和三十八年に完成したものであり、市重要天然記念物になっている。

本堂および万葉植物園の上述した門から一旦出て、壁に沿って西方向に進むと**仁王門**がある。仁王門は宝暦年間（一七五一～一七六四）に建てられた八脚門で、もとは茅葺の屋根だったが、現在は瓦葺の入母屋造りになっている。門の左右には、作者不明であるが一七一八年に作られた阿（向かって右・口をあけている）吽（左・口を閉じている）の仁王像が安置されている。市重要有形文化財である。薬師堂の参道の入口として建立されている門である。

仁王門をくぐって急な石段を上がると**薬師堂**がある。医王山縁起によれば、一三三五年新田義貞の寄進により、武蔵国分寺跡の金堂跡付近に建立され、宝暦年間に今の場所に移されて建て替えられたものである。単層寄棟造の建物で、昔は藁葺屋根だったが昭和六十年に銅板葺の屋根になった。これも市重要有形文化財である。正面厨子内には国指定重要文化財の「木造薬師如来坐像」が安置されており、十月ごろ年に一度の開帳日がある。

武蔵国分寺跡資料館・おたカフェ・お鷹の道・真姿の池・不動橋

薬師堂から石段を下りて本堂の前をさらに東に進むと、左側に**武蔵国分寺跡資料館**がある。敷地に入ると武蔵国分寺七重塔の十分の一のレプリカ（高さ六メートル）がある。全体が赤を基調に塗られている、なかなかスマートな塔である。資料館の建物に入ると、入口近くのホールに史跡武蔵国分寺跡のレプリカがあり、史跡全体のイメージを掴むことが出来る。また、武蔵国分寺跡の出土品を展示して、これまでの発掘調査の成果や、市内の文化財、史跡武蔵国分寺跡の整備事業などを紹介している。

武蔵国分寺跡資料館の門前には史跡の駅「**おたカフェ**」がある。ここはお鷹の道の入口でもある。「お鷹の道にあるカフェ」、「お楽しみを提供するカフェ」、史跡や道案内等来訪者を助ける「お助けカフェ」がそのコンセプトである。多くの来訪者がここでしばし休憩し、また、資料を収集する。本年五月再訪の折にはここで昼のスープカレーセットを食した。なかなか実質的でおいしく値段も手頃であった。

この辺りの崖地は国分寺崖線の一部であり、至る所から清水が湧き出て、流れが次第に集まって野川に注いでいるのである。江戸時代にはこの近辺の村々は尾張徳川家の御鷹場に指定されていた。それに因んで、崖線下の湧水が集まり野川に注ぐ清流沿いの小径を「**お鷹の道**」と名付け、現在約三五〇メートルが遊歩道として整備されている。

湧水の一つは、透明度が高く、中央に弁財天を祀った池を成している。九世紀の中頃、玉造小町という美しい女性が病気にかかり、顔が醜くなってしまった。国分寺の薬師如来に祈ると、一人の童子が現れ池の水で身を清めるようにとのお告げがあった。その通りにするとたちまち病気が治り、もとの美しい顔に戻ったという伝承から、**真姿《ますがた》の池**と呼ぶようになった、と伝えられている。また、この辺りの多数の湧水は合わせて**真姿の池湧水群**と呼ばれ、東京都指定名勝・全国名水百選・都名湧水五十七選とされている。

やがて湧水を集めた流れは清水川（元町用水）に合流するが、その前に御鷹の道は終了するので、水の流れから離れて十分ほど東に向かって歩くと**不動橋**に達する。国分寺駅の北側の日立中央研究所内の湧水に端を発した野川の源流に、元町用水の流れが合流している所である。不動橋は野川に架かる橋で、現在は木製だが、かつては石橋だったことから、橋の北側に石橋供養塔・庚申塔・**不動明王碑**がある。

不動橋からは、殿ヶ谷戸庭園の西側の脇の道を通って国分寺崖線の急坂を上り、多喜窪通りを右折すれば殿ヶ谷戸庭園の入口がある。

殿ヶ谷戸《とのがやと》庭園

殿ヶ谷戸庭園は、国分寺崖線の上の台地と斜面に造られ、下端部付近の礫層から浸出する湧水を利用し、雑木林の風致を活かして造られた近代の別荘庭園である。大正二年に三菱合資会社の社員江口定条（後に南満州鉄道副総裁・貴族院議員）が別荘を構えたものを、昭和四年に三菱合資会社の経営者岩崎彦弥太が江口家から買い取った。その後、庭園の段丘上に和洋折衷の母屋と芝生地の拡がる洋風庭園を造り、崖地の傾斜面はアカマツ・モミジ・竹林・

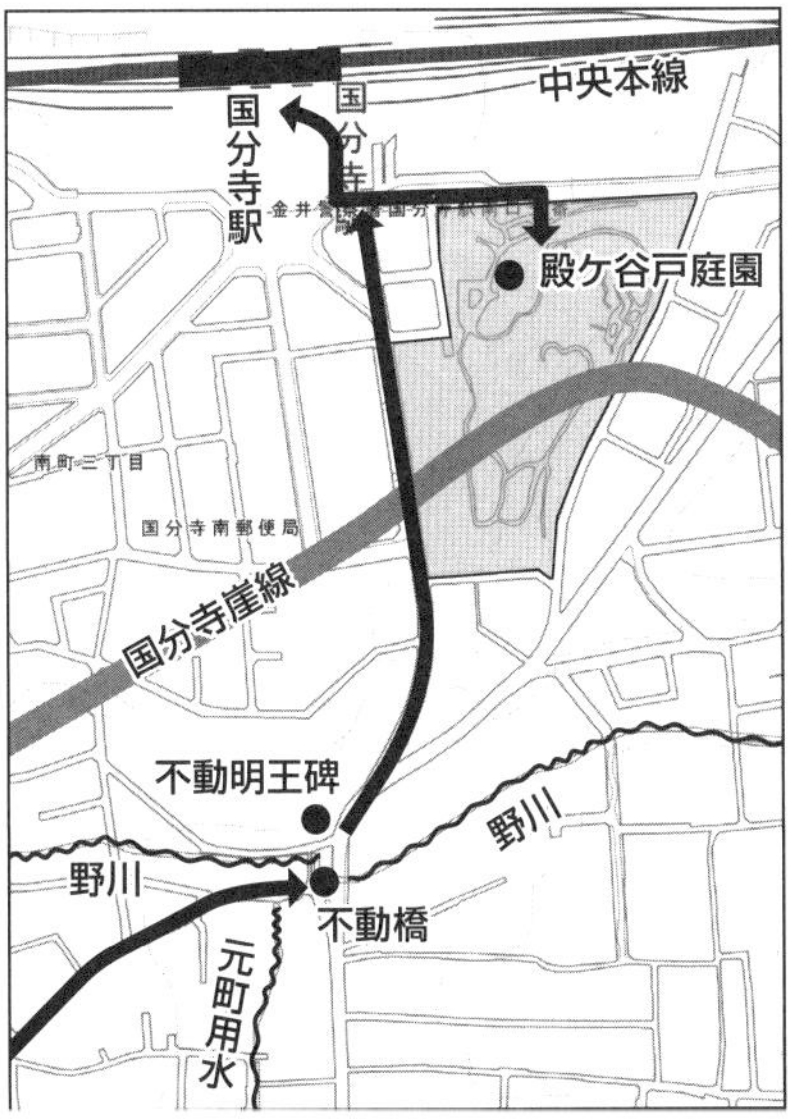

クマザサで覆い、崖線下には湧水を利用した池を中心として和風庭園を造り、さらにこれらを結ぶ回遊式庭園を完成させた。昭和四十九年に至って都が買収し、整備後有料庭園として開園したのである。平成二十三年に国の名勝に指定された。開園面積は約二万一千平方メートルである。

多喜窪通りに面した入口から入ると、中門と呼ばれる門の前に殿ヶ谷戸庭園について説明した大きな案内板がある。中門を入って入園料（一般一五〇円、六十五歳以上七〇円）を払い、中に入るとすぐに大きな芝生の台地に松やその他の常緑樹が点在し、また、頭上から前方にかけて真っ赤に色づいたモミジが連なっている。

さらに進んで少し枯れかけている萩のトンネルや藤棚を越えると、庭園の縁に沿って向きを変えつつ小径は急な崖地を下る。右の庭園の縁は竹林、左の斜面は一面のクマザサに覆われている。なおも進むと崖の下には次郎弁天池があり、東京都の名湧水五十七選に選ばれている何か所かの湧水源から水が注がれている。池の周りのすっかり紅葉したモミジが池に映っている。

池の狭くなったところを横切って置かれた石組を、滑らないように気を付けながら池を渡って、さらに置石の石段を上ると、崖の上段近くに紅葉亭と呼ばれる茶室がある。

そこから眺めた池にかかるモミジの紅葉は実に見事なものであった。午前中ならば、陽の光を浴びた輝くばかりの紅葉したモミジが素晴らしいとも聞いた。さらに坂道を上って崖の上の段に戻ると本館の建物があり、中門から出口に至る。

この日の散策の終点であるＪＲ国分寺駅はすぐ近くにある。

国分寺市と国分寺崖線②
村上春樹の国分寺とチョコレートハウス・タンポポハウス
2019年 8月記・2020年 7月追記

今回の散策は、村上春樹が作家としてデビューする前に、国分寺市内で住んでいた家や営んでいたジャズ喫茶の跡等を訪ねるとともに、建築史学者・建築家の藤森照信氏が設計した、チョコレートハウス・タンポポハウスといったユニークな建物を訪れるというものであった。散策にあたっては、国分寺崖線の急な坂道を何度も上り下りした。

国分寺崖線は、古代多摩川が十万年以上にわたって流れを南へと変えていく過程で、武蔵野台地を削り取ってできた河岸段丘の連なりである。立川市から始まり、国分寺市・調布市などを経由して世田谷区・大田区まで続く、全長約三〇キロメートルに及ぶ崖である。現在の崖線は、概ね野川の北側に沿って続いているが、その野川の源泉が国分寺市内の武蔵野台地にあり、野川の源流が崖線の一部を削り取ったため、国分寺市内の国分寺崖線は大きく北側に入り込んだ形になっている。今回の散策にあたっては、最初に野川の源流部分を横切ったので、複雑な形をした国分寺崖線を体験することになった。

本稿は、先ずは平成三十年（二〇一八）十一月に実施された東京シティガイドクラブのツアーに沿って取りまとめた。十一月末の紅葉の盛りの中を歩いたことは印象的であったが、タンポポハウスのタンポポは冬枯れの季節だった。そこで花を求めて令和元年（二〇一九）五月に再訪したのだが、屋根の上の草は一部を除き枯れたままであり、壁際の草花は全面的に植え替えの作業を行っていた。そこで梅雨明けを待って、植物の育ち具合を確認するため、七月末に再々訪したのである。この時は、先ずタンポポハウスを訪れ、次いで真姿の池経由、武蔵国分寺北辺区画溝跡、村上春樹の住居跡、チョコレートハウスへと足を伸ばした。東京シティガイドクラブのツアーとはほぼ逆方向のコースとなった。

タンポポハウスには、二〇二〇年七月に四度目の訪問をしたのだが、この時には意外な変貌を遂げていた。

村上春樹住居跡②、丘の上ＡＰＴ・チョコレートハウス、村上春樹住居跡①（三角地帯）

ＪＲ国分寺駅南口の前の大通り（多喜窪通り）を南西の方向に進み、国分寺崖線のやや急で長い坂を下ると、野川がある。中央本線の北側に接する日立中央研究所の大池から流れ出たばかりの野川はまだまだ細く、橋の上から覗くと、底の方にもう一段切られた小さな溝の中を流れている、小川のようなものだ。

野川を過ぎてすぐの右側に「メゾンけやき」という名のマンションがある。村上春樹が国分寺に転居してきた翌年の昭和五十年（一九七五）に引っ越してきた、**村上春樹住居跡②**である。建て替えられているが、名前と場所は変わっていないようだ。

多喜窪通りから右折して国分寺崖線の急坂を上って行く。坂の中腹には日立泉水倶楽部という表札が掛かった立派な邸宅がある。Ｊ

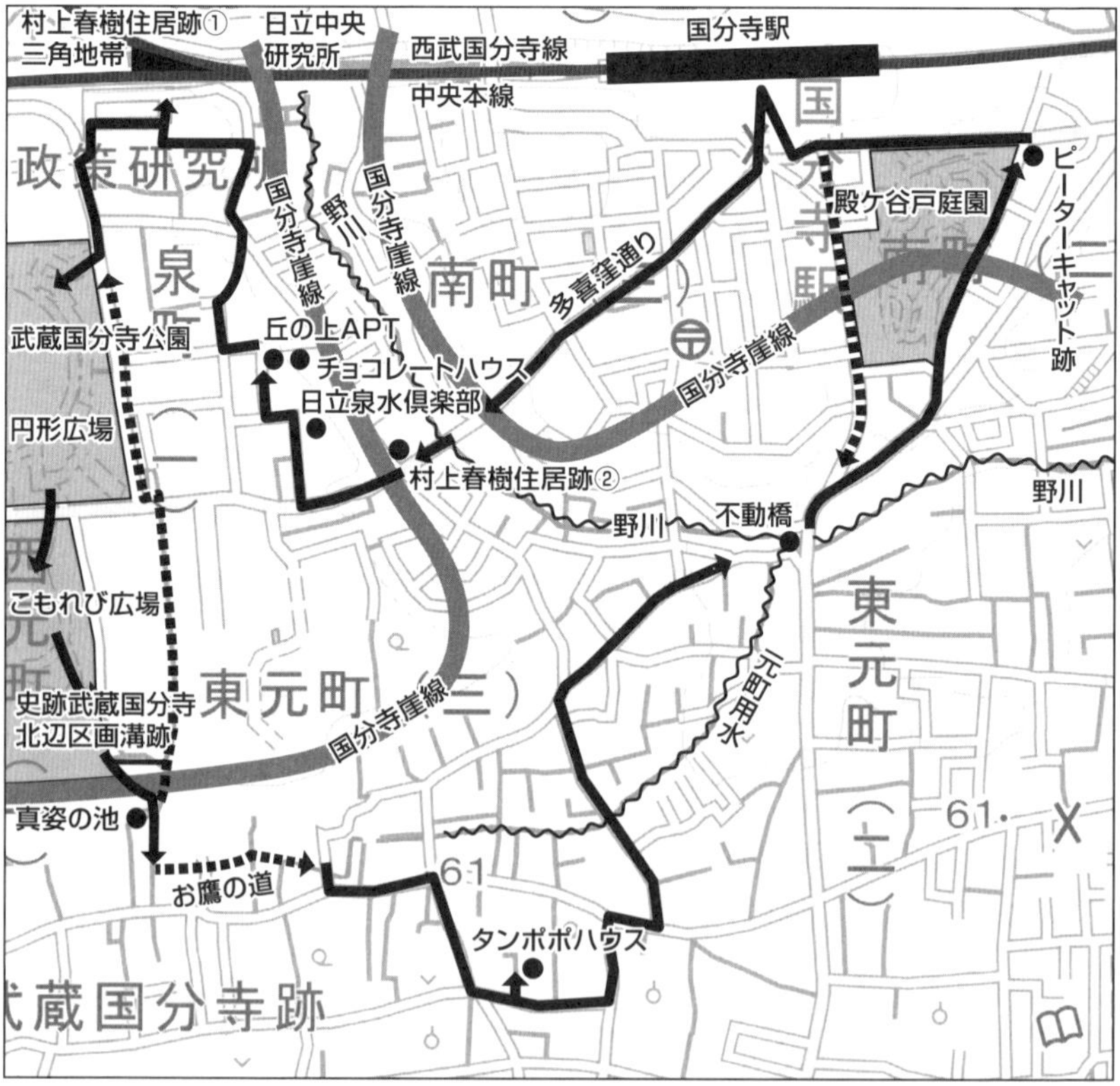

R中央本線の北側に位置する日立中央研究所の迎賓館のようだ。手入れの行き届いた庭木は紅や黄色にきれいに色づいていた。

台地の頂上に上ると全面がトタン板に覆われた風変わりな建物が目に付く。これが**丘の上APT**である。隣接して全面が銅板で覆われたチョコレートハウスがある。いずれも建築史学者・建築家の藤森照信氏（東京大学名誉教授、現東京都江戸東京博物館館長）の基本設計である。この地には洋画家の児島善三郎（一八九三〜一九六二）のアトリエがあった。国分寺崖線の崖を上り切った縁に位置するアトリエからは、崖下の田園風景が一望のもとに見渡せ、善三郎は多くの大作を描いた。今では田園は消えて一面の家屋と中小のビルになっているが、国分寺の街が一望のもとに見渡せる、他ではなかなか見られない雄大な景色である。

善三郎の孫にあたる児嶋俊郎氏が、青山・銀座・六本木に開いていた兒嶋画廊をたたんで、二〇一四年にこの地にギャラリーを移転して来たのが丘の上APTである。名前の由来はかつて隣接地にあった「丘の上アパート」の名を継承し、APTは「Art・Perspective（展望・遠近法）・Textile（織物）」の意だということである。兒嶋画廊は児島善三郎・志村ふくみ（一九二四〜、染織家、紬織の重要無形文化財保持者・人間国宝・文化勲章受章者）など日本の近現代美術の他に、藍染・アイヌの織物などの工芸も扱っている。さらに、古今東西の冒険的な作品を広く収集・販売しているようだ。

丘の上APTに入ると、入り口で出迎えてくれたのは、児嶋俊郎氏御本人だった。訪れた時（二〇一八年十一月）には特別展として、赤瀬川源平（一九三七〜二〇一四、前衛美術家・芥川賞作家・随筆家）の未発表コラージュ展が行われており、壁には多くのコラージュ作品（画面に紙・印刷物・写真などの切り抜きや様々な物体を貼り付け、一部に加筆などして構成し、広告・ポスターなどに広く応用される二十世紀絵画の技法）が並べられていた。二階のロフト部分では、アイヌの布を張ったソファーベッドや、倒木の根元を利用して造られたと思われるテーブルの上にも、コラージュ作品が並べられていた。特別展がないときには、白い壁には大きな布や年代物の品々・絵画などが随所に並び、また二階のロフト部分には、善三郎のアトリエが再現されたかのような、国分寺の風景画が並べられることもあるようだ。その旨がネットにアップされている。

二〇一九年七月末に訪れた時は、古今東西の布地の展示即売会を行っていた。掘り出し物を求めて好事家が訪ねて来る由である。布地展の前は、国分寺市内の縄文遺跡から発掘された縄文土器等を市の教育委員会から借り受けて、縄文遺跡展を開催していたそうだ。普段は関係機関の倉庫で眠っていたものが、久方ぶりに日の目を見ることが出来たといって、関係者に喜ばれたという。私が訪れた時も縄文土器が何点か置かれていたが、それらは画廊所有の土器のようである。

隣接の**チョコレートハウス**は兒嶋俊郎氏の自宅部分である。銅板が貼られた、外壁全体がチョコレートの色になっていることに加え、崖に半分突き出ている部分は脚が伸びて高床式のようになっている。さらに二階の茶室の部分は空中に突き出ていて、見る人を惹きつけ楽しませるメルヘンチックな建物である。藤森照信氏は、「ワクワクする家に住みたい」という兒嶋さんの期待に最大限に応え、施主の参加も得て設計したという。一般観光客は入れないが、内装もまた独特の工夫を凝らした、極めてユニークで、訪れる人を和やかな気持ちにさせるような家だということである。

丘の上ＡＰＴ・チョコレートハウスを離れ、崖の縁に沿って細い道を何度か角を曲がりつつ北に向かって進むと、眼下に中央本線が東西の方向に走っている台地の際に出る。中央本線の向こうは日立中央研究所の森である。実は中央本線の向こう側に西武国分寺線が北の方角から来て、この辺りでＪＲ線と合流して国分寺駅まで並走する形になっている。そうしてできた三角形の土地の突端に青い壁の家が見える。それが**村上春樹の住居跡①（三角地帯）**なのである。村上春樹が昭和四十九年（一九七四）、文京区の妻の実家から国分寺に移って来た最初の住居である。村上春樹は、随筆集『カンガルー日和』の中の「チーズケーキのような形をした僕の貧乏」の項で、この三角形の土地を、丸いチーズケーキを十二等分した、先端の角度が30度になる細長いケーキピースに例えている。その家は、「玄関の戸を開けると目の前を電車が走っているし、裏側の窓を開けるとそれはそれでまた別の電車が目の前を走っている」という状況で、「二本の鉄道線路にぴったりはさみこまれているわけだから」、まず騒音がひどかったようだ。それに加えて駅からのアクセスが非常に悪く、不便な土地だったので、家賃は驚くほど安かったという。当時はそんな家に住まなければならないほど貧乏だった。少しは余裕ができたのか、あまりの劣悪な環境に耐えかねたのか、一年余り経った翌年には前述のメゾンけやきに引っ越して行ったのである。

武蔵国分寺公園、武蔵国分寺北辺区画溝跡、真姿の池・お鷹の道

線路際から離れて西に進み、西国分寺駅から来た大通りが南に向きを変えたところを渡ると、**武蔵国分寺公園**がある。かつてこの地に旧国鉄の中央鉄道学園があった（一九八七年閉鎖）。中央には当時円形の線路が走っていたようで、現在は「円形広場」となっている。周りの銀杏や楓はすっかり色づいて紅葉の盛りであった。多喜窪通りを越えた南にも公園は続いている。この区域は「こもれび広場」と呼ばれていると聞けば、晩秋の木洩れ日がさらに優しく感じられた。

公園の中の道を南に進んで行くと、大型のマンション風の建物の前に、両側を灌木の植栽に挟まれた、道のような空間がある。しかしこれは道ではない。「**史跡武蔵国分寺北辺区画溝跡**」と横書きに刻まれた、高さ六〇〜七〇センチ、横三メートル程の石が入口を塞いでいる。武蔵国分寺は、東西九〇〇メートル、南北五〇〇メートル、幅二・一〜三・〇メートル、深さ二・五〜一・五メートルの溝で囲まれていた。この北辺の溝が発掘されたことによりその正確な位置と規模が判明したのである。溝は現在埋め戻されて保存されている。二〇一九年七月に訪れた時は、武蔵国分寺公園の東の縁の道を歩いていたら、溝跡復元部分の最東端に出た。前回通った埋め戻し部分の反対側の端である。そこには三メートル四方、深さ三メートルほどの穴が埋め戻されずに残されている。底面はきちんと固められ、溝の両側面は水平の堆積した地層になっているが、溝の前後にあたる面は褶曲した地層が露出したようになっている。素人目にはこれが武蔵国分寺北辺区画溝とは想像がつかないが、穴の脇には**伽藍地（寺院地）北辺の区画溝跡**と書かれた大看板があり、武蔵国分寺全体の区画溝の図と説明が書かれている。それを見ると、四辺の区画溝はきちんと東西南北を向いておらず、したがって全体の区画は正方形ないし長方形ではなくて、少しいびつな四辺形であったことが解る。

武蔵国分寺公園の南の縁には、斜面に金網の垣根が造られている。その間の急な細い階段道を下って行くと、真姿の池に出る。そこからお鷹の道に合流して遊歩道を歩き、その出口から南方向に入ると、タンポポハウスがある。

タンポポハウス

住宅地を歩いて行くと、タンポポハウスは突然現れる。戦国武将の鎧のような佇まいのこの家は、前述のチョコレートハウス等を設計した藤森照信氏の自宅である。二階の屋根の上に植えられたタンポポが根を張り、風にそよそよとなびいているところからタンポポハウスと命名された。タンポポハウスについては、設計者である藤森照信氏の著書『タンポポハウスのできるまで』（朝日文庫、二〇〇一）に詳しい。

建物の基本構造は鉄筋コンクリートである。屋根や壁には、板状にはがれ易い性質を持つ鉄平石が用いられている。屋根斜面には、鉄平石と植物を植えるプラントボックスを交互に並べ、そこに芝とタンポポが混植されている。

二階部分の外壁にも鉄平石とプラントボックスを並べて、ハナスベリヒユという色とりどりの花を咲かせる繁殖力旺盛な雑草が植えられている。

なぜタンポポなのか。始めはビル緑化のためにツタを考えたが、冬に葉が落ちた後のツタは汚れた蔓が絡まっているだけで見栄えが良くない。冬枯れが美しいように雑草をはやすこととし、春を飾るためにタンポポを混ぜて植えるようにしようというのが、最初の発想であった。このアイデアに建築関係者のだれもが賛同したが、実行に移す人はだれもいない。そこで自宅で試すこととしたというのがそもそもの発端であった。なおこのタンポポには、とことん日本タンポポにこだわったが、日本国中のタンポポは西洋タンポポにほぼ席巻されていたので、探すのに相当苦労したようだ。

建物が完成し、藤森家が入居したのは一九九五年十月のことであり、翌年の春、花の咲くのを待ってお披露目をし、タンポポハウスと命名したとのことである。

この家が出来上がってからの藤森氏の感想は、タンポポは野に咲いているのを上から見るものであって、下から見上げるものではないこと、また、屋根や壁に黒みがかった鉄平石を用いたことから、中世の侍の鎧のような異様な外観になり、周囲の住宅とは全くマッチングしないものになってしまった、等々である。特に苦労し、試行錯誤を繰り返したのは給水設備に関することで、そのため藤森氏ご自身が命綱をつけて二階の屋根に何度も上られたことが、前掲書に写真入りで紹介されている。その他建築の過程での様々な問題をどう対処したか、また、内装についても数々の独特な工夫がなされているようであるが、それらについてはここでは省略する。

東京シティガイドクラブのツアーで二〇一八年十一月に訪れた時は、屋根の上には枯れたタンポポがもじょもじょと立っているだけだった。春になれば黄色い花をつけたタンポポが見られるものと期待し、また壁に植えられた、八月ごろには咲くというハナスベリヒユも、葉が少しは覗いているのではないかと期待して、翌二〇一九年のゴールデンウィークのある晴れた日に、二度目の訪問をした。ところが屋根にはタンポポの花は全く見えず、頂上付近には枯草に交じって青々と長い葉の植物がこんもりと生えていた。二階の壁にも植物の葉らしきものを覗かせていることはなかった。それだけではなく、一階のサンルームの屋根の上に職人が上がって何やら作業をしている。よく見ると二階の壁に取り付けてあるプラントボックスの土を入れ替えているようだった。

そこに老紳士が外出から戻られ、職人と二言三言話しを交わしてから家に入ろうとされた。思い切って、「藤森先生でいらっしゃいますか?」と尋ねたところ、そうだということだった。自己紹介をし、来意を告げたところ、「この冬給水に失敗してタンポポはすべて枯らしてしまった。残っているのは家の周辺に飛んだ種から自然に生えてきたものだけになった。屋根の上には少しだけ植えてあったニラが繁茂している」ということだった。足元の道路際には確かに日本タンポポが自生し、黄色い花をつけていた。藤森先生にお願いして、建物を背景にして、先生の写真を撮らせていただいた。藤森先生から直接お話を伺うことができたのは大層幸運なことであった。なお、このニラは、藤森先生が前出の赤瀬川源平の依頼を受けて、緩やかな勾配の屋根にニラを植えたポットを配置した家（玉川学園に所在していた通称ニラハウス、一九九七年に竣工したが、赤瀬川源平の没後撤去されたようだ）を設計した際に、実験のためにタンポポハウスの屋根に植えたものだという事である。

タンポポハウスの中世の侍の鎧のような外観は、周辺の民家とは全くマッチしないものになってしまったという藤森先生の感想は、そのとおりかもしれないが、私が五月に訪問した時には、南東に接していた菜の花畑が、ちょうど花の盛りであった。びっしりと咲いていた黄色い菜の花の奥に、浮かんでいるようにそびえていた黒いタンポポハウスは、なかなかの威容であり、風景に十分溶け込んでいるように思われた。

次に二〇一九年七月末に三度目の訪問をした時は、屋根には緑色の細い葉の植物がチョボチョボと生えているだけで、明らかにタンポポはないようだった。芝だけなのか或いは生長途上のニラなのか、道路から見上げただけでは判断がつきかねた。壁のプラントボックスからも緑色の小さな葉が僅かに覗いていたが、生長過程にあるハナスベリヒユかどうかは確認できなかった。

四回目の訪問は、コロナ外出自粛宣言が完全に解けた、二〇二〇年七月初めのある晴れた日であった。ほかの場所に行くつもりはなかったので、熱中症を避けるため、往復とも国分寺駅から最寄りの停留所までバスを利用した。目指すタンポポハウスは、屋根はこんもりとした緑の草ですっかり覆われており、壁面のプラントボックスからも緑の草がしっかりと伸びていて、中世の侍の鎧よりはるかに和やかな外観になっている。屋根にもタンポポは全く見えないし、壁も屋根と同じ種類の草のように見える。植わっている緑の草が何なのかを確かめたい。しかし前にお目に掛かっているとはいえ、見ず知らずの身で突然ベルを鳴らすわけにもいくまい。残念だけどそろそろ引き上げることにするか、と思っていた丁度その時、藤森先生が玄関から出て来られた。昨年五月に参りました時には、職人さんが土を入れ替え、種を蒔いていたところで、その節に先生のお写真を撮らせて頂いた旨申し上げたところ、「屋根も壁も全部芝を植えたのです、タンポポはどうしても枯れてしまうので」ということだった。一度ならず二度までも、藤森先生から直接お話を伺うことができて、まさに度重なる幸運であった。「タンポポハウス」は、「芝ハウス」とか「グラスハウス」に改名されるのだろうか。

村上春樹のピーター・キャット跡

タンポポハウスから離れて北に向かって歩き、元町用水を渡り、不動橋を経由して、殿ヶ谷戸庭園の東側の縁に沿って国分寺崖線の急な坂道を上ると、庭園の北辺に面する大通りに出る。その角にある、壁面が赤い、一階に薬局の入っているビルの地下に、村上春樹が昭和四十九年に開店したジャズ喫茶「**ピーター・キャット**」はあった。ピーターは国分寺に来る直前まで飼っていた猫の名前である。随筆集『村上朝日堂』には、文京区の妻の実家を出て国分寺に引っ越したのは、「そこでジャズ喫茶を開こうと決心したから」と書いてある。そのころの生活について、村上春樹は、著書『職業としての小説家』の中で、昔自分が使っていたアップライトのピアノを持ち込み、週末には当時武蔵野近辺に多数住んでいたジャズ・ミュージシャンのライブをやるなど、「実に楽しかった」と書いている。ジャズ喫茶開店にあたって多くの借金を抱えていたので、「毎日朝から晩まではたらき、食べるものもろくに食べないで」返済に励んだようである。「暖房器具もほとんどなく、寒い夜には飼っていた何匹かの猫をしっかり抱いて寝るしかありませんでした。猫の方もけっこう必死にしがみついていました」と当時の貧乏生活を回想している。

春樹は昭和五十二年（一九七七）、店の営業も順調に進んできたが、家主の都合から国分寺を離れることとなり、都内の千駄ヶ谷に移転した。店は少し広くなり、ライブ用にグランドピアノも置けるようになった。前出『職業としての小説家』によれば、村上春樹は、昭和五十三年に神宮球場外野席で、プロ野球ヤクルトスワローズ対広島カープの試合を、がらがらの外野席でビールを飲みながら寝転んで見ているときに、「何の脈絡もなく何の根拠もなく」、ふと「そうだ、僕にも小説が書けるかもしれない」と思ったという。そこで原稿用紙を買ってきて、夜遅く、店の仕事が終わってから、半年をかけて書き上げたのが、処女作『風の歌を聴け』である。春樹三十歳のことであった。この作品は「群像」新人文学賞を受賞したが、芥川賞は候補にはなったものの最終選考で逃したのである。

ピーター・キャット跡から多喜窪通りを西の方向に進み、殿ヶ谷戸庭園の前を経由してＪＲ国分寺駅に至った。

番町・麴町・平河町

2019年11月記・2020年10月追記

江戸城半蔵門の西側一帯の高台は、山の手と呼ばれ、江戸時代には旗本や御家人の武家屋敷が広がっていた。半蔵門から四谷見附を経て甲府に至る、甲州街道に沿った戦略上重要な場所だったので、この一帯の守りを強化するために、直属の軍勢を配置した。親衛隊である旗本の戦闘部隊（番方）、すなわち大番組・書院番組・小十人番組などである。番町の由来はここからきている。大番組は一番から六番までの六組に分けられ、その住まいも一番丁から六番丁までに分けられた。現在も一番町から六番町まで存在する。

番町には広大な旗本の屋敷がずらりと並んでいた。旗本は一万石未満の石高で、将軍に御目見えできる身分の侍であったが、一万石に近い大旗本の屋敷は二千坪以上もあり、二百石～三百石ぐらいの平均的な旗本でも五百坪ぐらいの敷地があった。また、御家人の中級武士である与力で二百坪、下級武士の同心で七十～百坪の屋敷が与えられた。

明治維新で徳川幕府が崩壊すると、この屋敷町には空き家が目立つようになったが、やがて政治家などの政府関係者、作家や作曲家といった文化人などが住み始めるようになった。現在も広い区画の敷地が残されており、伝統のある学校やいかにも高級そうな中低層マンション、大使館などが建ち並んでいる。

麴町は半蔵門と四谷見附との間で、甲州街道を挟んでその南北に商人の町として発展した。この区間の甲州街道の沿道には、商店がずらりと並び、大名や旗本の屋敷相手の商売で繁盛した。麴町の名前の由来は、麴を扱う店が多かったからともいわれるが、当時このあたりは国府路《こうじ》口（すなわち甲州街道口）と呼ばれ、甲州街道の終点あるいは起点だったのである。のちに麴の字があてられたと考えたほうがよいであろう。

平河町は、甲州街道・麴町の南、紀尾井町の東隣りに位置し、江戸時代は、武家屋敷とともに商人や職人が集まる賑わいを見せるとともに、菅原道真を祀った平河天満宮から名前をとって名付けられた門前町でもあった。
心法寺、番町文人通り（藤田嗣治、島崎藤村、泉鏡花、有島三兄弟・菊池寛、明治女学校跡、与謝野鉄幹・晶子、串田孫一など）

ＪＲ四ツ谷駅を麹町方面の出口から出て、半蔵門に向かって歩き、番町文人通りの看板をやりすごすと、すぐに**心法寺**《しんぼうじ》への入口がある。一五九七年設立の浄土宗の寺で、徳川家康とともに三河国奉宝寺から来た然翁聖山《ねんおうせいざん》上人が開山した。家康の信仰が厚く、帰国も許されなかったため江戸に留まり、お堂を建て寺名も心法寺と改めた。上人の意志で、町人を檀家として発展したが、幕末には武家や大奥の女性の檀家も増えたようである。

心法寺を出て新宿通りを少し戻り、**番町文人通り**に入る。文人通りの北側が六番町、南側が二番町である。千代田区は、江戸開府以来の様々な歴史的な事件や事象、活躍した人物の足跡などについて、「まちの記憶保存プレート」を設置して、地域の人々や来訪者に提供し、町の魅力をアピールしている。文人通りに入ってすぐの角に、フランスで活躍した洋画家の**藤田嗣治**（一八八六〜一九六八）**旧居跡**の案内板がある。藤田はこの地に昭和十二年から十九年まで住んだ。藤田の旧居跡を過ぎてすぐに左折すると、**島崎藤村**（一八七二〜一九四三）**旧居跡**のプレートがある。藤村は昭和十二年から十八年に亡くなるまでここに住んでいた。藤田は画学生の時代にパリで藤村に世話になっており、この地でも藤村の家の隣に、藤村と同様の数寄屋造りの家を建てて転居して来て、親しくしていたようだ。

藤田が軍の要請を受けて、数多くの戦争画を描いたのはこの地に住んでいた時のことである。藤田は、戦争画を描くことに関連し、手記を新聞・雑誌などに投稿し、また座談会にも出席している。この点に関しては、藤田嗣治著・林洋子編『藤田嗣治　戦時下に書く　新聞雑誌寄稿集』（ミネルヴァ書房

二〇一八年）がある。これを読むと、随所で、画家として聖戦に参加することの喜びや、士気の高揚に向けて惜しみなく協力する意向を書き、また、語っている。同時に、戦争画を描くに当たっては、軍隊という集団の中の個々の人間の動きや表情なども正確にとらえ丁寧に描き込むことが肝要で、そのための技巧を磨き、画家としての新たな境地を開かなければならない。戦争画を描く機会を得たことは、画家としてこの上のない喜びであり、自分の手で新たな国宝を作り上げようとの意気込みをすら表明している。このように藤田としては、戦争中母国への純粋な愛情をもって忠誠を貫き、画家としての仕事に精進したわけであるが、戦後は一転して画家の戦争協力の問題で批判の矢面に立たされてしまった。戦時中は藤田のもとにすり寄ってきた画家たちが、戦後は手のひらを返すように、藤田にのみ戦争画の責任をなすりつけようとした。そんな日本の画家たちに失望した藤田は、一九四九年アメリカを経由してフランスに向かった。一九五五年、藤田はフランスの国籍を取得し、二度と日本に戻って来ることはなかったのである。

島崎藤村住居跡からそのまま北上し、文人通りに平行する一本北の番町学園通りに出ると、突き当りは**雙葉小・中・高等学校**であり、隣接して**番町小学校**がある。

番町小学校前の角を右折して再び番町文人通りに向かうと、右側のマンションの前に**泉鏡花旧居跡**のプレートがある。その対面のベルテ六番町というマンションは、**有島3兄弟**が暮らしていた旧旗本屋敷の跡地に建ったのである。文人通りの十字路を左折すると、マンションの石垣の前にプレートがあり、**有島武郎**（一八七八〜一九二三）・**里見弴**（一八八八〜一九八三）の作家兄弟がこの地に住んでいたとの記述がある。薩摩藩出身で大蔵省に勤務し横浜税関長などを経て日本郵船の役員などを歴任した兄弟の父が、明治二十九年にこの地の屋敷を購入したのである。当時は三つの旗本屋敷を合わせて一一二六坪という、広大な敷地であった。武郎は晩年にはここを住まいとし、物議を醸した心中の後の葬儀もここで行われた。武郎の死後、長屋門のある母屋が貸しに出され、それに応じて**菊池寛**が移り住み、自宅兼文藝春秋事務所とした。有島生馬は、一時期を除き、戦災に遭うまでここの屋敷に住んでいた。道を隔てた西側の長屋に住んでいた泉鏡花の書斎は、二階の東側に面しており、有島邸の豊かな庭を時々見ながら原稿を書いたと伝えられる。

文人通りをさらに東に進むと、日本テレビ通りとの交差点の角に**明治女学校跡**のプレートがある。羽仁もと子・野上弥生子などの先進的な女性を輩出した明治女学校は、明治二十五年（一八九二）から四年間ここにあった旨が記述されている．明治学院を卒業した島崎藤村は、明治女学校の教壇に立ち、英語と英文学を教えるようになった。そこで教え子の一人を恋するようになったが、彼女は卒業と同時に親が決めた許婚のもとに帰ってしまった。藤村は失意のうちに女学校を辞職して漂泊の旅に出たのである。この間の事情は、後に自伝的小説『桜の実の熟する時』に書かれている。北村透谷も一時この学校の教職にあった。

日本テレビ通りを渡ると、文人通りの北側は四番町に変わる。南側の最初のブロックには日本テレビ麹町スタジオがあり、ここまでは二番町であるが、次のブロックには**女子学院中・高等学校**があり、ここからは一番町である。女子学院の対面の四番町側には**与謝野鉄幹・晶子旧居跡**のプレートがある。歌集『みだれ髪』でデビューした情熱の歌人与謝野晶子（一八七八～一九四二）と夫で雑誌『明星』を主宰した与謝野鉄幹（一八七三～一九三五）が明治四十四年から四年間ここに暮らした、と記されている。番町文人通りをさらに東に進むと、南側に**串田孫一旧居跡**のプレートがある。人生・山・植物などをテーマにエッセイ・詩集・人生論などの著作を残した哲学者・詩人の串田孫一（一九一五～二〇〇五）が、昭和十三年から数年間ここに住んだ旨記されている。

東郷通り（四番町図書館・網野菊旧居跡・東郷元帥記念公園）、**二七通り**（大橋図書館跡・『明星』発祥の地・塙検校和学講談所跡）、**内堀通り**（二松学舎大学）

ここから文人通りを少し戻り、東郷通りに入って、行人坂を少し下ると左側に千代田区立**四番町図書館**がある。番町を始めとする千代田区に関連する資料や文献の閲覧をさせてもらった。四番町図書館の入口の脇に**網野菊旧居跡**のプレートがある。網野菊（一九〇〇～一九七八）は、幼少のころから麹町界隈に親しみ、庶民の生活を描いた作家であり、昭和十七年から空襲で焼けるまでこの近辺に住んでいた。番町学園通りを横切ると東郷通りは上り坂になるが（東郷坂）、この坂の東側の区画全体が東郷元帥の邸宅跡であり、現在は**東郷元帥記念公園**として整備されている。東郷通りの東側は三番町である。

東郷坂を上り切って二七通りを右折すると、程なくして東京家政学院があり、その正門近くに**大橋図書館跡**のプレートがある。大橋図書館は、大橋佐平（明治時代の実業家・博物館創業者）が一九〇二年にこの地に創設した、私設図書館のさきがけであった、と記されている。さらに進むと、**『明星』発祥の地**のプレートがある。東京新詩社（与謝野鉄幹主宰）の機関誌『明星』は、明治三十三年（一九〇〇）にこの地で刊行され、主要同人として高村光太郎・北原白秋・石川啄木・鳳（与謝野）晶子らが寄稿し、

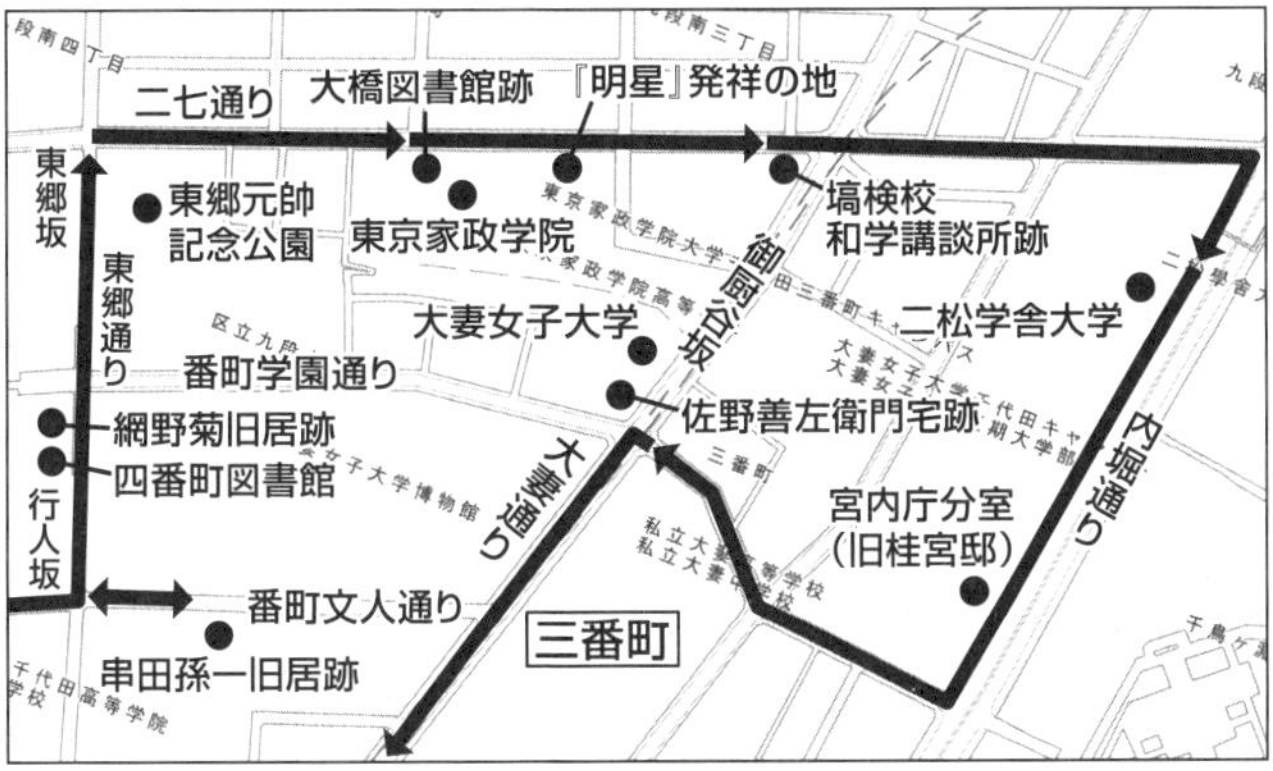

当時の歌壇・詩壇に大きな影響を与えた、と記されている。

二七通りと大妻通りの角には、**塙検校《はなわけんぎょう》和学講談所跡**の案内板がある。塙保己一は武蔵国の農家の出で、七歳の時に失明したが、十五歳の時に江戸に出て勉学に励み、抜群の記憶力で古今の古典の集大成となる『群書類従《ぐんしょるいじゅう》』を編纂し、盲人の最高位である検校となった。

次に内堀通りまで足を伸ばし**二松学舎大学**を訪れた。**二松学舎**は明治時代の漢学者・三島中洲《ちゅうしゅう》（東京大学教授・大審院判事）が明治十年に創立した漢学塾が前身である。歴代舎長に渋沢栄一、吉田茂らを迎え、また、二松学舎に学んだ著名人としては、中江兆民・犬養毅・夏目漱石・平塚らいてう・嘉納治五郎らがいる。

漱石が、府立一中を中退した以後、大学予備門・一高本科・帝国大学において英語・英文学を学んだ以前の約一年間、この二松学舎において漢学を学んでいたことは、一般にはあまり注目されていない。残暑もようやく収まりつつあった二〇一九年九月中旬の一日、旧知の二松学舎理事長・水戸英則氏を訪れる機会を得た。当日は、漱石から正岡子規に宛てた手紙のオリジナル（明治二十四年七月十八日付、病気のため帰省した子規を見舞う文面、差出人凸凹から受取人物草次郎に宛てた手紙）など、二松学舎が所有する漱石関連の手紙や書物の何点かを、倉庫から出して図書館の一室に陳列していただき、拝見させてもらった。漱石が在籍していたのは養家から夏目家に復籍するより前のことであり、塩原金之助名の卒業証書が教職員サロンの一隅に陳列されていた。

ネット上の二松学舎大学紹介の中の「二松学舎列伝」によれば、漱石は僅か一年ほどの在籍期間のうちに、類まれなほど高度な漢学の課目を修得したようだ。漱石の漢学に関する造詣は、後年の作家漱石の様々な作品に存分に生かされたものと思われる。二松学舎大学は、若き日の夏目漱石が二松学舎に学んでいたことを、一般観光客の目に触れやすい所に案内板を立てて掲示するとよいと思った。その後、二松学舎大学では、漱石・渋沢栄一等二松学舎に関連した人々のレリーフと案内板を作成し、正門脇に掲示することを決定したようだ。漱石の足跡を示す銘板が新たに生まれることは喜ばしいことである。

二松学舎を出て内堀通りを南下し、立派な門構えの**宮内庁分室（旧桂宮邸）**の前を経て右折し、二ブロック西に向かって歩くと、大妻通りに出る。

大妻通り（佐野善左衛門宅跡・滝廉太郎居住地跡・武者小路実篤生誕地）

大妻女子大学の門前に、**佐野善左衛門宅跡**の案内板がある。現在の大妻女子大の辺りには、旗本佐野家の屋敷があった。佐野家は代々番士として江戸城の警備を勤めていた。一七八四年、当主であった善左衛門は、江戸城内で若年寄田沼意知（老中田沼意次の息子）を斬りつけ、その後切腹を命じられた。当時、飢饉や大火が続き、物価が高騰していたが、この刃傷事件が米価の下落の時期と重なり、さらに老中田沼意次が失脚したことから、善左衛門は「世直し大明神」と、江戸市中の人々から崇められた。なお、歌舞伎の『有職《ゆうそく》鎌倉山』はこの事件をもとに脚色したものといわれている。

番町・麹町の一帯は、東西に谷が走っているため、大妻通りを北から南に向かって歩くときはアップダウンが激しい。大妻女子大の前の御厩谷《おんまやだに》坂は、近辺に将軍家の厩舎があった。番町学園通りとの交点のあたりが一つの谷で、番町文人通りと出合うあたりは山になっており、番町中央通りと出合うところまで台地は続く。その付け根のところに、**『荒城の月』の記念碑**と**滝廉太郎居住地跡**の案内板がある。作曲家の滝廉太郎（一八七九～一九〇三）は、明治二十七年（一八九四）頃から明治三十四年（一九〇一）にかけてこの付近に居住した。父の転勤のため幼少期を大分で過ごしたが、高等小学校卒業後に上京し、東京高等師範学校附属音楽学校専修科（後の東京音楽学校、現在の東京芸術大学）に入学した。優秀な成績で卒業後、研究科を経て後進の指導にあたった。『花』・『荒城の月』・『箱根八里』・『お正月』・『鳩ぽっぽ』等、数々の名曲を発表した。その後ドイツのライプツィヒに留学したが、肺結核

のため帰国、二十三歳の若さで夭折したのである。滝廉太郎が一番町に暮らしていたことから、毎年秋には地元町会の主催で、「滝廉太郎を偲ぶ会」がこの場所で開催されている。

滝廉太郎記念碑を過ぎるあたりから、大妻通りは袖摺坂《そでずり》という下り坂になっている。昔は狭く、くびれた坂で袖がすり合うほどであったという。袖摺坂を下り切った交差点の付近に、東京メトロ半蔵門線の半蔵門駅の入口がある。この辺りは大妻通りから半蔵門通りと名前が変わっているようだが、次に、永井という旗本の屋敷があったところから名付けられたという永井坂を上って、信号のある交差点を右折すると、程なくして右手に全国農業共済会館がある。ここには案内板やプレートのたぐいは何もないが、ここが**武者小路実篤**（一八八五〜一九七六、白樺派の小説家・画家）**生誕地**である。

武者小路家は藤原氏系統の華族で、父実世は岩倉具視に同行して留学したエリートだったが、実篤二歳の時に病没した。残された母子は所有していた他の土地の売却や、家賃収入などで生計をまかなった。実篤はここから四ツ谷駅の先にある学習院初等科に、背嚢（ランドセル）を背負って徒歩で通ったのである。実篤は大正二年（一九一三）に結婚するまでこの地に住んでいたので、初期の私小説的な作品である、『初恋』・『お目出たき人』・『世間知らず』などは、この地で出会った人をモデルとして書かれたものである。

他方、実篤は明治四十三年（一九一〇）に、志賀直哉・有島武郎・有島生馬らと文学雑誌『白樺』を創刊、白樺派の思想的な支柱となった。六年後の大正五年（一九一六）には、志賀直哉が移り住んでいた、現在の千葉県我孫子市に移住した。その後、大正七年（一九一八）には宮崎県に、昭和十四年（一九三九）には理想郷の実現を目指して「新しき村」を建設したのである。

戦後は、太平洋戦争中の戦争協力が原因で公職追放されたが、昭和二十六年（一九五一）追放解除になり、文化勲章を受章した。また、晩年の二十年間居住した調布市の自宅敷地及び建物は、没後に「実篤公園」・「調布市武者小路実篤記念館」として公開されている。

このように見てくると、武者小路実篤の生誕地に、プレートや案内板の類が何もないのは、どういう訳か理解に苦しむところである。

麹町（小西薬局）

全国農業共済会館の道を隔てて向かい側にアイルランド大使館があるが、そこは麹町二丁目であり、そのまま南に進めば新宿通り（麹町通り）に出る。麹町は前述したように、半蔵門から四谷見附までの甲州街道の両側に商業地として発展した町で、半蔵門に近い所から、一丁目〜六丁目になっている。近隣の旗本屋敷や大名屋敷を背景に、商いの種類は多彩であり、高級品を扱う老舗も多かったようだ。武家屋敷に中間や足軽などの奉公人を世話する口入《くちいれ》屋・薪炭屋・米屋・両替屋・雛人形店・飛脚屋・紺屋などである。決して麹を扱う店が突出して多かったわけではないが、甲州街道を意味する「国府路（こうじ）」が「麹」に転じた、というのはいかにも納得のいく話である。

麹町は、元禄時代には日本橋と並び、江戸有数の繁華街であった。赤穂浪士四十七名の内、吉田忠左衛門など十七名が麹町の四軒の裏店に分散して潜伏していたといわれている。繁華街の雑踏の中に紛れることによって、身元を目立たなくさせていたものと思われる。因みに、大石内蔵助など十一名は日本橋・八丁堀方面に、五名がやや離れて芝・浜松町に住んでいた他は、堀部安兵衛など十四名が、襲撃地である吉良邸にも近い本所・深川方面に分散して住んでいたようである。こうしてみると、吉良邸からかなり離れた麹町に潜伏した十七名という人数の多さはきわだっている。

新宿通りに出て四谷に向かって二、三分歩くと**小西三誠堂薬局**がある。江戸時代から続いている老舗の薬問屋の小西六であるが、後のコニカの元にもなった店である。他にも残っている老舗はあるようだが割愛して、この後、半蔵門通りに戻って新宿通り（麹町通り）を渡った。左手奥に半蔵門が見える。

平河町（平河天満宮・柳原二位局屋敷跡・巌谷小波生誕地）

麹町通りから半蔵門通りを二ブロック歩くと平河町に入る。半蔵門通りの東側は隼町といって、町の大部分は国立劇場と最高裁判所の大区画になっている。麹町通りから四つ目の角を右に曲がると正面に**平河天満宮**が見える。平河天満宮は、もともとは太田道灌が江戸城内に天神を祀ったものであるが、江戸幕府の設立後の一六〇六年に江戸城築城のため、内濠の外の現在の場所に移転した。江戸時代

は、寺子屋の子供らが学問の神様・菅原道真公参りにやってきた。現代でも受験生に大人気のようである。入口にある銅の鳥居は一八四四年に氏子の町内から奉納されたもので、千代田区内で最も古い鳥居である。境内には多方面から寄贈された石の寝牛像が幾つもある。

　平河町二丁目十番には**寺田寅彦生誕地**が、十三番には**堀辰雄生誕地**があったはずだが、案内板もプレートもないので、正確な場所は分からずじまいだった。その代わりというわけではないが、十三番の株式会社読売情報開発の外壁に、「この広場及び通路は、建築基準法に基づく総合設計により設けられた公開空地です。平成十年十月七日」と記された、東京都千代田区都市開発部による「**公開空地掲示板**」が掲げられていた。手持ちの地図ではこのさき道が途切れて行き止まりのようになっていたが、進んで行くと、JA共済ビルの裏手が庭園風に整備され、石畳の散歩道が敷かれている。ここにも公開空地であることを示す東京都都市整備局によるパネルがあるが、そこには「歩行者が日常的に通行又は利用できるものです」と書き加えられている。

　石畳の通路を歩いてまず目に入ったのは、「松菊先生遺愛の玉蘭　大正二年八月　杉重華書」と彫られた大きな石である。何のことかわからなかったが先へ進むと、「**土地の記憶と風景の継承**」と題したパネルがある。そこには、この地が明治時代以降**柳原二位局や杉孫七郎の屋敷**があった土地であること、柳原二位局（愛子《なるこ》）は、明治天皇の典侍（最高位の女官）で大正天皇の生母であり、伯爵柳原前光の妹で、歌人の柳原白蓮の叔母であること、が書かれている。さらに読み進むと、杉孫七郎は明治大正期の政治家で皇太后宮大夫であったこと、明治天皇に賜った蘭に感激し家宝としたことを伝える「**玉蘭《ぎょくらん》の碑**」が敷地に残っていること（松菊先生は木戸孝允、杉重華は孫七郎）、などが書かれている。さらに通路を歩いて行くと、柳原二位局屋敷の門傍にあった「下乗の碑」・「下馬の碑」が敷地の中に据えられている。

　公開空地から貝坂通りに出ると、JA共済ビルや砂防会館などが並んでいる。都道府県会館と**麴町中学校**の間の道を西に進むと、プリンス通りに出る。角に木造平屋の、いまにも朽ち果てそうな家があり、工事用の塀に囲まれて「危ないからはいっていけません！」と書かれた紙が貼ってある。**巌谷小波《さざなみ》**（一八七〇～一九三三、明治・大正期の作家・児童文学者）の生誕地かと思われるが、プレートなどはない。プリンス通りを少し北上すると右手に麴町中学の正門が、対面の紀尾井町にはプリンスホテルの旧館（**旧北白川宮邸洋館**）がある。

　ここでこの日の散策を切り上げて、都道府県会館脇に戻り、東京メトロ永田町駅から帰宅の途に就いた。

豪徳寺〜三軒茶屋〜祐天寺〜中目黒

2020年　2月記

世田谷八幡宮・豪徳寺・世田谷城址公園・松陰神社

小田急線豪徳寺駅から東急世田谷線に沿って南方向に進み、線路を渡って宮坂に入ると、世田谷線宮の坂駅の近くに、**世田谷八幡宮**がある。鎌倉時代末期から室町時代にかけて、世田谷の一円を支配していた吉良氏の氏神的性格と地位を持ち、源氏の祖神を祀った鶴岡八幡宮を勧請した重要な神社であった。朱塗りの大鳥居をくぐると右手に池があり、弁天様を祀った厳島神社がある。この奥の一段高いところに土俵があり、「江戸三大相撲」として奉納相撲が有名であった。いまでも境内に九個の力石が残っている。昭和三十九年に建てられたコンクリートの社殿の中に、一八一三年建立の旧社殿が納められている。十一月下旬の日曜日とあって、境内は七五三を祝う家族連れで賑わっていた。

世田谷八幡宮を出て宮の坂駅の脇で再び線路を渡り、城山通りを東に進むと、程なくして左側に**豪徳寺**がある。山門に至る参道の両側は、見事な松と桜の並木になっている。山門をくぐると正面に黄檗宗の建築様式が随所にみられる仏殿がある。仏殿の近くに三重塔や鐘楼があり、木立に囲まれてなかなか趣のある佇まいである。境内の紅葉は綺麗に色づいていた。コンクリート造りの本堂はこれらの建物のさらに奥にある。

豪徳寺は、元々は吉良氏によって建てられた弘徳院という小庵で、吉良氏没落後は衰微していたが、彦根藩主井伊家二代直孝が菩提寺とし、直孝の法号に因んで寺名を豪徳寺と改めたことから、江戸時代には、井伊家の庇護のもと寺運は大いに栄えた。井伊家墓所は、塀に囲まれた広大な敷地に大型の墓石が並ぶ、都内屈指の大名墓所であり、国史跡になっている。門から入って突き当りに二代藩主直孝の墓があり、江戸で亡くなった夫人・子女の墓がならぶ。

桜田門外の変で水戸浪士に暗殺された**井伊直弼の墓**は、左手いちばん奥の方にある。

豪徳寺といえば招き猫である。伝説では、直孝が彦根藩の所領であった世田谷村へ遠乗りにやって来て、弘徳院の門前にさしかかってきたときに、激しい夕立となった。直孝主従が門前の大木の下で雨宿りをしていると、山門に出てきた一匹の猫が、しきりに手招きしているように見えた。猫につられて直孝ら一行が寺に入った途端、大木に落雷して直孝は一命を救われることになったというのである。その後豪徳寺繁栄のもとになったタマという和尚の飼い猫は、観音様の化身とまで崇められるようになり、仏殿に隣接して招福観音堂が建てられ、そこに祀られるようになった。貧乏寺に福をもたらした猫のタマに因み、招福開運を祈願する人々が多数やってくるようになった。お堂の周囲には、参拝者によって奉納された、大小さまざまなおびただしい数の招き猫が、ひな壇のように、びっしりと隙間なく並べられている。灯篭の中にまでも、小さい招き猫が幾つか置かれている。

ところが、この招き猫招福伝説は、長澤敏明著『江戸東京の庶民信仰』（講談社学術文庫）によれば、明治以後新しく作られたもののようだ。本書の中で、この伝説は、江戸時代の古い歴史資料や地誌・随筆類には全く記述されていないだけでなく、井伊家による豪徳寺への庇護の途絶えた明治維新後に、参詣客誘致のため、豪徳寺の檀徒有志が創作したものであることが明らかにされている、との旨が記述されている。

豪徳寺を出て城山通りを東に進むと、**世田谷城址公園**がある。世田谷城は、東国源氏足利氏の流れを汲む名門吉良氏の庶流で、室町時代には世田谷吉良家と呼ばれた吉良氏の居城であった。戦国時代には北条氏と婚姻関係を強めたが、小田原城落城後滅亡した。現在はその一部が保存さ

れ、城址公園として整備されているのである。現在残されているのは、城の南東端の郭を中心とした一帯であり、南北方向に延びる細長い土塁とその間を隔てる堀をはじめ、一段と高くそびえる郭の跡である。

世田谷城址公園の後は**烏山川緑道**を北東の方向に進み、城山小学校の角で右折して緑道を離れて東に進み、国士舘大学と世田谷区役所の間を抜けると、区立若林公園の東側に、**桂太郎の墓**がある。桂太郎（一八四七～一九一三）は長州藩出身で、日露戦争開戦時の首相であった。首相在任期間は、先ごろ、安倍晋三に抜かれるまで歴代第一位であったことは記憶に新しい。

桂太郎の墓に隣接して**松陰神社**がある。この辺り一帯は長州藩の抱屋敷（大名が拝領屋敷以外に民間から買い上げて農地などとして活用した屋敷）であり、長州山と呼ばれていた。幕末の思想家・吉田松陰（一八三〇～一八五九）が安政の大獄で処刑された後、高杉晋作・伊藤博文らの手によって、一八六三年に小塚原・回向院より改葬された。松陰神社は明治十五年（一八八二）に創建された。

本堂の左側に吉田松陰先生他烈士墓所と書かれた案内があり、奥に進むと北向きに90度曲って墓域がある。墓域の入口には木戸孝允が奉納した鳥居がある。墓域の通路の両側には野村靖（神奈川県令のときに松陰が処刑前にしたためた『留魂録』の予備を受け取った人）など何人かの墓があり、いちばん奥に、石の柵に囲まれた五基の墓石がある。その真ん中が**吉田松陰の墓**であり、頼三樹三郎ら四人の墓が並んでいる。

本堂の右側には萩の松下村塾を模した、塀に囲まれた敷地と建物がある。萩の松下村塾をそっくりそのまま模造したようだ。庭の一隅には松陰の座像が据えられている。

松陰神社を出て、松陰神社前駅から世田谷線で三軒茶屋に出た。

三軒茶屋大山道標・西澄寺・世田谷観音・子の神公園・蛇崩川緑道・駒繋神社・葦毛塚の碑

本稿の三軒茶屋以降の部分は、東京シティガイドクラブの二度にわたるツアーの一部ずつを組み合わせて今回歩き直し、取りまとめたものである。

渋谷から玉川通り（国道２４６）を下ってくると、三軒茶屋で世田谷通りが右に分岐する。赤坂見附から発した大山道は、この三差路で世田谷新宿を経て用賀から二子の渡しに向かう初期の道と、現国道２４６に沿って新町を通り用賀で合流する新道とに別れ、用賀でまた交わっていた。この分岐したところに石の**大山道標**が建っていたのである。総高二・四メートルで、正面に「大山道」、右側面に「右富士・世田谷・登戸道」、左側面に「此方二子道」とあり、上に不動明王像が乗っている。この道標は、本来は渋谷方面に向いて立っていたはずなのだが、どういう訳かここでは90度回転して南に向いて建てられている。この分岐付近に、信楽（後に石橋楼）・角屋・田中屋の三軒の茶屋が並んでいたことが三軒茶屋の地名の由来である。

国道246の南側の三茶栄通り商店街を抜けて、栄通りを南東方向に十分余り歩くと下馬に**西澄寺**がある。真言宗智山派に属する静かなたたずまいの寺である。両側を石垣で挟まれた参道の奥にひときわ目立つ山門は、港区三田四国町にあった旧蜂須賀家の中屋敷門を移築したもので、都の有形文化財に指定されている。

西澄寺を出て南の方向に十分ほど歩くと**世田谷観音寺**がある。昭和二十六年の創建で、実業家であった太田睦賢住職が私財を投じて建立した寺であるが、比較的近年の建立にもかかわらず、国・都の重要文化財が沢山あることで知られている。表門の脇に建っている「世田谷山観音寺」と彫られた石柱は吉田茂の書である。山門（仁王門）には平安時代末頃の作とされる仁王像が安置してあり、また門の天井には鳴き龍の仕掛がある。龍の絵の真下で手を叩いたら本当に龍の鳴き声が聞こえたが、屋外にあるためかその響きは弱いものであった。門の中に入ると右側に金閣寺を模した三層の阿弥陀堂がある。京都の二条城から移築したもので、堂内に阿弥陀如来・韋駄天・左甚五郎作の鬼念仏・五百羅漢（都指定有形文化財）九体がある。中に入って写真を撮ってもよいという事だったので、入ったら目が慣れるまでは、殆ど真っ暗に近かった。それでも遠慮して、フラッシュを焚かずに撮ったが結構鮮明に映っていた。仁王門の左側の不動堂（六角堂）には、国の重要文化財に指定されている木造不動明王とその従者の八大童子がある。運慶第三代の大仏師康円の作である。この八大童子は、胎内から出た文

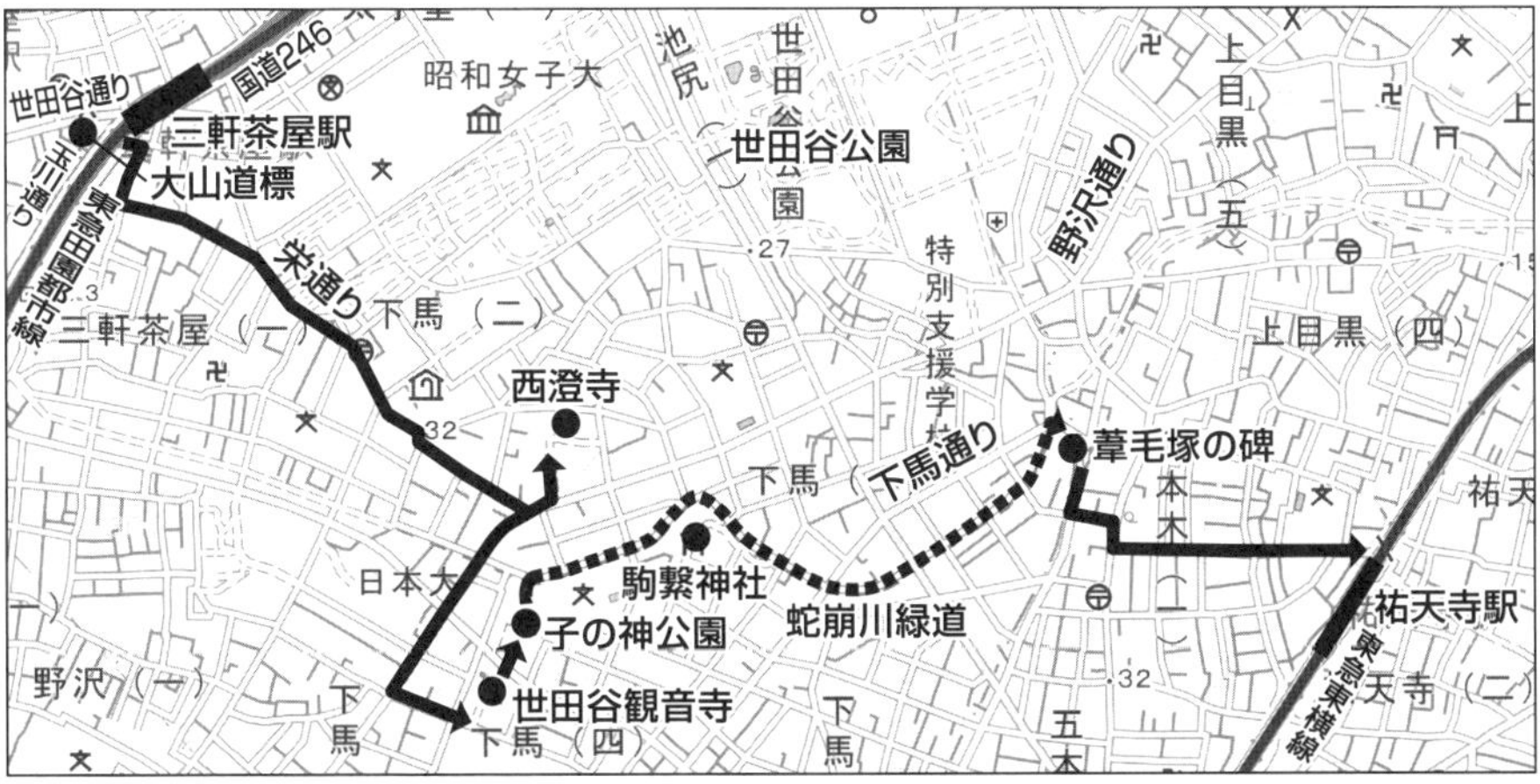

書によれば、大和の石上神宮の神護寺であった旧永久寺のためにに、一二七一年に造られたものであることが判明している。鐘楼堂は旧石薬師寺所有の建物で、梵鐘は慶長十年（一六〇五）の銘があり、奈良極楽寺の什物であった。本堂には聖観音菩薩が安置され、脇侍に日光・月光両菩薩（天平時代）を従えている。本堂左に特攻平和観音がある。今次大戦で亡くなった四六〇五名の特攻隊員の霊を祀っている。このほか、境内には多羅葉樹の木が植わっている。まだ紙のない時代に、この木の葉の裏を傷つけると黒くなるので、文字を書いて文通したと伝えられることから、この木は「葉書」の始めの木と呼ばれるようになったとの説明が記されている。

世田谷観音寺の裏門から出ると、道路の対面に**子《ね》の神公園**がある。子の神とは大国主命の通称である。子の神公園の脇を北に向かって進むと一〇〇メートル程で**蛇崩川緑道**に出る。蛇崩川は世田谷区弦巻辺りを水源として東の方向へ流れ、中目黒駅の付近で目黒川に合流している。川の名称の由来は、流れる形が赤土の地層を崩したように蛇行しているところから来ているという。また、この緑道は地元の隠れた桜の名所になっているようだ。

駒繋神社は、蛇崩川が西から北方向へ流れて、また東方へ大きく蛇行する台地上にある。明治前までは子の神と呼ばれていた。祭神は大国主命で、出雲大社の分霊を祀る。伝説では平安後期に起こった前九年の役の時に、源頼義・義家が奥州征伐に向かう途中この社に立ち寄り武運を祈ったとされ、また鎌倉時代に源頼朝が藤原泰衡を討つ折に、祖先を偲び愛馬葦毛を松に繋いで祈ったことから、駒繋神社と称するようになったという。なお、頼朝がこの地から乗馬で発進しようとした際、一帯が一面のぬかるみであったため馬から「下馬」して徒歩で渡り、それより先で「乗馬」したので、この地の周辺の地名が「下馬《しもうま》」、乗馬した地を「上馬《かみうま》」と呼ぶようになったと伝えられ、現在の町名の由来とされている。

蛇崩川緑道をさらに進み、下馬通りとの交点を右折すると、世田谷区と目黒区の境界になっている道路の真ん中の島状の台地に、二、三本の古木とともに**葦毛塚の碑**がある。隣接して立っている世田谷区教育委員会の案内板によれば、源頼朝が奥州征伐に向かう途中、蛇崩川に沿って、葦毛の馬に乗っていたところ、馬が何かに驚いて沢に落ち込んで死んだという。死んだ馬を葬ったとされる位置に、昭和四十四年（一九六九）に下馬史跡保存会が葦毛塚の碑を建てたのである。また、一説に鎌倉将軍の世、この地の領主の北条某が仏経を持って出かけたが、葦毛の乗馬が突然倒れたので、ここに埋めたともいう。いずれにせよ、遠い昔から葦毛塚と呼ばれていたらしい。このあたりは古くから馬の放牧場であり、馬に関する地名や伝説が多いようだ。葦毛塚から南に進んですぐに左折し、東の方向に進んで行くと東急東横線の祐天寺駅に到達する。

祐天寺・目黒の庚申の道・長泉院・中目黒南緑地公園

祐天寺駅から閑静な住宅地を東に七、八分歩き、駒沢通りを渡ると祐天寺がある。**祐天寺**は、祐天上人が享保三年（一七一八）に開山し、その高弟である祐海上人が創建したと伝えられる浄土宗の名刹である。一七二二年に八代将軍吉宗から「明顕山祐天寺」の寺号が許され、以後徳川家の庇護を受けて栄え、いまも本堂には将軍家の「葵紋」が残っている。仁王門（一七三五年建立）は、内部の仁王像と共に五代将軍綱吉の養女竹姫（綱吉の側室寿光院の姪・薩摩藩五代藩主の正室）が、また、鐘楼と梵鐘は六代将軍家宣の夫人天英院が寄進したものである。祐天上人は、増上寺の大僧正時代に「いろは四十七文字」の自衛消火隊を組織し、それが「江戸町火消」に発展した。地蔵菩薩が安置されている地蔵堂には、延命・火消しのご利益があるとされる祐天上人の像が安置されている。地蔵堂の天井にはまといなどの絵が描かれている。地蔵堂の周辺には、火消しに因んだものが散在しており、中でも四角い石の井戸の側面には「ま組」の字が彫られている。阿弥陀如来が安置されている阿弥陀堂も竹姫が寄進したものであり、仁王門とともに江戸時代中・後期の建築様式を伝える貴重な建築物である。本堂は明治時代に再建されたものである。

鐘楼の脇に**かさね塚**という立派な塚がある。この塚には忌まわしい過去の話がある。江戸時代の初期、現在の茨城県の百姓が後妻を迎えたが、助という名の三歳の連れ子は大層醜く、そのため夫婦仲もうまくいかなくなったので、母親は思い余って助を殺してしまった。その後生まれた女の子は累《るい》と名付けられたが、累は殺された助に姿形そっくりに育った。そこで村人たちは、助に重なるとして、累を「かさね」と呼んだ。両親が死んで一人になった累は、ある時旅の流れ者の病を看病し、快癒した流れ者を婿に迎え、農作業を熱心に励んでいた。し

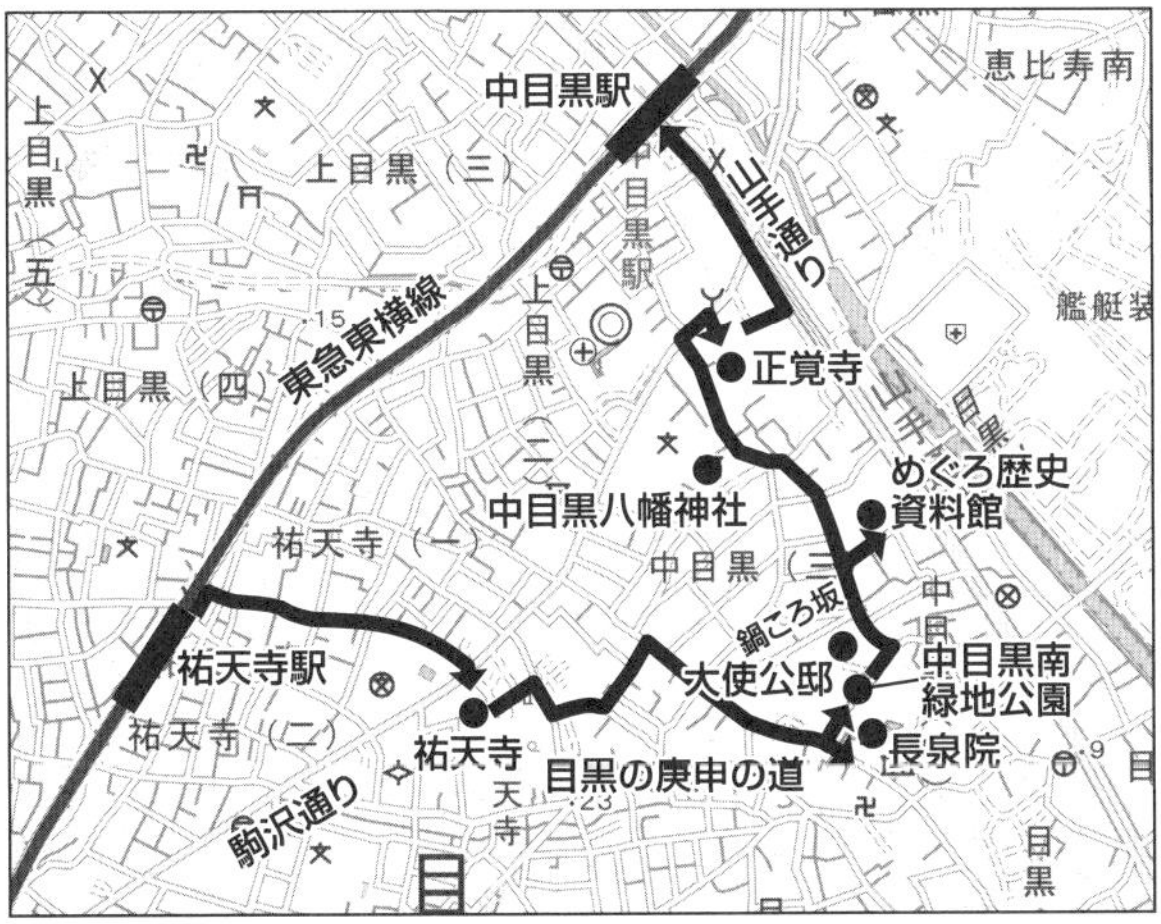

かし流れ者は累の醜さを嫌い、次第につらく当たるようになり、ついに鬼怒川堤から突き落として殺してしまった。何食わぬ顔で村に戻り、後妻を迎えたが累の祟りか、病死したり不縁になったりで、七人目の後妻にようやく菊という娘ができた。ところが菊が十四歳になったある日、累と助の死霊がとり憑いて、狂乱状態の中で累と助が殺された真相をしゃべり始め、村人は真実を知るようになった。見かねた村人から頼まれた祐天上人は、怨霊退散の修法を行い、法力をもってこれを解脱させたという。

この話を鶴屋南北が脚色・上演したのが歌舞伎の演目『色彩間苅豆《いろもようちょっとかりまめ》』である。かさね塚は、大正時代に累一族の霊を弔うため、六代目尾上梅幸らが建てたものであり、爾来、この演目上演に先立って、関係者は累一族の供養と、上演の盛会を祈願することが慣例になっているようである。

道を隔ててかなり広い墓域がある。まず、祐天上人をはじめ歴代の住職の墓がある。その近くに、柳原愛子《なるこ》（柳原一位の局・大正天皇ご生母・歌人柳原白蓮の叔母）の墓がある。

祐天寺の墓域を出て、ほぼ真っ直ぐではあるが所々で不自然に湾曲している細い道を東方向に進む。実は馬の背のような高所の農道の跡であり、左側には鍋ころ坂という急な下り坂が迫り、右側のなべころ公園という児童公園の先は緩やかな下り坂になっている。なべころ公園の角には、藤の木と共に二基の庚申が安置されており藤の庚申と呼ばれているが、この他にもこの道の沿道には所々に庚申塚があり、**目黒の庚申の道**といわれている。

尾根道の突端に当たる位置に**長泉院**がある。現在の寺域は尾根に近い部分に限られているが、昔は坂下に門があり、山間から清泉が湧出して境内を巡り流れていたところから、長泉院の号がついたと言われている。門を入ると、「不許辛肉酒入山門」と大きく刻まれた石柱が目に付く。

長泉院は、昭和の小説家武田泰淳（一九一二〜一九七六）が養子となった武田家の実家であり、彼自身も一時期住職となっていた。現在は妻の随筆家武田百合子とともにこの寺に眠っている。

長泉院の強化事業の一環として、近代彫刻美術館が設置されている。この日は屋内の美術館には立ち寄らなかったが、尾根の先端の屋外の斜面には幾つかに分かれた広場があり、様々な彫刻が林立している。歩道わきの低めの塀の上にも金属製の人物像が並んでいる。これらの広場からの眺望もまたすばらしいものであった。

長泉院の門の辺りまで戻り、その脇から北側の斜面を下る。このあたりの土地は明治から大正にかけて銀行経営者の別荘地であったが、昭和の初めには分譲住宅として開発された。現在は当初の住宅はほとんど姿を消して、一部は

中目黒南緑地公園になっている。坂下の平坦地には、白亜の大きな建物があり、現在数か国の大使公邸となっている。セキュリティー上の都合から、入居している国の名は公表されていないので、門の横の塀の中に並んでいる、国旗掲揚の為のポールは使われてはいないようだ。大使公邸の横の道の向こうには、鍋ころ坂の急斜面が見える。

めぐろ歴史資料館・中目黒八幡・正覚寺

大使公邸から山手通りの方向に進むと、廃校になった目黒区立第二中学校の校舎の一階部分を改装して、**めぐろ歴史資料館**が設置されている。目黒区の旧石器時代から現代まで、時代に沿って展示されている。この資料館の最大の見どころは、江戸時代の富士講が栄えていた時代の新富士遺跡胎内洞穴である。富士登山の帰途、富士講の人々は、胎内くぐりをすると身の穢れを祓うことができると、富士山のふもとにある胎内洞穴をくぐったのである。平成三年（一九九一）目黒新富士（目黒川の対岸の中目黒二丁目に所在）の隣接地で、富士山のふもとの洞穴を模して造られた胎内洞穴が発見された。発掘現場はマンションの建設のため埋め戻されたが、洞穴そのものはここに再現されるに至ったのである。壁に刻まれた富士講の傘印や名、床下から発見された大日如来像も再現されており、学芸員の丁寧な解説もあって、神秘的な胎内巡りの雰囲気を味わうことができた。

めぐろ歴史資料館を出て、山手通りに平行した裏道を駒沢通りの方向に向かって歩くと**中目黒八幡神社**がある。旧中目黒村の総鎮守である。境内にある湧水は今でも飲めるということで多くの人が飲んでいたが、山の上には民家も見えたので私は遠慮した。参道を隔てて対面にはさざれ石が設置されている。

駒沢通りに出て右折すると、駒沢通りに面して**正覚寺**の通用門がある。正覚寺は江戸時代初期の一六一九年の創建である。仙台藩伊達家との関係が深く、墓域には四代藩主綱村の生母・三沢初子（三代綱宗の側室浅岡の局・歌舞伎では『伽羅先代萩《めいぼくせんだいはぎ》』の「政岡」）の墓がある。境内には歌舞伎役者尾上梅朝をモデルに、昭和三十四年（一九五九）に造られた「政岡」の銅像がある。

山手通りに面した正覚寺の正門から出て、山手通り（環状6号線）を北に進むと、程なくして東急東横線中目黒駅に到達する。

京橋・銀座・有楽町

銀座とその周辺の裏道を歩く

2020年 5月記

江戸時代の初期、現在の銀座一～四丁目の中央通りと昭和通りに挟まれた地域に、銀座（江戸幕府直轄の、銀貨を造った役所）が置かれた。あたりには両替店などもあり、正式には新両替町と称されたが、通称名で銀座と呼ばれていた。現在銀座と呼ばれている地域には、江戸期を通じて武家地は全くなく、商人と職人の町であった。

明治五年に大火があり、当時の東京府知事由利公正の提唱で煉瓦街が建設され、馬車道・舗装道路・並木や街灯を備えた本格的な洋風の街並みができた。明治五年開業の横浜～新橋を結ぶ鉄道の終点新橋と、当時の東日本経済の中心地であった日本橋の間に位置する銀座を、文明開化の象徴的な街にしたいという思惑があったとされる。煉瓦街の整備後は、家賃や払下げ価格が高価であったため、元の住民は戻って来られず、他の地区で成功を収めて煉瓦街に進出して来た商人たちの街となった。また、顧客は近所の下町の住人たちというより、主に山の手（番町・市谷・赤坂・麻布など）に住む華族・財閥といった特権階級や、中産階級・ホワイトカラーの人々であった。高級商業地であると同時に、新聞社の街でもあった。自由民権運動の中心的役割を果たした東京日日新聞（毎日新聞の前身）、郵便報知新聞（報知新聞の前身）などから始まり、後に黒岩涙香の万朝報、徳富蘇峰の国民新聞、幸徳秋水の平民新聞なども社屋を構えた。

第一次世界大戦後には、柳並木に彩られ、モボ・モガ（モダンボーイ・モダンガール）が闊歩する、時代の最先端を行く街となった。関東大震災で煉瓦街は壊滅したが、その復興に伴い、松坂屋・松屋・三越などの百貨店が進出し、華やかなカフェも出来て、白いエプロン姿の女給さんが名物になった。昭和五年には現在の五～八丁目が銀座に組み込まれ、「銀座八丁」が完成した。

第二次世界大戦の空襲で銀座は殆ど焼け野原となったが、そこからの復興は目覚ましく、ブランドショップが軒を連ねる、日本の代表的なショッピングゾーンとなった。

今回の散策はこうした表通りの有名店ではなく、銀座及びその周辺（京橋・有楽町他を含む）の街のあちこちに点在する各種記念碑や、裏通りに今でも残る路地や小さな神社を巡り歩いたものである。しかしこれら裏通りの変貌も激しく、案内書に書かれていた幾つかの裏通りが消滅し、或いは情緒が損なわれていた。

日本橋・八重洲・京橋（**江戸秤座跡、ヤン・ヨーステン記念碑、千葉定吉道場跡、京橋大根河岸青物市場跡、江戸歌舞伎発祥の地、警察博物館、京橋親柱①**）

東京メトロ銀座線日本橋駅から高島屋を抜けて、中央通りを一ブロック南に進み、左折すると程なくして南側のビルの、セットバックした片隅に**江戸秤座**《はかりざ》**跡**の石碑がある。江戸初期までは、地方により、業種により色々量目の異なった各種の秤が使用され、また不正な秤も多かった。そこで江戸幕府は一六五三年に秤座の制を定め、公定秤の製造や量目検定等を行わせ、秤の全国統一を図った。秤座は江戸と京都に置かれ、江戸秤座は江戸城下を転々としたが、一八四二年から明治八年（一八七五）に廃止されるまでこの地に置かれたのである。

再び中央通りに戻り、八重洲通りとの交差点を西側に渡ると、中央分離帯に**ヤン・ヨーステン記念碑**がある。ヤン・ヨーステンは、一六〇〇年、豊後（大分県）に漂着したオランダ人航海士であったが、徳川家康の顧問としてこの辺り（実際は東京駅の反対側の丸の内だったといわれる）に屋敷を与えられた。八重洲の町名の由来ともなったのである。

同じ交差点の南東の角にアーティゾン美術館（旧ブリヂストン美術館・二〇二〇年一月新装開館）がある。中央通りをさらに南下し、明治屋京橋ビル（この建物の地下に**中央区観光情報センター**がある）を経て鍛冶橋通りを右折す

ると、**千葉定吉道場跡**の案内板がある。千葉定吉は北辰一刀流の開祖千葉周作の弟にあたるが、兄周作の道場（玄武館）が手狭になったので、この地に新たな道場を開いた（当時の地名をとって、桶町千葉道場と呼ばれた）。この道場で学んだ門人には、坂本龍馬らがいた。

次いで南方向に進み、首都高速道路の手前を左折すると、先ずあるのが**京橋大根河岸青物市場跡**の立派な石碑である。江戸時代初期の一六六四年、京橋川の水運の便の良いこの地に野菜を商う市ができた。この青物市場は大根の入荷が特に多かったので、京橋大根河岸市場と呼ばれ、駒込や神田多町の青果市場と並んで、江戸有数の青果市場であった。明治になってもますます発展したが、昭和十年に築地の青果市場が完成し、東京市中の青果市場はそこに集中することになって閉鎖したのである。

至近の中央通り寄りのところに**江戸歌舞伎発祥之地**の碑があり、また、近くに**猿若中村座之史跡**と彫られた石碑もある。江戸三座と呼ばれた歌舞伎芝居のうち、最古の伝統と最高の格式をもつ中村座は、猿若勘三郎を始祖として、一六二四年に中橋（京橋と日本橋の中間にあった）の南で興行を始めた。中橋の付近には人形操りや浄瑠璃座などもあり賑わっていたが、江戸城に近すぎるとしてこの地から追い出され、後に堺町（現在の人形町付近）に移転したのである。

中央通りの東側に渡ると**警察博物館**があり、その門前に**京橋の親柱**①がある。現在首都高速道路になっているところに、かつては京橋川が流れていた。日本橋を起点として京都に向かう東海道で、最初に渡る橋という意味で京橋と呼ばれるようになったとされている。京橋は、京橋川が昭和三十四年に埋め立てられたときに撤去された。ここに陳列されている親柱は、木造から石造となった明治八年建造のものである。上に擬宝珠《ぎぼし》が置かれているのは、日本橋・京橋・新橋の三つだけであり、それだけ京橋の格は高かったのである。最初の橋が建造されたのは、日本橋とほぼ同じ一六〇三年であった。

銀座一・二丁目（煉瓦銀座の碑・京橋親柱③②・幸稲荷神社・銀座の柳由来・日本最初の電気灯柱の碑・銀座発祥の地）

高速道路の下をくぐると銀座一丁目であり、**煉瓦銀座の碑**がある。銀座の煉瓦街は、明治五年の大火を機に不燃都市の建設を目指して造られ、明治十年に完成した。碑には「経綸」と書かれたプレートがはめ込まれているが、「天下国家を治め整える方策」を意味するこの書は、銀座煉瓦街の生みの親由利公正の揮毫による。この碑は昭和三十一年、銀座通連合会が建造したものである。隣接して**京橋の親柱**③が建っている。この親柱は、大正十一年に京橋が、拡張工事で石造から石及びコンクリート造のアールデコ風に作り替えられた時のもので、「京橋」と「きようはし」の文字が刻まれ、照明設備も整えた近代的な橋になっている。

ここで中央通りを横切って西側に向かうと、角のメルヘンチックな銀座一丁目交番に隣接して**京橋の親柱②**が建っている。これも親柱①と同じ明治八年建造のもので、「きやうはし」と彫られている。この親柱の脇に、先の親柱①・③をも含む京橋の説明が書かれている案内板が立っている。

首都高速道路に沿って銀座桜通りを西方向に進み、左折して並木通りに入ると、程なくして左側に神社と書かれた矢印があり、幅二メートル弱の路地の入口には両側に赤い神社の幟が立っている。路地を入っていくと右側のビルのセットバックした空間に間口一メートル・奥行二メートル程の社があり、扁額には**幸《さいわい》稲荷神社**と書かれている。小さいながらも百数十年の歴史があるようだ。路地を抜けて、銀座レンガ通りに出ると、対面には似たような路地があり、一条寺という看板が見えたので、スワ！　今度はミニ寺院かと思ってよく見たら、ただの和食屋だった。

この路地を通り抜けて銀座ガス灯通りを右折すると、銀座一丁目と二丁目の境の銀座柳通りに出る。この通りには街路樹として柳が植わっている。左折して中央通りの方向に向かって歩くと、みずほ銀行支店の前の車道側の植込みに**銀座の柳由来**の碑がある。銀座の柳は明治二十年ごろから植えられ、やがて銀座の並木は柳一色になり東京名物になったが、関東大震災後の道路拡幅に伴い、すべて取り払われた。その後、昭和四年大流行の「昔懐かし銀座の柳」で始まる『東京行進曲』（西條八十作詞・中山晋平作曲）を契機に二代目の柳が復活したが、戦災とその後の大気汚染で枯れてしまった。昭和四十三年以後歩道を改修するとともに銀座一・二丁目町会が中心になって移植を始め、この通りに再び柳が繁茂するようになった。そこで昭和五十一年に、この通りが「銀座柳通り」と改称された際に、銀座通連合会がこの碑を設置したのである。

中央通りを南に進むと、銀座マロニエ通りとの角にあるCartierのビルの壁に「**東京銀座通電気灯建設之図**」のレリーフがはめ込まれている。明治十五年（一八八二）、当時創立準備中の東京電灯会社が、宣伝のためのデモンストレーションとして、この地において、高さ一五メートルの電柱上に二千燭光のアーク灯を点火したのである。当時の東京市民の驚きは大変なもので、これを一目見ようと集まった群衆で大騒ぎになったという。東京電灯会社は、渋沢栄一の尽力のもと大倉喜八郎らにより明治十六年に設立され、同二十年に一部地区に送電を開始した。やがて東京電力へと発展したのである。

中央通りを渡って少し北に進むと、ティファニー本店の前の歩道に**銀座発祥の地・銀座役所跡**と刻まれた記念碑がある。銀座は、勘定奉行の支配のもとで、銀貨を独占的に鋳造することを請負った組合である。最初の銀座は京都の伏見に置かれたが（一六〇一）、江戸銀座は一六一二年にこの地に設置された。銀座役所が現ティファニー本店の位置にあったのである。江戸銀座には現在の中央通りと昭和通りに挟まれた銀座一～四丁目に至る広大な町屋敷地が支給され、銀貨鋳造ほか銀の取引や両替を行った。（より正確には、中央通りと昭和通りの丁度中間の辺りに、後述するように、三十間堀があったので、昭和通りまでは至らなかったものと思われる。）付近には両替商も多く、正式の町名は新両替町といったが、通称として銀座町と呼ばれた。その後上納金の滞納などの不正行為があったため、銀座そのものは一八〇〇年に蛎殻町（現日本橋人形町）に移転させられたが、呼び名としての銀座はそのまま残ったのである。

ティファニー本店と銀座英国屋との間に細い路地がある。そうと知らなければ、単なるビルとビルの間の隙間で、これが路地で、誰もが入ってよい場所であるとは到底思えない。案内書によれば、日が落ちてから路地を半分くらい進むと、赤い水玉模様のライトアップが浮かび上がり、路面を美しく彩るとのことである。昼間の明るいときに歩いた限りでは、出口付近は幅広く明るい雰囲気になってはいたものの、ライトアップの装置などは確認できなかった。

銀座三・四丁目（**龍光不動尊・銀座出世地蔵尊・御木本幸吉翁功績顕彰碑・宝童稲荷神社・ガス灯**）

松屋銀座の屋上には**龍光不動尊**がある。昭和四年に高野山龍光院よりお迎えしたもので、家内安全、商売繁盛に御利益があるといわれているが、「龍光」は「流行」に通じるという事で、ファッション関係にもご利益があるとされている。お隣の銀座三越の屋上には**銀座出世地蔵尊**がある。一八六一年に現銀座四丁目の地中から掘り出されたという地蔵尊の本体は、堂内にしまわれていて拝観することはできないが、堂前にレプリカの地蔵尊が建っている。開運・出世・延命・商売繁盛の御利益があるという事で、明治から昭和の初期にかけて出世地蔵尊の縁日には大変な賑わいで、銀座を代表する風俗だったとされ、また、これが銀座八丁露店の始まりともいわれている。

　四丁目交差点を渡って少し北に進むとミキモトの前に**御木本幸吉翁功績顕彰碑**がある。御木本幸吉（一八五八〜一九五四）は三重県英虞《あご》湾において、世界で初めて真珠の養殖に成功し、御木本真珠店（現ミキモト）を創業した。

　再び晴海通りに戻り、和光の角を右折して、二本目の銀座レンガ通りを右折すると、すぐ左側の登亭前の路地を入る。L字状に右に曲がると、道幅三メートル程度と路地としては比較的広い道があり、白と灰色の煉瓦が交互に敷き詰められ、よく整備されている。少し歩くと左側に**宝童稲荷神社**がある。江戸時代に弥左衛門という人が子育て祈願のために創立したと伝えられ、そのため現在でも子育ての神として信仰する人が少なくないようだ。訪問した時には歌舞伎役者の五代目中村時蔵・四代目中村梅枝・初代中村萬太郎の名前を染め抜いた幟が、この順番で一番前の目立つところに立てられていた。なお、現在銀座三越の屋上にある銀座出世地蔵尊はこの辺りにあったということである。

　この路地の出口は松屋通りであるが、通りを隔てた丁度対面にも細い路地の入口が見えたので、適当なところで通りを横切り中に入ってみた。銀座レンガ通りと並木通りのちょうど中間で、両方の表通りに面したビルとビルの隙間が、一直線にきれいに続いている。始めの一〇メートル程は幅三メートル程できれいに舗装されており、カフェやレストランの入口を示す看板もある。しかしそれを過ぎると幅一メートルもあるか無いかの、エアコンの室外機が林立し、ビールケースが積み上げられたりしている、昼なお暗く、歩き進んで行くのにも怖じ気づくような通路であった。銀座一丁目からこの辺りは、かつて路地裏に多くの住宅があり、各家に続く私道の名残がこうした路地として

残っているのである。やがて路地は突き当りになり、L字状の角を右に曲がると道幅も広く明るい道になり、エステやレストランの入口も並んで、銀座レンガ通りに出る。レンガ通りを左折して、程なくして右にある路地に入ると、幅三、四メートルの比較的広い道で、クランク状に曲がっているところにコンビニやサンドイッチ屋があり、また、バレエ教室・鰻屋などの看板も並び、程なくして銀座ガス灯通りに出る。ガス灯通りから銀座マロニエ通りに出る角には、両側に一基ずつ計二基の**ガス灯**が設置されている。ガス灯通りから松屋通りに出る角にも二基のガス灯が設置されている。これら合計四基のガス灯は、昭和六十年（一九八五）に復元されたもので、今でも現役でガスにより灯っているのである。よく見ると台になっているレンガ組みの側面に通気口があるのが確認できる。この後は銀座マロニエ通りを直進して有楽町に向かった。

有楽町二丁目（東京交通会館・南町奉行所跡）

　首都高速道路を潜ると千代田区有楽町である。有楽町は、織田信長の弟で茶人の織田有楽斎《うらくさい》の屋敷があったからこの名前になった、という説が有力であるが異論もあるようだ。**東京交通会館**は歴史的建造物でも何でもないのだが、二階にパスポートセンターがあるビルである。三階のテラスから、東京国際フォーラムを背景に走る新幹線を、丁度目の高さで見ることができるスポットがあるので、紹介しておこうと思うのである。

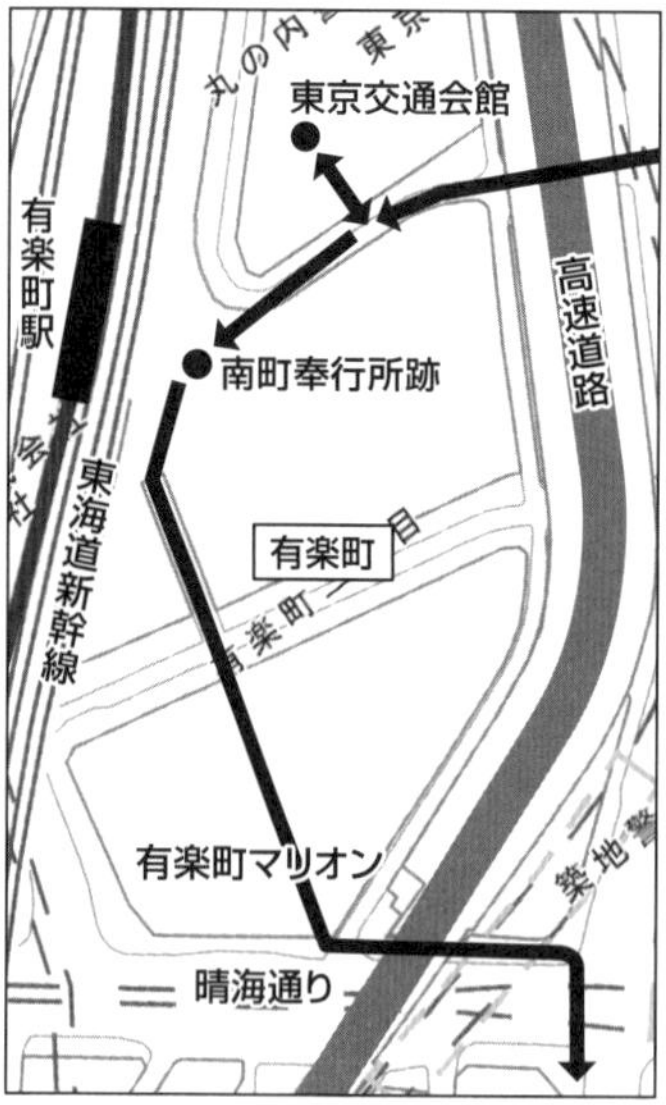

　有楽町の駅前に**南町奉行所跡**の碑がある。北町奉行所跡は東京駅八重洲北口の、鉄鋼ビルと丸の内トラストタワーの間にある遊歩道の植込みに案内板があるが、南町と北町の二つの奉行所が一か月交代で江戸の行政・司法・警察を司ったのである。「大岡裁き」の名奉行として名高い大岡忠相は、八代将軍吉宗の抜擢を受け、江戸の市政改革に努力した。奉行所の範囲は、数寄屋門内（現在の有楽町マリオンの辺り）から有楽町駅及び東側の街区一帯に及ぶ広大なものであった。平成十七年の発掘調査では、奉行所表門に面した下水溝や、役所前に設けられた井戸・土蔵などが発見された。奉行所跡碑の周辺には石組下水溝の一部を再現し、また発掘された石材をベンチなどに活用している。

さらに駅前地下のホールの一隅には、遺跡発掘の際発見された木製の「穴蔵」を壁際に立てて展示している。きちんと防水処理がされたこの穴蔵の中から、伊勢神宮の神官が大岡忠相の家臣に宛てた木札が出土したので、その写真も併せ展示している。

銀座五・六丁目（数寄屋橋の碑・北村透谷／島崎藤村記念碑・ルパン・石川啄木記念碑・交詢社・GINZA ALLEY・三原小路・あづま稲荷大明神・観世能楽堂）

有楽町マリオンを経由して晴海通りに出て高速道路の下を潜ると再び銀座である。数寄屋橋の交差点を南に渡れば銀座五丁目で、目の前の数寄屋橋公園の中の植込みに**数寄屋橋の碑**がある。碑の道路に面した側には、昭和二十年代にラジオドラマ『君の名は』で一世を風靡した、菊田一男の揮毫による「数寄屋橋ここにありき」の文字が刻まれている。公園の中側の面には、数寄屋橋の碑と題して、幕府の数寄屋役人の公宅が門外にあったのでこの名前がついたこと、昭和三十六年に首都高速道路建設のため、江戸城外濠が埋め立てられた時に橋が撤去されたこと、この碑は旧橋の遺材を以て造られたこと、などが彫られている。なお、数寄屋役人とは、将軍を始め出仕の幕府諸役人に茶を調進し、茶礼・茶器を司る茶坊主のことであり、その数は百～三百人と伝えられる。

公園に隣接している泰明小学校の正門の脇には、**北村透谷・島崎藤村記念碑**がある。北村透谷（一八六八～一八九四、文芸評論家・詩人）も島崎藤村（一八七二～一九四三、詩人・小説家）も、年齢は違うが明治十四年ないし十五年に上京し、ともにこの泰明小学校に学んだのである。明治二十六年（一八九三）に透谷が中心になって創刊された『文学界』に藤村は毎号に執筆し、二人は交友を深めた。藤村の著作である『幼き日』には、銀座で過ごした藤村の幼少期が描かれており、また自伝的小説『桜の実の熟するとき』には透谷との交友が描かれている。

みゆき通りを東に進み、外堀通りや並木通りを過ぎて、そのブロックの中ほどにある路地を入ると、バー・**ルパン**がある。太宰治・坂口安吾・永井荷風・川端康成らも常連客だった老舗で、家具なども大層レトロな雰囲気を保っているそうだ。

並木通りに戻って左折すると、新しくできたハイアット・セントリックホテルの前の歩道に**石川啄木記念碑**がある。この地には、村山龍平が明治二十一年（一八八八）に創業した東京朝日新聞（現朝日新聞）があった。石川啄木（一八八六～一九一二、歌人・詩人）は、東京朝日新聞の夏目漱石が主宰した文芸欄の校正係として、明治四十二年三月から四十四年二月まで、ここの社屋に勤務したのである。記念碑には啄木のレリーフと、その下に「京橋の滝山

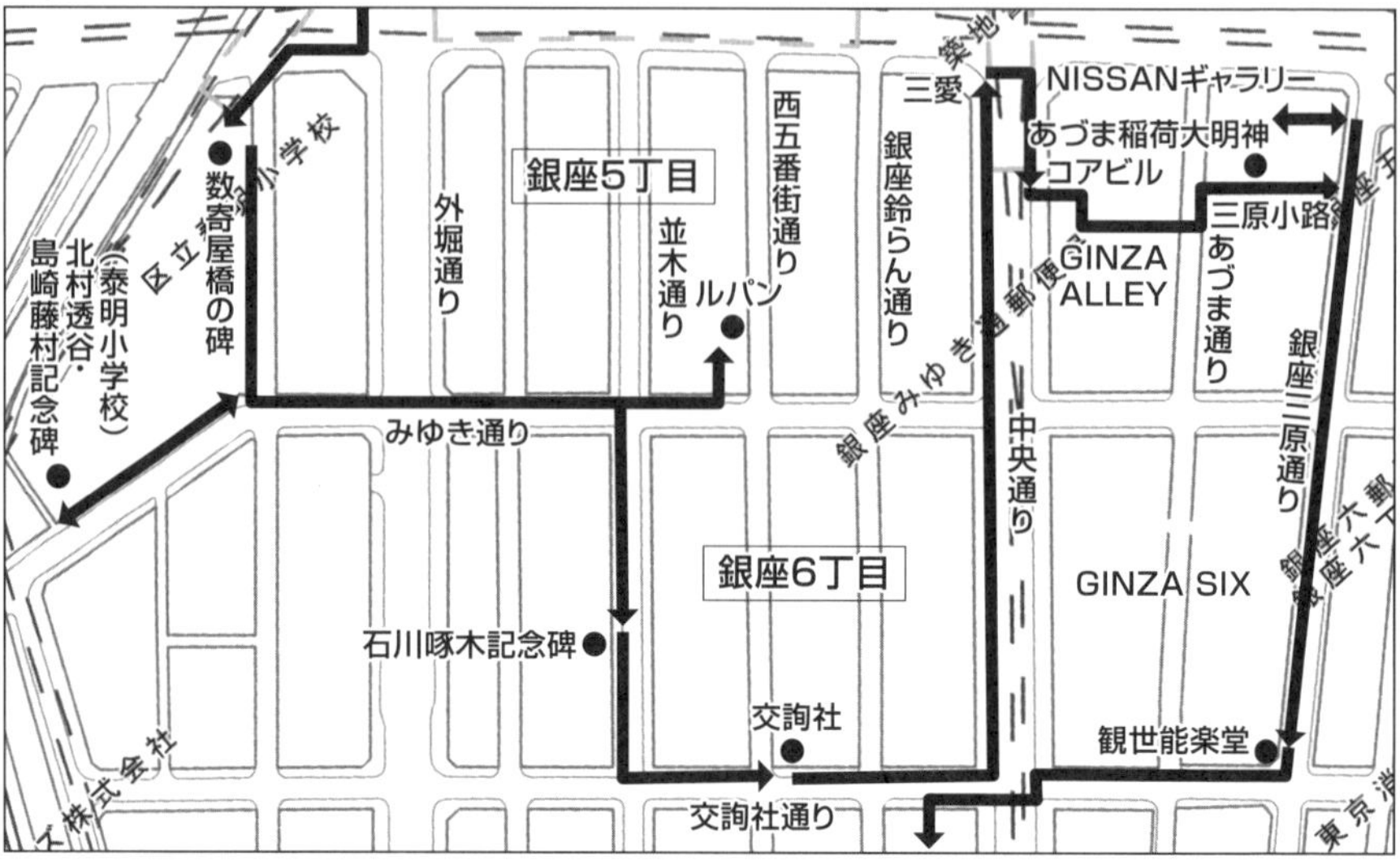

町の新聞社 灯ともる頃のいそがしさかな」の歌が活字体で刻まれている。碑の裏側の説明書きには、「歌の書体は歌集『一握の砂』初版本の活字を拡大して用いました」と書かれている。当時この地は、京橋区滝山町と呼ばれていたのである。

そのまま南に進み、交詢社通りを左折し次の西五番街通りを過ぎると交詢社ビルがある。**交詢社**は、明治十三年（一八八〇）に福沢諭吉が提唱し結成された、日本最初の実業家社交クラブである。名称は「知識ヲ交換シ世務ヲ諮詢スル」に由来する。発足時の常議員には、福沢諭吉の他、中上川彦次郎・西周・由利公正・小泉信吉らの名前が見える。ビルは関東大震災で被災した後、昭和四年（一九二九）に建てられた歴史的建造物であったが、平成十六年（二〇〇四）に建て替えられた。交詢社通りに面した古い建物の前面の一部が保存されている。

中央通りに出て左折し、通りの反対側の松坂屋の跡に建ったGINZA SIXを横目で見ながら一気に三愛の角まで来て、中央通りを横切り、今度は中央通りを南下した。NISSANギャラリーからコアビルを過ぎる辺りに、古い地図では路地があったはずだと思ってよく見ると、ビルの一階に隣の道路まで通じているような通路があるのを発見した。クランク状に曲がっているので少し入ってみないと分からない。比較的高い天井に電気がついてはいるのだが、壁が黒を基調としていたせいか、昼間でも全体が薄暗い。甘味処その他の小さな店が並んでいる。なおも進んで行くと、出口の近くに、天井から**GINZA ALLEY**と書かれた看板がつり下がっている。路地をつぶしてビルの一隅に組み込んだ時にそのような名をつけたのであろう。

GINZA ALLEYからあづま通りに出ると、すぐ斜め前に、両側に**三原小路**と書かれた門柱が立っている、石畳が敷かれた路地がある。左側に**あづま稲荷大明神**と染め抜かれた赤い幟が林立している路地を、一〇メートルほど進むと路地の壁際に小さなお社がある。戦後あづま通り・三原小路に火災が続発したときに、町内の者が不思議に思い調査した結果、この一角にお稲荷さんが祀られていたことが判明した。そこで京都伏見稲荷大明神を勧請してここにお祀りしたという。それ以後全く火事にあわず霊験あらたかに今日に至っているということだ。三原小路には上品そうな料理屋があるが、そのまま進むと、銀座三原通りに出る。少し晴海通りの方向に進むと左側にもう一つの路地がある。これも三原小路と呼ばれており、元々はこの辺り一帯を同じ地主が所有していたようだ。ここは銀座で一番昔ながらの雰囲気が残っているといわれる袋小路であり、奥の方には、いかにもサラリーマンに人気のありそうな飲食店が並んでいる。

銀座三原通りに戻って南に進むと、一ブロック南はGINNZA SIXの裏手にあたる。その南東の、交詢社通りとの角の地下三階には**観世能楽堂**がある。以前は渋谷区松濤の高級住宅街の一角にあったのだが、施設の老朽化や建替えが困難などからこの地に移って来たのである。地下三階で、多少の閉そく感は免れず、また、座席数も五五二席から四八〇席に減少してしまった。関係者は、江戸時代からの伝統がある銀座の地に戻ることに、大きな意義を見出したのであろう。江戸時代には現銀座二丁目辺りに観世屋敷があったはずだが、現在その痕跡は残っていない。観世流は、能の大成者である観阿弥・世阿弥から約六百年の伝統を受け継ぐ、現存の能楽五流派のうち最大の、能楽界を代表する流派である。

交詢社通りを右折すると、GINZA SIXの車の出入口がある。GINZA SIXが、あづま通りを塞いでいて、二つのブロックにまたがっていることに気が付いた。

銀座七・八丁目（豊岩稲荷神社・金春湯・金春屋《こんぱる》敷跡・新橋跡・芝口御門跡・三十間堀跡）新橋一丁目（新橋親柱・銀座柳の碑）

交詢社通りを七丁目側に渡るとともに、中央通りを横切って西側に移る。中央通りと銀座鈴らん通りとの丁度中間のあたりに、ビルとビルとが背中合わせになった幅一メートルもないような隙間が続いているようだったので

入ってみた。暫く歩いて行くとその先は行き止まりかのように見えてきたが、たまたま近くのレストランか商店の従業員らしい、黒い色のスーツに身を固めた若者が二人、勤務先の休憩時間を過ごしているような様子だったので、この先行けるかどうかを聞いてみたら、行けるという事だった。先に進んで行くと、突き当りは自動ドアになっていて、その先のカフェの中を通過すると、T字形に、中央通りと鈴らん通りを繋ぐ別の路地に行きついた。

そこで鈴らん通りに出ると、丁度正面に別の路地の入口があったので入ってみたら、L字型路地で鈴らん通りと並行の、道幅三メートル程の路地が花椿通りまでつながっていた。両側に小さな飲食店や、表通りに面する大きな飲食店等の勝手口が並び、レトロな雰囲気の裏道であった。昼間は近隣の飲食店等の補給基地でもあるらしく、工事の職人がたむろしていて、自転車やオートバイが隙間なく駐輪していた。花椿通りに出て、花椿通りと鈴らん通りの角にある椿屋珈琲店でしばし休憩、店内は大正時代がモチーフのレトロな雰囲気であるが、コーヒー一杯千～千二百円と少々高かった。

すずらん通りを北に進むと程なくして右側に、やす幸というおでん屋の低目の看板柱の隣に、**豊岩稲荷神社**と書かれた低目の案内碑がある。ビルの合間の細い通路を入っていくと、一番奥に小さな社が建物に食い込むような形で鎮座している。ネットで調べたら、明智光秀の家臣が、主家の再興を願ってこの地で神様を祀ったことが始まりと言われている。どういう訳か縁結びの御利益もあるようで、女性にも人気があるという。また、一八〇〇年代の後半に活躍した市村羽左衛門がこの神社を度々訪れたことから、今でも多くの歌舞伎役者や芸能関係者が訪れているようだ。神社の奥はT字路になっていて、左に行く通路はビルとビルの背中合わせの隙間が、先に通過した自動ドアのところまでつながっているのかもしれないと思ったが、全体として進むべき方向だった右方向に進むことにした。右方向も始めは行き止まりのようにも見えたが、クランク状に曲がって花椿通りに出ることができた。出口に近い十数メートルだけは綺麗に石畳で舗装されており、出口の脇には、入った時と同じ豊岩稲荷神社の案内碑がある。

再び鈴らん通りに戻って左折し、八丁目に入ると名前が変わって金春《こんぱる》通りと呼ばれる道を南に向かって歩いた。右側には**金春湯**がある。ホームページによれば、文久三年（一八六三）開業の老舗であり、浴室には定番の富士山の絵の他、錦鯉や春秋花鳥を描いたタイル絵が飾られているとのことだ。

金春通りを抜けて御門通りに出ると、**金春屋敷跡**の案内板が立っている。江戸時代、金春《こんぱる》・観世《かんぜ》・宝生《ほうしょう》・金剛《こんごう》の能楽四家は、幕府直属の能役者として知行・配当米・扶持を与えられ、幕府の儀礼に深く関わってきた。金春家はその中でも筆頭として、この辺り（現在の銀座八丁目）に、屋敷を与えられていた。そのため、現在でも金春通り・金春湯などと、金春の名が残っているのである。金春家の屋敷があった界隈は、町奉行所が取り締まれない治外法権の地であった。そこで次第に芸者置屋が増え、華やかな花街に発展し、この界隈の芸者は金春芸者と呼ばれた。明治時代に煉瓦街となっても、花街の中心であり続け、現在でも八丁目の金春通りと並木通りの中間の道は見番通りの名がついている。金春流は飛鳥時代の秦河勝《はたかわかつ》を始祖とする能楽の最古の流派とされ、豊臣秀吉が学んだことから桃山時代には全盛を迎えたが、江戸時代以後は全く振るわなくなった。このことが、金春屋敷の界隈が花街の中心になることにつながったのではないかと考えられる。現在、この区域には狭い路地が複雑に入り組んでいて、高級クラブ・高級バー・高級料理店などが軒を連ねてひしめいているようだが、今回は割愛することとした。

御門通りを東に進むとすぐに中央通りに達する。中央通りが高速道路の下を潜っている所が**新橋跡**である。高速道路は、昭和三十六年、汐留川（四谷から発し、溜池・虎ノ門を経由して江戸湾に流れていた川）を埋め立てて建造したものであり、その時新橋は撤去されたのである。新橋は東海道が整備された江戸時代初期からあり、日本橋や京橋と並んで格式の高い橋であったが、江戸時代には芝口御門と呼ばれていた。芝口御門は、江戸城南方最外部の門として、一六一六年に札の辻（現、港区芝）に創建された。一七一〇年朝鮮使来府を機に威儀を整えるため、東海道が汐留川にかかる新橋北詰に移されたので、それ以来芝口御門と呼ばれるようになった。芝口御門は、一七二四年に火災で焼失して以後再建されなかったが、江戸期を通じて名称はそのままで、明治になって新橋と改称されたのである。

芝口御門跡の碑と案内板は御門通りに沿って、中央通りから二ブロック東に進んだ、銀座三原通りの出口付近にある。石碑には建設当初の姿が綺麗に描かれており、橋を渡って門を入ると中は枡形になっていて、右側には立派な渡り櫓があった様子がよくわかる。この図を見ると、芝口御門跡の碑が新橋跡から少し離れた所にあることは、十分納得がいくのである。しかし石碑も案内板も道路から少し奥まったビルの際にあり、しかも目の高さより高い所に位置していたので、見つけるのに苦労した。至近の歩道の車道側には、歩道を歩いている人に目立つように、「銀座御門通り」と三面に大きく書かれている案内柱があった。道路を示す標識としては変っているなぁと思っていたが、あとで道路の反対側（高速道路の脇）に渡ってみたら、車道側の面には芝口御門跡と書かれている。車に乗っている人にとっては、横を通る一瞬に読み取ることは不可能で、結局何の役にも立っていない案内柱だと思った。

高速道路の下にあるショッピングモール銀座ナイン3に沿った歩道を東の方向に進むと、公衆トイレを越えたところに、**三十間堀跡**の案内板があり、近くには三十間堀の護岸から発掘されたという石が幾つか積み上げられている。三十間堀は、京橋川と汐留川とを繋ぐ入堀で、現在の銀座三原通りに沿ってその海側ブロックにあった。江戸時代初期の海岸線に沿って堀が開削され、沿岸に大名の荷揚場が造られ、紀州徳川家・尾張徳川家その他の有力大名の蔵屋敷が建ち並び、また、商業地としての河岸も造られ、江戸期を通じて水運の要の一つとして賑わった。明治以後も物品を輸送する商船や屋形船などで賑わったが、第二次大戦後は、瓦礫処理のために埋立てが進み、昭和二十七年に完全に姿を消すに至った。

中央通りに戻って高速道路を潜り、港区新橋の側に入ると、左側に**新橋の親柱**が設置・陳列されている。この親柱は、コンクリート製で、照明設備が付けられており、機能・構造は京橋の親柱に似ている。この辺りは小さな公園として整備されており、近くには**銀座柳の碑**がある。西條八十作詞・中山晋平作曲の『銀座の柳』（昭和七年の作品で全国的に流行した）の歌碑で、石の表面に楽譜と歌詞が刻まれている。昭和二十九年に銀座通連合会が建立したものである。石碑の横には銀座の柳二世の看板のある柳も植わっている。ここは新橋なのに何故銀座の柳なのか、と思って辺りをよく見たら、足元に、「銀座新橋ミニパーク」という名称と、新橋一丁目東町会と銀座八丁目町会がボランティアで清掃を担当している旨が書かれた小さな看板が、目立たない形で在った。国道を管理している建設省が整備造園したミニパークを、区の境を越えて、隣接する二つの町会が仲良くボランティア活動で維持管理しようというものだとは理解できたが、記念碑の所在を探すのには苦労したところである。

以上をもって銀座及びその周辺の散策を終え、新橋駅から帰途についた。

落合

2020年 8月記

落合は新宿区が北西に半島のように突き出たところに位置し、付け根にあたる南東部分が新宿区高田馬場と接しているだけで、南西部と西は中野区と接し、東と北は豊島区と接している。東の境は概ねＪＲ山手線、北の境は概ね目白通り、西の境は中野通りと妙正寺川、南の境はおおむね早稲田通り、南東部の高田馬場との境は神田川である。南北を走る山手通りと東西を走る新目白通りが落合のほぼ中央で交差している。

落合の地名は、「妙正寺川と神田川が合流する所＝落ち合う所」からついた。かつては洪水の多発地帯であったが、その後の治水工事により、妙正寺川は暗渠化されて新目白通りの下を流れ、合流地点は山手線の内側の明治通りの付近に移されたのである。

江戸時代はこの地区のほぼ全域が落合村と呼ばれていたが、現在は、二つの川に挟まれた南部の低地が上落合、東部の低地・崖地・台地が下落合、その西が中落合、最西北端の台地が西落合、妙正寺川の北側の低地及び崖地が中井、というように区分されている。

江戸時代には現・下落合の一帯は将軍家狩猟場「御禁止山（おとめやま）」とされていたが、明治時代に入ると近衛公爵家、相馬子爵家が広大な土地を取得したのを始めとして、華族

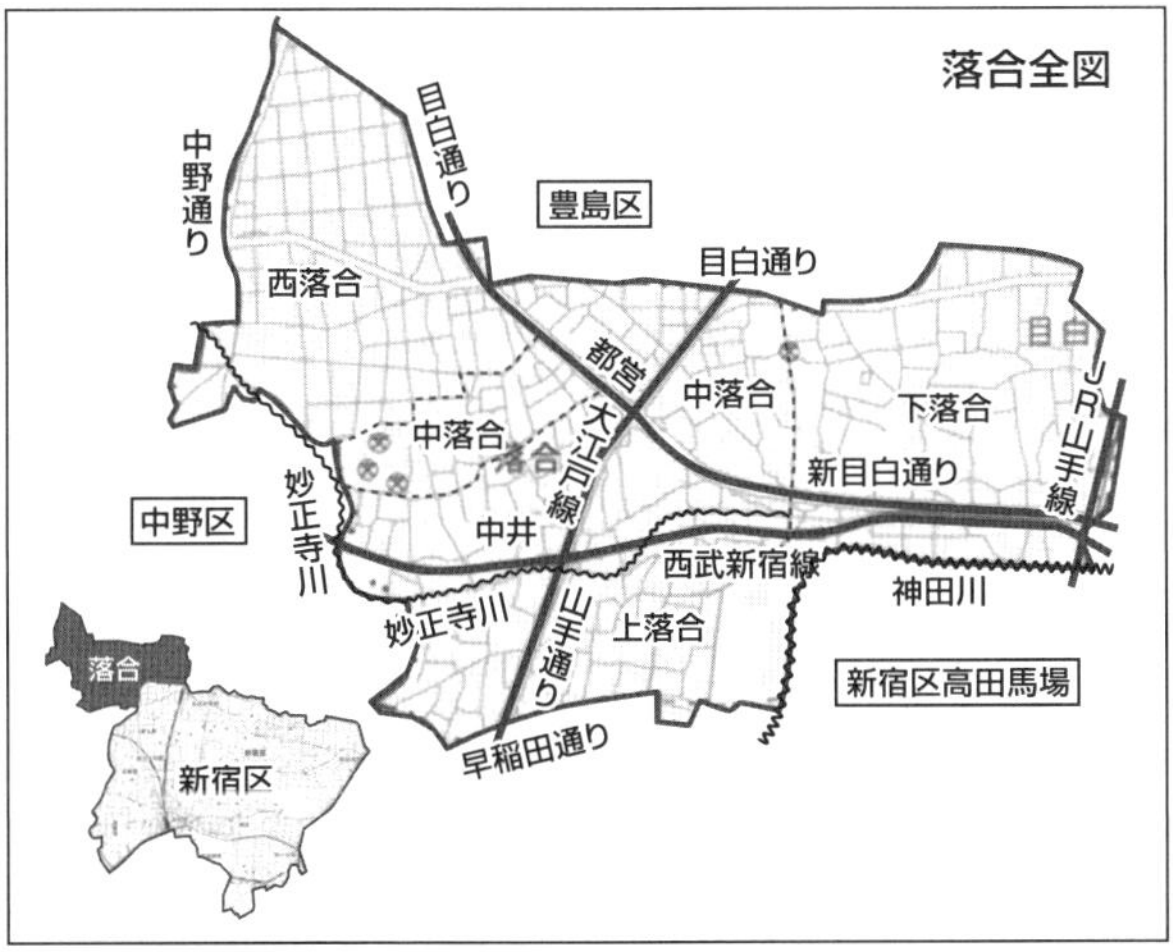

屋敷や資産家の邸宅・別荘地として注目されるようになった。その後、明治十八年に現山手線目白駅が、同四十三年に高田馬場駅が開業し、昭和二年に西武鉄道新宿線が開通するなど、交通機関の整備が進んだ。明治末ごろから華族屋敷の分譲が始まる一方で、大正十一～十四年にかけて、西武グループの総帥堤康次郎が経営する箱根土地株式会社が、中落合一帯の田畑や山林を宅地として造成し、一区画百坪あまりの高級分譲住宅地「目白文化村」として売り出した。大正十二年の関東大震災を契機として、落合の住宅建設はさらに進み、人口流入に拍車がかかった。郊外の雰囲気をとどめた閑静な住宅地は、作家や芸術家にとって創作に適した環境であり、作家の舟橋聖一・評論家の安部能成・歌人の會津八一・画家の宮本恒平など、多くの比較的余裕のある文化人が目白文化村周辺に住んでいたのである。他方、妙正寺川沿いの長屋や貸し間には若き日の林芙美子など若手の作家や詩人などが住んでいた。家賃が安く、盛り場として発展しつつあった新宿にも近かったからである。彼らは、台地上の「目白文化村」に対して「落合文士村」と呼んでいた。

神田川と妙正寺川に挟まれた上落合の地は、その豊富な水量を利用して、明治大正期には、染物業が盛んだった。往時に比べ現在はかなり縮小されてはいるが、新宿区の地場産業になっている。

今回の散策は、ＪＲ山手線目白駅から出発し、多少の入り繰りはあるが、概ね下落合・中落合・西落合・中井・上落合の順に歩き、西武新宿線下落合駅に至ったものである。落合の道の特徴は、土地柄から坂が多く曲がりくねっていることはやむを得ないとしても、一人で歩くのが難しいのは、道幅が狭く袋小路が多いという点である。この点に関しては、新宿区観光振興協会の作っている観光地図は非常に完備したもので、番地と行き止まりの道が正確に書いてある。さらに良いのは、所番地を記した青いプレートが街の至る所に貼ってある事である。街を歩いていて、自分が今どこを歩いているのかが分からなくなる、というのはよくあることだ。新宿区の配慮が行き届いていて、街の分かりにくさを補っているのだと思った。

今回の散策コースは、何年か前に参加した東京シティガイドクラブの、下落合を中心として佐伯祐三・林芙美子記念館を加えたツアーを土台にしつつ、前述の観光地図を参考にして落合のほぼ全域に広げたものである。

下落合（舟橋聖一記念文篤館・中村彝《つね》アトリエ記念館・近衛邸跡・日立目白クラブ・おとめ山公園・薬王院・九条武子終焉の地）

ＪＲ山手線目白駅から目白通りを西に向かって五分程歩き、目白三丁目の信号を過ぎて二本目の角を左折し、突き当りまで進むと**舟橋聖一記念館付属文篤館**という看板が門柱に掛かった大きな建物がある。現在は学生寮であって公開はしていない。舟橋聖一（一九〇四～一九七六、小説家・劇作家）はＮＨＫ大河ドラマの第一作、井伊直弼を主人公とする『花の生涯』や、『新忠臣蔵』などを書いた。また、横綱審議委員会委員長を長く務めた。彼がこの地に住むようになったのは、鉱物学者の父親が近衛家の敷地の分譲に応募したことによる。

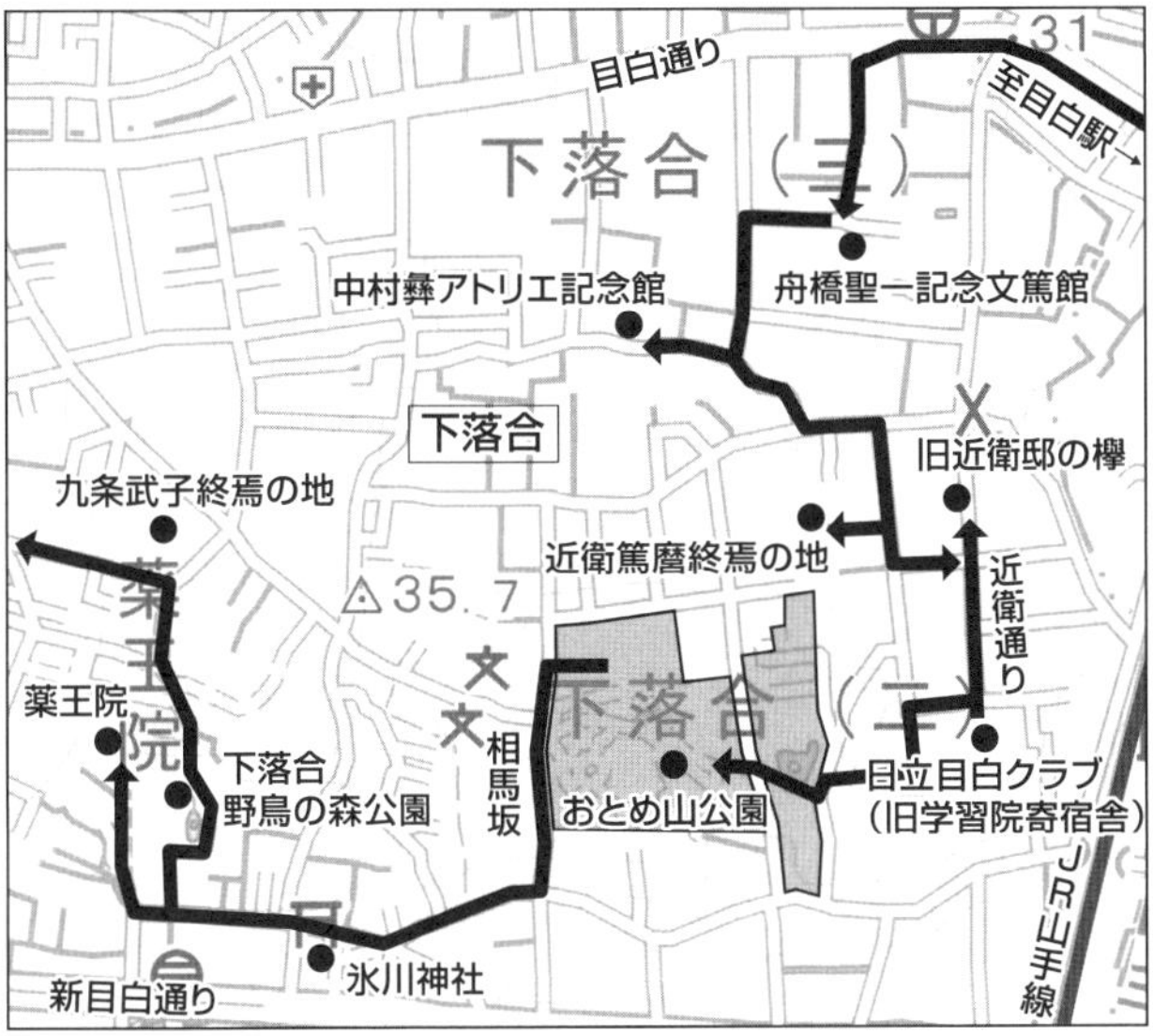

　次に訪れたのは新宿区立**中村彝《つね》アトリエ記念館**である。中村彝（一八八七～一九二四、洋画家）は、旧水戸藩士を父に水戸で生まれ、軍人を目指したが、十七歳の時に結核のため断念し、療養の傍ら洋画の道に進んだ。忽ちのうちに頭角を現し、新宿中村屋の相馬夫妻の支援を得て、中村屋の裏のアトリエで画業に励み、画壇で確固たる地位を築くに至った。その後相馬家の長女に恋をしたが、結核のゆえに結婚を許されず、失意のうちに相馬家を離れ、大正五年（一九一六）、政財界の支援者の援助を得て、この落合のアトリエ兼住居に転居してきたのである。しだいに病状が悪化していくなかで、療養と制作で充実した生活を送った。彝が離れたのちに相馬家の食客となった、ロシアの盲目の詩人エロシェンコの肖像画（一九二〇年制作・東京国立近代美術館蔵）は彝の代表作とされ、国の重要文化財に指定されている。

　彝の没後は、このアトリエは彝のもとに集まった画友らを中心とした中村彝画室保存会によって保全されてきた。現在の新宿区立中村彝アトリエ記念館は、後年増改築された部分を取り壊し、当時の部材を数多く生かしつつ、大正五年建築当初の姿に復元したもので、平成二十五年（二〇一三）にオープンした。

北側に大きな採光窓を設けたアトリエの室内には、彝の使用したイーゼルや家具調度品（複製、現物は茨城県近代美術館）が置かれ、代表作のエロシェンコの肖像画の複製を展示している。病弱であまり外出できなかった彝は、このアトリエで人物画や静物画を描いたのであるが、これらの家具や調度品は重要なモチーフとして描かれている。アトリエの南側に隣接している六畳ばかりの居間が、生活の空間であり、療養の日々を送った部屋であった。現在は彝の生涯を辿ったビデオ解説の間となっている。別棟の管理棟には、彝の生涯を解説したパネルや、彝のデスマスク（複製）などが展示されている。

　中村彝アトリエ記念館から、煉瓦で舗装された緩やかな斜面の、細く曲がった道を南東の方向に進んで行くと、平らな住宅地に出る。南北の道路から少し西に入ったところの、住宅と住宅の間に僅かに残された細長い敷地の奥に、**近衛篤麿終焉の地**の記念碑がある。近衛篤麿（一八六三〜一九〇四、公爵・貴族院議員・学習院院長・後の首相の文麿や指揮者の秀麿の父）が存命当時は、近衛公爵家の敷地は現在の下落合の町域の、かなりの部分を占めていた。もう一本東側に南北に走る道は、今でも近衛通りと呼ばれ、通りの中央には、玄関前の馬車廻しに茂っていたケヤキが保存されており、**旧近衛邸の欅**と呼ばれている。篤麿は一九〇二年にこの邸宅を構えたが、僅か二年後に急死した。若くして公爵家を継ぐことになった近衛文麿（一八九一〜一九四五）は、この大邸宅とともに多額の借財を相続したという。近衛家は大正十一年に永田町に移転し、ここの敷地は近衛町という名で、全て宅地として分譲された。近隣の一つひとつの区画はかなり広く、近衛通りに面したいかにも高級そうなマンションには、KONOECHO VILLAGEとかパークコート目白近衛町といったような名前が付いている。何代かの相続を経てこのような敷地が細分化されると、複雑に入り組んだ袋小路だらけになる、ということにも納得がいったのである。落合一帯において、元が農地の場合にも同様の事が起こったであろうとは、容易に想像がつく。

　近衛通りを南に進むと突き当たりの、赤い瓦屋根の白亜のビルは**日立目白クラブ（旧学習院寄宿舎）**である。明治四十一年（一九〇八）年に目白に移転して来た学習院は、至近のこの地を近衛家から買収し、昭和三年に寄宿舎を建設したのである。設計は宮内省内匠寮・権藤要吉技師（現赤坂プリンスクラシックハウスの設計者）、当時アメリカで流行していたスパニッシュ様式である。昭和二十八年日立が譲り受けた。東京都景観条例に基づく東京都選定歴史的建造物である。

　日立目白クラブから西に向かい、急な崖地を下ると区立**おとめ山公園**がある。おとめ山の名は、「御禁止《おとめ》山」「御留山」の意で、江戸時代に将軍家の狩猟地で立ち入り禁止だったことによる。維新後は旧福島相馬藩相馬子爵家の所有となった。崖地を利用した庭園内には池泉回遊式の池があり、ブナやケヤキなどの樹々が生い茂り、武蔵野の面影をよく残している。七月下旬には人口養殖した蛍の鑑賞の夕べが開かれるようだ。

　おとめ山公園の西側の縁に沿い、落合中学校等に挟まれた相馬坂を下り、ふもとの道を西に向かって歩くと、氷川神社を経て十分ほどで**薬王院**に到達する。真言宗豊山派の寺院である。本山である奈良・桜井の長谷寺から牡丹を譲り受けて移植し、各種の牡丹が栽培されており、牡丹寺とも東長谷寺とも呼ばれる。薬王院の東側に隣接する坂道を北に向かって上り、**下落合野鳥の森公園**を経て坂を上り切る。大正時代の歌人で各種社会慈善事業に尽力した**九条武子終焉の地**（確認は出来なかった）の付近を過ぎて、左折して西に向かうと聖母病院の前のバス通り（聖母坂通り）に出る。この辺りは崖地があって、行き止まりの道が多いので注意を要する。ここまでが下落合で聖母坂通りの西側は中落合である。

中落合（**佐伯祐三アトリエ記念館・會津八一旧居跡・延寿《えんじゅ》東流《とおる》庭園・中井出世不動尊**）

　聖母坂通りを北に進み、聖母病院前の信号で西側に道路を渡り、さらに北に数十メートル進んで、細い道を左折すると、程なくして、**佐伯公園**と**佐伯祐三アトリエ記念館**とを矢印で示した南に向かう路地の入口がある。この路地は袋小路で、この先端に佐伯公園と佐伯祐三アトリエ記念館がある。佐伯祐三（一八九八〜一九二八、洋画家）は、大阪市出身で、上京し東京美術学校（現・東京藝術大学）西洋画科に入学した。大正十年（一九二一）、洋画家の妻との学生結婚を機に、この地にアトリエと和風の母屋を建てたのである。大正十二年に美術学校を卒業、翌年米子夫人とともに渡仏し、ヴラマンク（野獣主義）やユトリロの影響を受けて、パリの街を描いた。しかし健康を害して翌年帰国。滞欧作は二科展で高く評価された。その後昭和二年に再渡仏するまでこのアトリエで三十点余りといわれる連作『下落合風景』を描いた。当時はこの辺り一帯も

下落合と呼ばれていたが、この界隈は、農地と雑木林がメインで、民家は点々とあるだけだったようだ。再渡仏をして僅か一年後に肺結核のため三十年の生涯を閉じた。この地には、帰国した米子夫人が昭和四十七年に亡くなるまで住んでいたが、夫人の没後新宿区が購入し、平成二十二年（二〇一〇）に記念館及び公園として整備、公開したのである。

洋風のアトリエには、連作『下落合風景』のうち十二点を写真パネルで紹介し、併せて、佐伯が描写したと考えられる地点を当時の地図で紹介している。アトリエの南側にはテラスを隔てて、佐伯とその家族が住んだ和風の母屋が建っていた。現在は改装されて管理棟とミニギャラリーになっている。記念館の周囲の樹木で覆われた庭の部分が佐伯公園である。

佐伯祐三アトリエ記念館を出て、地図と番地の表示を頼りに落合第一小学校の脇に出て坂を下ると、大きな敷地のコンクリートの石垣の角地の、中落合三丁目十四番の地番表示板の横に、**落合秋艸堂《しゅうそうどう》跡（會津八一《やいち》旧居跡）**と題するプレートが塗りこめられている。會津八一（一八八一～一九五六、美術史家・歌人）は、早稲田大学文学部教授として美術史を教える傍ら、歌や随筆を発表して高い評価を受けた。昭和二十年の空襲で焼け出されて以後は郷里の新潟に帰郷した。

この後市郎兵衛《いちろべえ》坂という細い山坂を越えて、新目白通りと山手通りの立体交差に出た。この交差点を対角線の方向に渡って新目白通りを西方向に進み、坂上通りを斜め左に入る。二つ目の角を右折し、次に中落合四丁目六番の地番表示のある手前を左折すると、その大きな細長いブロックの反対側の角地に**延寿東流《えんじゅとおる》庭園**がある。この辺り一帯は箱根土地開発が開発・分譲した目白文化村であった。入口の脇に園名の由来を記したプレートがある。この地には、島峰徹（一八七七～一九四五、東京帝国大学医学部卒業・ドイツ留学・現在の東京医科歯科大学の母体である東京高等歯科医学校を設立し初代校長に就任・歯科学の発展に数々の貢献）が、昭和初期から二十年に没するまで居住していた。嗣子の島峰徹郎（東京大学名誉教授）の遺志により、父の偉業を記念するため、この地を庭園として目白文化村の面影を残そうとしたものである。徹は書をよくし雅号を「東流《とおる》」と称し、また九月九日の重陽の節句（別名菊の節句）には、長寿を祝って菊の別名である「延寿」の文字をよく書いていたことから、この庭園を「延寿東流庭園」と名づけたということである。百坪あまりのこの庭園は、築山・流水・池・芝生と多くの植込みを備えた回遊式の立派な造りである。現在は寄贈を受けた新宿区が管理している。

坂上通りをさらに西に向かい、四の坂につながる道と出合う五叉路を右折すると、程なくして**中井出世不動尊**がある。江戸時代の遊行僧円空作の不動尊像が祀られている。都内伝存の円空仏としては、唯一の発見例であり、新宿区の有形文化財に指定されている。中井という名称がついているが、所在は中落合なのである。

西落合（自性院《じしょういん》・葛谷御霊《くずがやごりょう》神社・水とみどりの散歩道）

この道（八千代通りと呼ばれる）をさらに北上し、落合第三小学校からは西落合の町になるが、小学校の次のブロックに**自性院《じしょういん》**がある。「猫寺」として有名な寺院である。ある時、道に迷った太田道灌が、この寺の黒猫に招き入れられて命拾いしたという伝承から、招き猫の発祥地とも言われている。節分の日には猫地蔵祭が行われ、道灌が奉納したという秘仏「猫地蔵」が開帳されるそうだ。北向きの参道を歩いて行

くと、新青梅街道に面している山門の両側に、猫地蔵霊場と彫られた石碑と小判を抱えた招き猫の像がある。

自性院を出るとすぐ新青梅街道から斜めに西に向かう道に入る。電車の模型などを扱っているホビーセンターカトーの前を過ぎて十分程歩くと、右側に**葛谷御霊《くずがやごりょう》神社**がある。中野区との区境に近いこの一帯は、かつては葛谷村と呼ばれ、田園が広がっていた。毎年一月十三日、その年の豊作を祈願して弓を引く祭礼行事「備謝祭」が行われ、新宿区の無形民俗文化財に指定されている。また、境内には村の若者の力競べに使われた「力石」六個が現存する。昭和初期まで使われていたと言われ、石の表面には重量が刻まれている。

もう一ブロック西に歩くと中野区との境になっている中野通り（この辺りは哲学堂通りとも呼ばれているようだ）に出る。道路の対岸は哲学堂公園である。左折して哲学堂通りを歩くと、程なくして哲学堂公園の中を流れてきた**妙正寺川**にぶつかる。そこに架かる橋は四村橋である。四村橋からは妙正寺川に沿って整備されている、**水とみどりの散歩道**を下って行く。妙正寺川は深く掘り割りされた、いかにも都市河川といった趣である。散歩道に隣接して、**西落合公園**・野球場・庭球場が広がっている。さらに下って行くと、妙正寺川の対岸には中野区上高田運動公園が広がっているが、川の岸壁は、緑の公園の面を屋根として、

窓の付いた低層のビルが並んでいるように見える。窓の中はがらんどうで丸い太い柱が林立しているのが見え、窓の上の壁の部分には、「妙・正・寺・川・上・高・田・調・節・池」という看板が多少の間隔をあけて一字ずつ埋め込まれている。妙正寺川の上流に集中豪雨があった時に、下流域の洪水に対する安全性を確保するため、一時的に大量の雨水を貯留するための施設である。地下深く二層になっているようであるが、妙正寺川中流部においては、昭和五十八年から平成九年にかけて、全部で四か所の調節地が整備されたということである。

中井（中井御霊《ごりょう》神社・林芙美子記念館）

妙正寺川の対岸の調節池が終わった辺りで中井の崖の坂道を上って行くと、**中井御霊《ごりょう》神社**があるので、裏口から崖を上るようにして入る。木造の本殿は区内唯一の江戸時代の社殿であり、新宿区指定の有形文化財である。拝殿前の狛犬も区内最古の有形文化財であり、左右の狛犬はいずれも金網で覆われている。また、毎年一月十三日に豊穣と安産を祈願して行われる備謝祭は、室町時代からの伝統を受け継ぐものであり、新宿区の無形民俗文化財に指定されている。

妙正寺川の流れは、この辺りで南北から東西へと90度変わる。ここから山手通りまで続く中井の町は、町域のほとんどが妙正寺川の北岸の、南斜面の崖地である。山手通りから中井御霊神社の辺りまで、一の坂から八の坂まで急な坂道が並んでいる。中井御霊神社の鳥居の前が、八の坂通りの坂上である。六の坂の坂上まで歩き、六の坂を下って坂下のくねくねした中井通りを四の坂の坂下まで歩いた。四の坂を少し上ったところの、斜面が著しく急になり道路が階段状になっている手前に、**林芙美子記念館**がある。

林芙美子（一九〇三〜一九五一、小説家）は、福岡県門司市（山口県下関市の説もある）で生まれ、行商の両親について各地を転々とし、のちに広島県尾道の女学校を卒業した後上京した。カフェの女給や記者、事務員など様々な職業につき、この間詩人や画家、文士たちと交友を広げた。昭和五年（一九三〇）、二十七歳の時に上落合に転居して来て、それまでの貧乏生活を綴った『放浪記』がベストセラーになり、作家としての地位を確立し

た。妙正寺川を隔てた中井のこの地に転居してきたのは、昭和十六年（一九四一）であり、昭和二十六年に四十八歳で急逝するまでの十年間、この地で執筆活動を続けたのである。

記念館は敷地三百坪に、数寄屋風の平屋建ての生活棟と、画家の夫・緑敏のアトリエ棟が中庭でつながっている。執筆室・茶の間・風呂と厠・台所など生活の場は、工夫と贅を凝らしたものであった。台所には、当時としては珍しかった電気冷蔵庫も置かれていた。アトリエは現在展示室として公開されており、芙美子最晩年に女学生に対して行ったインタビューの模様を収録した動画が公開されていた。庭は、現在は立派な和風庭園として整備されているが、芙美子存命中は、一面が孟宗竹の竹藪だったようだ。芙美子の葬式を行うために竹藪の大半は切り払われ、その後夫・緑敏が現在のような庭園に整備したのである。

上落合（染の里二葉苑・月見岡《つきみがおか》八幡神社・落合水再生センター・落合中央公園・せせらぎの里）

林芙美子記念館を出て中井通りを東に進み、山手通りの高架下を潜ると中落合に入るが、直ちに右折し、西武新宿線中井駅前商店街を南に進むと妙正寺川に出る。川の手前を左折して川沿いの遊歩道を歩き、隣の大正橋で川を渡ると上落合である。最初の交差点を左折すると程なくして川沿いに**染の里二葉苑**がある。江戸の染め物職人や染物商たちは、神田紺屋町に集積して、江戸小紋や江戸更紗など独特の染め物を作り出し、武士の裃に使われて発展した。明治期に入ると染職人たちは、染物に必要な美しい水の流れを求めて、神田川を遡り西早稲田や落合にやって来たのである。落合の神田川と妙正寺川が落ち合う辺りは特に美しい水が豊富で、明治大正期には染工房は三百軒にも上っていた。川の水質汚濁と染物の色素等の流出という公害問題のため、昭和三十年代にはすべて水道水に切り替えられた。現在で

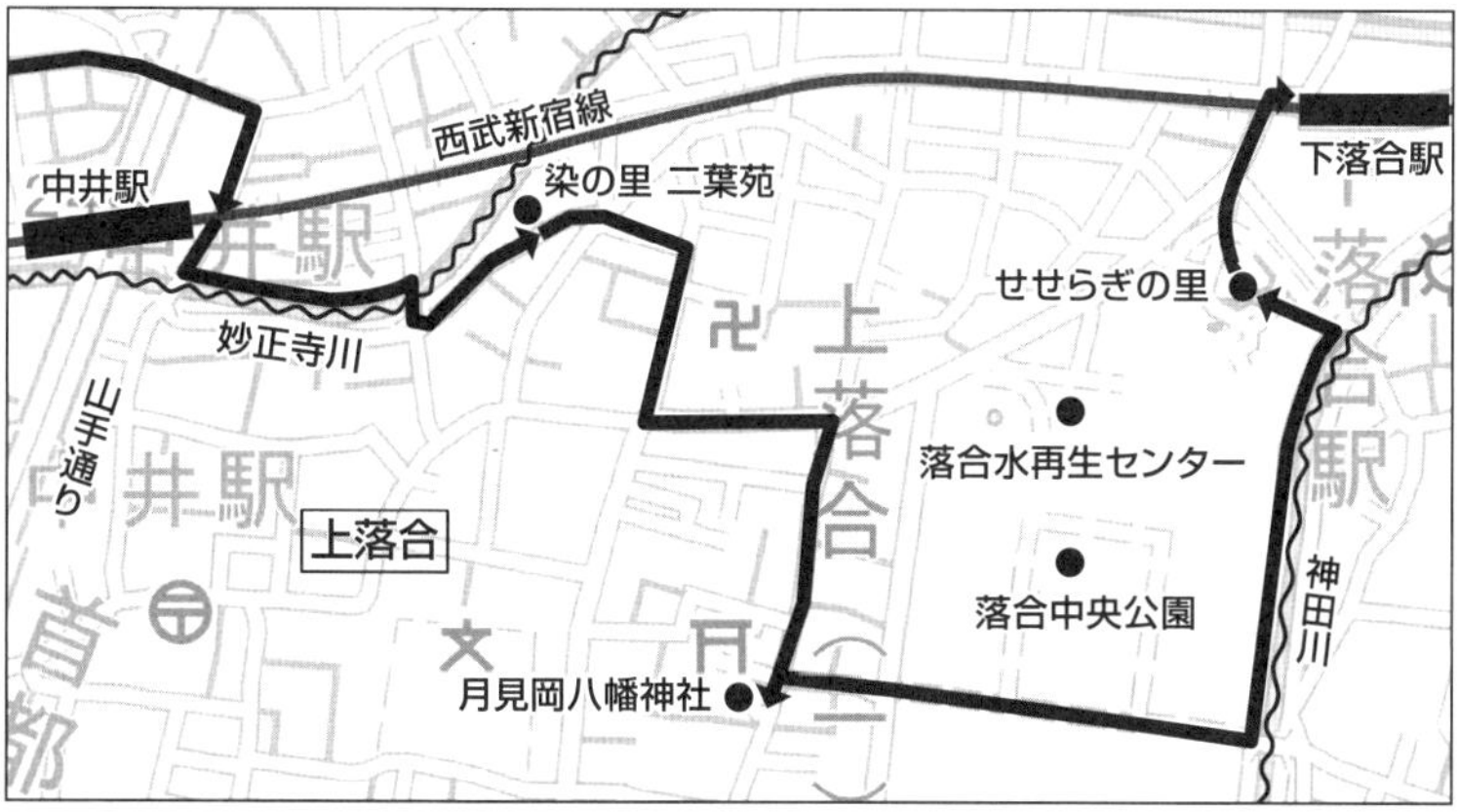

は染工房の数は十軒にも満たないが、染物業は新宿区の地場産業になっている。二葉苑では、ビデオにより染物製作を解説したうえで、実際の染物製作の課程を見学することもできる。さらに染物の体験教室もあるようだ。

二葉苑を出てやや複雑な道筋を、地図上の番地と街の随所に貼られている所番地を示すプレートを頼りに、南の方向に進むと**月見岡《つきみがおか》八幡神社**に到達する。伝承では平安時代、源義家が奥州征伐の時に、戦勝祈願をして松を植えたといい、松の木の根が神木として保存されているそうだ。境内左奥には富士塚と庚申塔がある。

月見岡八幡神社を出て一ブロック東に進むと、広大な**落合水再生センター**がある。新宿区・中野区・杉並区の下水処理場である。丁度目の前に階段があるので上ってみると、屋根の上は**落合中央公園**と呼ばれる公園になっている。野球場・テニスコート・ジョギングコースなどの他、コンビネーション遊具やスプリング遊具など、子供たちにも魅力のある施設を備えた複合的な公園である。階段を上がったところから東向きの通路を進んでみる。下水処理施設の屋根や窓が露出している部分があるが、当然のことながら、臭いなどはまったくない。なおも進んで行くと東の縁に出た。眼下には南から北に向かって流れる神田川と桜並木が見える。

階段を下りて神田川沿いに整備された遊歩道を北に向かって歩いた。神田川の対岸は新宿区高田馬場である。落合水再生センターの北のはずれは、**せせらぎの里**と呼ばれる公園として整備されている。下水処理の仕組みを説明する大きなパネルが公園管理室の前にある。公園の中程には処理済みの水を流してせせらぎを再現する造りもある。また、下水汚泥を焼却した灰を原料に高圧でプレスして成型した後、高熱で焼き上げてできるレンガをメトロレンガと呼び、せせらぎの里の遊歩道の一部をこのレンガで舗装してリサイクルのデモンストレーションをしていた。せせらぎの里の正門の近くには、落合水再生センターの全体像を説明するパネルがあるが、この公園の地下にも水再生センターの施設があるとも説明していた。せせらぎの里は落合水再生センターのはずれではなくて、正門脇の前庭だったのである。このセンターの番地は、上落合一丁目一番一号だとも書いてあった。

せせらぎの里の正門を出ると、西武新宿線下落合の駅はすぐ近くである。

あとがき

この本『続 江戸東京歴史文学散歩』は、季刊同人誌「ぺんぷらざ」に二〇一六年一月号から二〇二〇年十月号まで、二十回にわたって投稿してきた連載「江戸東京歴史文学散歩」をとりまとめたものです。その前五年余にわたって同誌に投稿してきたものをもとに、二〇一六年に上梓した『江戸東京歴史文学散歩』の続編にあたります。「ぺんぷらざ」は、諏訪恭也さん（元NHK理事・青森放送局長）が二十五年前に創刊された同人誌で、二〇二〇年十月号でちょうど百号の記念すべき節目を迎えました。

執筆にあたっては、まず歴史や文学のモニュメントを求めてコースを選定し、実際に歩いてこの目で目指すモニュメントや周辺の状況を確認し、様々な文献を参考にし、また、各地の博物館の学芸員や地元の方々にご教示いただきました。執筆途上に疑問が湧いて、確認のために再度、再々度訪れたこともありました。この本に掲載している数多くのコースにおいて、NPO法人東京シティガイドクラブ主催のツアーに参加することにより、多くの貴重な情報とアイデアをいただきました。これらのツアーがなければ、この本がこのような形で成立することはありませんでした。この場を借りて関係者に厚くお礼を申し上げます。

この本の体裁は、持ち歩きやすくかつ読みやすいものとなるよう配慮しました。読者の東京散歩のガイドとして、少しでもお役に立つことができるならば、筆者としてこの上のない喜びです。

出版にあたり、「ぺんぷらざ」への参加を熱心に勧めて下さった諏訪さんと、連載執筆中、終始温かい応援をいただいた同人各位に、改めてお礼を申し上げます。さらに前作『江戸東京歴史文学散歩』の読者からも、多くの励ましの言葉をいただいたことを申し添えます。

この本の出版には、前作と同じ高遠書房の皆さんのお世話になりました。

この一年あまりは、コロナ禍で日本中が不便で不安な毎日を余儀なくされています。これまでになく在宅の機会が多かった筆者に、昼夜にわたりさりげない気遣いをしてくれている妻・眞知子に、感謝の意を込めてこの本を捧げます。

二〇二一年早春

入谷盛宣

諏訪恭也氏は二〇二一年一月に他界されました。
衷心より御冥福をお祈り申し上げます。

続 江戸東京歴史文学散歩／参考文献一覧

『江戸東京歴史の散歩道1〜6』
街と暮らし社　一九九九〜二〇〇三年
『東京新発見散歩』（昭文社）一九九八年
神保町文学散歩倶楽部著『東京文学散歩』メイツ出版　二〇一〇年
二松学舎大学文学部国文学科編『東京 文学散歩』新典社　二〇一四年
二松学舎大学文学部国文学科編『東京都市文学散歩』
戎光洋出版　二〇〇七年
池波正太郎『鬼平犯科帳（一）〜（二十四）』
文春文庫二〇〇〇〜二〇〇一年
国木田独歩『夜の赤坂』明治三十五年『文藝界』第一巻第七号所収
勝海舟著　江藤淳・松浦玲編『氷川清話』
講談社学術文庫　二〇〇〇年
「齋藤茂吉短歌合評（上）」明治書院・昭和六十年
北杜夫著『楡家の人びと』新潮文庫　二〇一一年
吉村昭著『長英逃亡』新潮文庫　一九八九年
子母澤寛著『勝海舟（一）』新潮文庫　二〇〇四年
『皇居東御苑セルフガイドブック』菊葉文化協会　平成二十三年
『中村仲蔵』「古典落語正蔵・三木助集」ちくま文庫一九九〇年 所収
松井今朝子著『仲蔵狂乱』講談社文庫二〇〇一年
「大北斎展4」（一九九三年一月二十六日付朝日新聞）
横尾忠則「東京ＲＯＭＡＮ主義」（一九九五年十二月三日付朝日新聞）
勝小吉著『夢酔独言』講談社学術文庫　二〇一五年
山本兼一著『命もいらず名もいらず』集英社文庫　二〇一三年
鈴木理生著『江戸はこうして造られた』ちくま学芸文庫　二〇〇〇年
大岡昇平著『武蔵野夫人』新潮文庫　一九九九年
太宰治著『斜陽』新潮文庫　二〇〇三年
檀一雄著『火宅の人』新潮文庫　二〇〇三年
常盤新平著『山の上ホテル物語』白水社　二〇〇二年
福沢諭吉著『福翁自伝』岩波文庫　一九七八年
森鷗外著『護持院原の敵討』「山椒大夫・高瀬舟」
新潮文庫　昭和四十三年
松本清張著『日本の黒い霧』文春文庫　二〇〇四年
古川薫全訳注『吉田松陰　留魂録』講談社学術文庫　二〇〇二年
藤沢周平著『獄医立花登手控え1〜4』講談社文庫　二〇一七年
佐藤雅美著『恵比寿屋喜兵衛手控え』講談社文庫　一九九六年
白石孝著『日本橋街並み繁昌史』慶應義塾大学出版会　二〇〇三年
近藤富枝著『田端文士村』中公文庫　二〇〇三年
永井荷風著『日和下駄』他
（日本近代文学大系「永井荷風集」）一九八〇年
川本三郎著『荷風と東京』岩波現代文庫　二〇〇九年
村上春樹著『カンガルー日和』講談社文庫　一九八六年
『職業としての小説家』スイッチパブリッシング　二〇一五年
藤森照信著『タンポポハウスのできるまで』朝日文庫　二〇〇一年
新井巌著『番町麹町「幻の文人町」を歩く』彩流社　二〇〇八年
藤田嗣治著・林洋子編『藤田嗣治　戦時下に書く　新聞雑誌寄稿集』
ミネルヴァ書房　二〇一八年

島崎藤村著『幼き日』近代日本の文学「島崎藤村集」昭和四十四年
『桜の実の熟する時』岩波文庫　二〇一八年
有島武郎著『小さき者へ』・『生まれ出ずる悩み他』有島武郎集
武者小路実篤著『初恋・お目出度き人・世間知らず他』武者小路実篤集
長澤敏明著『江戸東京の庶民信仰』講談社学術文庫　二〇一九年
岡本哲志著『東京「路地裏ブラ歩き」』講談社　二〇一四年

本文内の地図
国土地理院の電子地形図２５０００に説明を追記して作成

著者略歴

入谷 盛宣（いりたに もりのぶ）

1945年東京都生まれ　世田谷区在住
東京都立戸山高校・東京大学法学部卒業
国家公務員を経て現在はファイナンシャル・プランナー（CFP）
季刊誌「ぺんぷらざ」同人
著書『江戸東京歴史文学散歩』（2016年・高遠書房）

続 江戸東京歴史文学散歩

2021年4月26日　第1刷

著　者　入谷盛宣
編集者　後藤田鶴
発行所　高遠書房
〒399-3104　長野県下伊那郡高森町上市田630
TEL0265-35-1128　FAX0265-35-1127
印刷・製本　龍共印刷株式会社
定　価　本体1500円＋税

ISBN978-4-925026-52-9　C0095